谨

我的导师汪榕培先生

汪榕培典籍英译散论

蔡华 著

潘文国 题

东北大学出版社
·沈阳·

ⓒ 蔡 华 2023

图书在版编目（CIP）数据

汪榕培典籍英译散论 / 蔡华著. -- 沈阳：东北大学出版社，2023.7
ISBN 978-7-5517-3298-7

Ⅰ. ①汪… Ⅱ. ①蔡… Ⅲ. ①古籍－英语－翻译－研究－中国 Ⅳ. ①H315.9

中国国家版本馆CIP数据核字（2023）第132014号

出 版 者：东北大学出版社
　　　　　地　址：沈阳市和平区文化路三号巷11号
　　　　　邮　编：110819
　　　　　电　话：024-83680182（社务部）　83687331（营销部）
　　　　　传　真：024-83683655（总编室）　83680180（营销部）
　　　　　网　址：http://www.neupress.com
　　　　　E-mail:neuph@neupress.com
印 刷 者：辽宁一诺广告印务有限公司
发 行 者：东北大学出版社
幅面尺寸：170 mm × 235 mm
印　　张：16.75
字　　数：283千字
出版时间：2023年7月第1版
印刷时间：2023年7月第1次印刷
责任编辑：汪子珺
责任校对：曹　明　刘凯峰
封面设计：潘正一

ISBN 978-7-5517-3298-7　　　　　　　　　　　　　　　定价：88.00元

序一

汪榕培是我的学长。他1964年从上外毕业进复旦读研究生，我于1962年进复旦读本科。但1967年我们同年毕业在同一个方案中接受毕业分配，因此也算是同届学友。那时外文系学生人数很少，研究生更是凤毛麟角，在我们本科生眼里是仰望的存在。汪榕培师从的葛传椝先生是英语词典编纂的先驱，对英语词语辨析和用法的研究更可谓一绝，是复旦学派英语教学之风的开拓者之一。汪榕培深得葛师的真传，因此"文革"后不久，很快就以英语词汇的研究蜚声英语学界，并以多部专著的出版奠定了他在英语词汇学领域的地位。他后来虽以典籍翻译的成就更广为人知，但他的起步却是英语词汇的研究，而他的典籍翻译的特色之一便是用词的考究与精准，这是没有受过这方面训练的人所难以达到的。

在典籍翻译领域，汪榕培可说是开拓者之一。新中国成立以来，在典籍翻译领域作出最重要贡献的先后有三家，即杨宪益夫妇、许渊冲和汪榕培。三家的翻译领域各有特色。杨宪益"一人译了一部中国文学史"，诗歌、散文、戏曲、小说，古代、近代、现代，无所不译。但究其内容，主要还是在现代的"文学"概念之内。许渊冲的范围更窄些，主要集中在文学中的诗词领域，从《诗经》到唐诗宋词元曲，可说是一人译了一部中国诗史。与他们两位相比，汪榕培翻译涉及的范围要广得多。他把自己的典籍英译归结为三个领域：道家著作、古典诗歌、古典戏剧。其实，从中国文化角度看，他的翻译包含了传统四部中的经部（《易经》《诗经》）、子部（《老子》《庄子》《墨子》）、集部（汉乐府、汉魏六朝诗、《陶渊明集》），以及戏剧（临川四梦、昆曲、苏剧）和民俗文化（吴歌、评弹）。这最后一部分尤其体现他的独特贡献。

从"典籍"的角度看，他可说是做得最全面的一个，也是最有意识这样做的一个。他于1991年出版的《英译老子》，是1949年之后中国第一部严格意义上的典籍全译，他发起成立并担任首任会长的全国典籍英译研究会（2006年改名为中国英汉语比较研究会典籍英译专业委员会）是国内外第一个专门从事典籍英译研究的学术团体，对推动国内的典籍英译活动起到重要的引领和组织作用。他已是中国典籍外译事业中一个绕不过去的存在。

从学术的角度看，汪榕培的典籍翻译有他自己的特色。蔡华的书中对此有许多探讨。我想特别提出三个方面。

一是对"冷知识"的掌握。汪榕培所作的翻译中，技术上最难的，恐怕是《牡丹亭》中的集唐诗。《牡丹亭》全剧五十五出，除第一出外，每出的下场诗均为集唐诗，最后一出还有两首，加上宾白中插入的，一共70首集唐诗。集句诗本是古人卖弄才学之处，其难处在于拼凑百家成一而又天衣无缝，一如己出。由于集句诗引用原诗时往往断章取义，理解和翻译时就必须读入深处，找到原义和引用义（汪榕培称作"原始意义"和"语用意义"）的关联，并串成一首新诗。如第十七出石仙姑的定场诗："紫府空歌碧落寒，竹石如山不敢安，长恨人心不如石，每逢佳处便开看。"第三句刘禹锡原诗是"水"，汤显祖故意改成"石"，又双关代指石仙姑。第四句韩愈原诗"愿借图经将入界，每逢佳处便开看"，"开看"的是地图，汤显祖引诗指的却是生活中的诱惑。许多人译得不知所云，汪也付出了极大努力。他译成：I grieve that human heart is even worse / and runs wild when temptation chances by. 集唐诗翻译是汪译的一个大亮点，很值得做专题研究。

二是用词的精细。这得益于他英语词汇学的修养。如《牡丹亭·第三出·训女》杜太守问春香"小姐终日绣房有何生活？"春香答"绣房中则是绣"，又问"绣的许多？"答"绣了打绵"，问"什么绵？"答"睡眠"。其中"绵、眠"是双关，翻译是个难点。汪译成：Tell me what your young mistress does by the day in her bower?—She does embroidery in her bower.—How much embroidery does she do? She does her embroidery with a nap.—What do you mean by "nap"? - A brief sleep. 其中nap一词意义双关，既是"小睡"，又是"绒毛"，与"绵、眠"非常切合。nap的"绒毛"义极其罕见，汪榕培居然能找出来，简直有点匪夷所思。

三是对英诗格律的熟悉。现在做诗词翻译的人很多，但真懂中英两种诗律的不多，能在翻译中熟练运用更是少见。而这正是汪榕培所长。他对英文Heroic Couplet诗体的运用，可说已到出神入化的境界。我还没见一个中文学者的英文诗体能写得这么纯熟的。此外，他还熟悉Quatrain诗体，五音步的、四音步的，甚至三音步的都能运用；韵式中除aabb外，还会灵活运用abab，abcb等。陶渊明诗的翻译，所有的四言诗他全部采用四音步抑扬格的牧歌体，五言诗全部采用Heroic Couplet诗体。这是非常难的。他还尝试用十四行诗翻译谢灵运的《登江中孤屿》。这也是在他之前没有人做过的。汪榕培后期译作中有一些评弹、吴歌等是他与人合作的，虽是集体署名，但很容易找出哪些是他的译文，就是格律比较严谨，特别是采用Heroic Couplet诗体的，如评弹中的"寿堂唱曲、潇湘夜雨、新木兰辞"等，一望可知是他的作品。

汪榕培在翻译理论上的主张是"传神达意"。这个标准其实是林语堂在《论翻译》一文中提出来的，主张"译者不但须求达意，并且须以传神为目的，译文须忠实于原文的字神句气与言外之意。"汪榕培的翻译可说切实地做到了这一点。而且他把"传神达意"扩展为"传神地达意",把"传神"放到了一个更突出的位置。这是他的追求,也应该是所有从事翻译,包括典籍翻译者的追求。

蔡华是汪榕培的高足,在典籍英译的研究与实践上成绩卓然。她的研究领域之一是汪榕培翻译研究,多年来潜心研究、整理乃师的学术思想,发表了众多论文。近日她选择其中一部分,编成《汪榕培典籍英译散论》一书,来信请我作序。我因与汪榕培有些渊源,有感于他的翻译成就,也钦佩蔡华教授多年来孜孜不倦的努力,因此乐意为之。写了以上这些,既是对蔡华的回应,也是对已故学长的一个纪念。是为序。

潘文国

2023年1月17日于上海

序二

我知晓汪榕培教授是从他1983年出版的《实用英语词汇学》开始的。那是我国这一学术领域中的第一部专著,由汪榕培教授的导师葛传椝先生作的序。那时,一看到这部书,我便毫不犹豫买下了。作为一名英语学习者和工作者,这是必读和必备的著作。此后,我无论是从事英语教学、编辑学术期刊、图书编辑、选题策划,还是经营管理,以及各类学术活动都得到了汪榕培教授无私和热忱倾力的支持与帮助。他的学术造诣、学术积累、学术眼光、学术前瞻性、影响力和号召力都有力地支持和推动了上海外语教育出版社,上海外国语大学乃至整个中国外语教育、教学,以及文化事业的建设和发展。在外语教育、教学、翻译学,尤其是中华典籍的英译和对外交流等方面,留下了深深的烙印并作出了杰出的贡献,值得同人、后学学习和敬仰。

作为一名英语老师,汪榕培教授先后开设过十几门课程。历时三十多年,除了为硕士生和博士生开设课程和论文指导外,汪榕培教授一直坚持给本科生上课,开设了英语实践、英国文学、美国文学、英美诗歌、英美戏剧和英语词汇学等课程,并在长期的教学实践中,积累和总结了丰富的教学经验,形成了自己独特的教学理念、思想和方法及教学材料,广受学生的欢迎和好评,并结合教学展开科学研究,难能可贵,取得很多高质量的成果。汪榕培教授先后出版了词汇学、语言学方面十余部著作和优秀教材,为外语教育、教学，尤其是词汇学的教学和研究作出了卓越贡献。在受聘大连大学、杭州师范大学、浙江大学、苏州大学期间，汪榕培教授仍然笔耕不辍，硕果累累。

作为一名教师和翻译工作者、翻译家，汪榕培教授全心致力于我国翻译教育、教学的发展，卓越地实践了教学相长、教研互长，不但为我国培养了一大批翻译硕士研究生、博士研究生和专业人才，而且翻译出版了十余种中华文化典籍的英译。其中有8种被列入总量100部的《大中华文库》，为中华文化的传承和传播作出了重大贡献，得到了翻译界、出版界的一致好评。汪译《易经》《庄子》《老子》等至今仍然是译界研究外译的主要作品。汪译《汤显祖全集》，不但在国内广受欢迎和好评，获奖多多，并输出版权于海外，为文化交融、文明互鉴作出了突出的贡献，值得译界为此骄傲。

作为一位外语教育、教学的管理者、领导者，汪榕培教授在院长的岗位上工作长达16年。汪院长呕心沥血，敬业、创业，16年中凭着对外语教育事业的满腔热情和热血，对外语教育教学的热爱和执着，对学生和老师的关爱和尊重，对外语教育教学的改革和发展，对大连外国语大学深厚的感情和不断开拓进取的奋斗精神，充分发挥大外的特长和优势，努力借鉴同类院校的好经验、好思路和好政策，为大外的建设和发展作出了重要的贡献，功不可没。汪院长任职期间的大外在教学、科研、管理等方面，都成为外语院校学习的榜样，广受赞誉。也奠定了大外在外语界的显著地位，也是大外历史上发展最好的时期之一。

当下，我们以学术研讨、研究的方式纪念和缅怀汪榕培教授，是一件很有意义、很有价值的事。蔡华教授做了一件大好事。这既是寄托我们对汪榕培教授的怀念，也是弘扬汪榕培教授对学术、对翻译、对教学、对学校管理、对中国外语教育教学的执着和奉献精神。我们不仅要研讨汪榕培教授的教育教学理念、经验、方法、翻译思想、实践和成果，研讨他的管理理念、原则和方法，更是要发扬和传承他的为人、为学、为学术、为事业的思想和精神。让我们缅怀汪榕培教授的学术思想、敬业精神，为国、为民、为事业的情怀，为共同推进我国外语教育事业和翻译事业尤其是典籍翻译事业的建设和发展而努力。蔡华的这本文集就是这样的努力结果之一。让我们继承和发扬汪榕培教授等老一辈外语界专家、学者的敬业、奉献，不懈追求事业发展的崇高品德和思想，沿着他们开创和奋斗的事业继续前进，服务于中华民族伟大复兴的辉煌事业。

庄智象
2023年1月7日于上海

写在前面的话

汪榕培教授是新中国培养的第一代外语学者，他常年致力于"中华人民共和国成立以来由我国译者自己翻译的较好译本"的典籍英译事业，成果丰富，涉及诗歌、散文与戏剧等诸多翻译类型，其中入选《大中华文库》系列译作总计八种，影响广泛。

一直以来，我不断地调研汪榕培典籍英译实务，于是，以其典籍英译译作、译理、译态等问题为题旨的撰文不断地见刊。当下，我结合近期的翻译思考，在前期考察汪榕培典籍诗歌英译实践与"书序"实务的基础上，围绕汪榕培典籍英译主题又积累了一些撰文。从英译实证的一方面来看，前期汪榕培典籍英译单册个译分析法更新到近期类型描述法；从研究维度的一方面来看，前期专题写作维度推进到近期副文本、"新格律派"翻译研究新视域。整体上看，本文集选文面向汪榕培英译中国古典文学经典译介、主张与评析等内容，着重汪榕培在文学典籍译作实务践行、译理创新与复译比读三个方面的实践模式与翻译选择、翻译原则与研究思维、翻译目的与交际方法，全面论述的是汪榕培典籍英译实务及其译理的连续统特质；系统探讨的是汪榕培典籍英译夹译夹议的译者行为与中国译学话语的建构属性；总体揭示的是汪榕培英译中国古代经典所译所论的跨时空交流潜质。

结集之际，我也欣喜地看到，近期撰文的内容恰好与近两年国家社科项目的立项课题的大方向一致，如典籍英译《道德经》英译集释研究、《庄子》英译副文本中的典籍翻译话语研究、数字人文视域下《诗经》英译、传播与接受研究等翻译研究课题。在译界学者的努力下，典籍英译研究正一宗一宗、一卷一卷地次第展开。

蔡　华

2022年12月26日于大连

目　录

上编　前期选文

此时无声胜有声
　　——超越诗歌翻译损失的"留白"性翻译 …………………… 3
"起承转合"译，"传神达意"宜 …………………………………… 21
书序中的译学散论 ………………………………………………… 32
从以形译神到以神译形
　　——以汪榕培中古诗歌英译为例 ………………………… 44
笔下论语译不孤
　　——汪榕培《诗经》英译"非常论"集萃 …………………… 57
Less is More: Selected Translations of Wang Rongpei's Reflections on Translating Chinese Classics ……………………………………………………… 71

中编　近期选篇

汪榕培《大中华文库》古典诗歌英译本考察 ………………… 97
汪榕培《牡丹亭》"集唐诗"英译实务解读 …………………… 113
新格律派视角下的汪榕培《诗经》英译探析 ………………… 125
《诗经》英译复译的译者副文本行为
　　——以汪榕培与理雅各为例 ……………………………… 137

汪榕培典籍英译副文本类型与潜质 …………………………152
汪榕培英译《庄子》"达意"方式二则 ……………………164
汪榕培英译道家经典"道"之"非常道"
　　——从《英译老子》到《庄子》英译本 …………………172
汪榕培与理雅各英译老庄术语比读 …………………………183
汪榕培典籍英译复译方法摭谈 ………………………………197
略论汪榕培"传神达意"的名与实 …………………………203

下编　世间只有情难述

汪榕培与典籍英译
　　——乐在其中的翻译人生 …………………………………213
薪尽火传
　　——怀念汪榕培教授 ………………………………………243

后　记 ………………………………………………………250

上编 | 前期选文

篇首语

"在诗人们的表述之中,要求人们善于承认优与劣,能够分辨优与劣,并向提问的人说出所以然来。"

——柏拉图(《普罗泰哥拉斯篇》)

英译中国典籍作品的过程中,汪榕培且翻译且自问。作为洞悉翻译逻辑的译者,汪榕培译得活泛,问得朴素,想得虚己,说得通透。

此时无声胜有声
——超越诗歌翻译损失的"留白"性翻译

一、引言

西方有人曾做过一个试验,把两篇文章同时输入翻译机器,结果一篇被翻译出来,一篇没有被翻译出来。没有被翻译出来的是一首诗。这个试验与美国近代诗人罗伯特·弗罗斯特(Robert Frost)给诗下的定义完全契合。他把诗说成"在翻译中失掉的东西。"(Poetry is what gets lost in translation.)实际上,这个意思在一百多年前英国诗人柯勒律治的话里已经表达了,柯勒律治表达得很直接:诗的语言是"无法在同一语言之内进行翻译而不损害其意义。"歌德曾这样认为,要测验一篇韵文是否是诗,最好的办法是把它译成另一国的文字的散文,若译过去以后,原韵文中的情感力量丧失殆尽,那么这篇韵文就不是诗。歌德的这个"试验"也有它的合理性,但是他是讲将诗译成散文,而且标志为是否"丧失殆尽"。精确一点地说,诗是免译的。不要说是两国文字之间的移译,即便是古诗译为现代诗,要把全部诗意诗味作完整的、得精似的移译,也是极困难的事,最多达到信息的释词串讲,或大致意思的散文转述。弗罗斯特说过,诗就是"翻译中失掉的东西"。关于弗罗斯特的这一句话,学界人士专门进行过考证,结论是它出自弗罗斯特"1935年5月17日在弥尔顿研究院的讲话(Address at Milton Academy)"[1]。其中poetry一词的考证结果是,该词尽管包含诗意、词章的意义,但其根本意义仍然是"诗歌""诗词"。从我国引用这一句话的第一人——钱钟书先生的引用出处来看,此义确凿。因为,"钱先生几乎是将弗氏的话与德国摩尔根斯特恩（Morgenstern）所说'译本无非劣者,只判劣与更劣者耳'一并称引。"[2] 因此,毫无悬念地讲,弗罗斯特这一说法即表明其认为诗歌是不可译的,译则诗歌本色不再。由此借问：诗歌翻译中损失为哪般？

二、翻译损失与"留白"策略

考察中国古诗英译翻译的结果发现,其翻译中的损失可以归结为文字、文学和文化三个层面上的损失,具体表现在意象、意境和意蕴损失三个方面。这重重损失对于英语读者的阅读体验产生了必然的审美冲击。鉴于此,典籍翻译家汪榕培在英译中古诗歌时策略地运用"留白"翻译艺术,力求重重诗歌翻译失中有得,甚至失而复得。

（一）文字意象损失与"留白"性喻指

中国最初的文字属于象形文字（Hieroglyph）。象形文字来自图画文字,中文字起源于图画。但是图画性质减弱,象征性质增强,它是一种最原始的造字方法。它的局限性很大,因为有些实体事物和抽象事物是画不出来的。因此,以象形文字为基础后,中文字发展成表意文字,增加了其他的造字方法,如六书中的会意、指事、形声。然而,这些新的造字方法仍须建基在原有的象形文字上,以象形文字作基础,拼合、减省或增删象征性符号而成。从中文字本身的构造看,中文字是由表意、表音的偏旁（形旁、声旁）和既不表意也不表音的记号组成的文字体系。德国哲学家莱布尼茨（Gottfried Wilhelm Leibniz, 1646—1716）形容汉语文字"'用视觉形象来说话',是一种'图像语言'"。[3] 将这样表意的象形文字转译成为字母型文字英语,原语文字本身的意象审美在翻译的物理过程中丧失殆尽。此外,中国汉字的组成因素之一——汉语语音的丧失也是汉诗英译翻译过程中无可奈何的损失。作为声调语言（tonal language）,汉语的四声构成了发音的抑扬顿挫,产生了一种音乐的特征；同时,汉语字词基本上是单音节,在1300多个单字音节中,除去四声调特征,只有429个音节,它们可以组成数十万条词组。然而英语是重音语言（intonation language），英语单词多是多音节，英语中约有1200个音节，有重音，但没有四声。由于语音的特性，汉语诗歌的格律为"平仄律"，英语诗歌的格律为"轻重律"，因此，依据发音的特点而形成的语言游戏很难进行英汉互译，于是，汉语语音形象在汉诗英译过程中自然丧失。中国文字自成一体，中国文学即本于此独创性文字，亦自成一体。古代曾把一切用文字书写的图书文献统称为文学。现代则专指用语言文字塑造形象以反映社会生活、表达思想感情的艺术，故又称"语言艺术"。中西方文学虽指称不一，但表现着语言艺术最高境界的诗歌概莫能外。由于汉字的形象和声阶特点，几个汉字组合在一起都能成为一首诗。中国文化是"诗性"的文化，这样的诗歌文字传统在转换成为逻辑英语的过程中，其文采损失亦在所难免。文采损失的背后是悠久的诗歌文学习性的失落。汉语的诗性构成与英语语言的逻辑语体格格不入，甚至背道而驰。而汪榕培完成的汉诗英译紧紧围绕英语文法建构译诗语言，遵守英语文法的译诗语言旋即引导英语读者顺畅地进入阅读状态。"英国翻译家及翻译理论家彼得·布什将文学翻译比作一种'斗争'（struggle），它主要是要解决两个问题，一是'理解'（understand）原文，二是'创造'（create）译文。"[4]序Ⅱ 以深厚的中国文化背景和英语文化造诣，汪榕培参悟着原文的精神气质并严密地向英语读者传递着译语信息，实现了用"地道"（张谷若）的译文译"地道"的原文的翻译诉求。"地道译法具辩证性，一方面须信于原文意义，一方面须用合于译语规范的语言进行表达。"[4] 59 汪榕培译诗中"地道"而入时的英语表述终没有让双语读者抱憾汉诗文采而遭遇意境审美空白化。中古诗歌之绰约，不仅在于诗歌字面音内的意象、诗歌字里行间的意境，也在于诗歌的文化意蕴表征。译者译诗之传达，自然也不能仅仅止于诗歌意象、意境之移译，更在于译词之文化传输。汪榕培翻译中古诗歌，以目的英语读者"中古文化背景空白"为终极翻译关怀，无论是文字、文学翻译层面，还是文化翻译层面，往往无一译语力透原诗，而是别出心裁地"留白"性地译到为止，因而为潜在目的读者创造出衍生性的审美空间，使他们揣摩"留白"性译诗之余，由此及彼，出译入意，这样的翻译策略可谓"译欲静而意不止"。"留白"本是中国绘画艺术手段。国画中有一句话描述这种艺术形式的空间布局比较经典，就是"计白当黑"，表明了白也就是空的地方与着的墨一样都是国画整体的有机组成部分，如何利用空间中的"留白"是非常重要的艺术构思。文学作品中也能够见到这种高妙的"留白"艺术。作为文学中的极品,中古诗歌一直以"简化"诗学形式见长,中古诗歌的创作圭臬"言有尽而意无穷"的特色与绘画"留白"艺术渊源相通。中古诗歌中的"留白"与其"意境说"一拍即合。意境的缘起常常是文字的造化,"陶谢"诗歌文字的艺术意境即可见证这一点。陶渊明是中国文学史上田园诗的开拓者,谢灵运是山水诗的开创者。两人都擅长描写自然景物,在田园山水中寄托自己的生活情趣,因此并称"陶谢"。杜甫有诗"焉得思如陶谢手,令渠述作与同游。"只不过陶渊明的诗歌文字崇好自然意境,而谢灵运的则属意工笔意境。陶渊明"用比较接近说话的语言"[5]缔结着他独特的审美世界。以汪榕培翻译的陶渊明的《有会而作》为例:

弱年逢家乏,老至更长饥。
菽麦实所羡,孰敢慕甘肥。
惄如亚九饭,当暑厌寒衣。
岁月将欲暮,如何辛苦悲。
常善粥者心,深念蒙袂非。
嗟来何足吝,徒没空自遗。
斯滥岂攸志,固穷夙所归。
馁也已矣夫,在昔余多师。

I tasted shortage early in my youth,
And hunger at senior age has brought much ruth.
Pleased with simple meals though they are crude,
How can I ever covet dainty food!
With only little foodstuff on my trays,
I wear the winter coats in summer days.
When the year is drawing to its end,
What distress and woe I apprehend!
Qian Ao provided porridge for the poor,
But some starving man would not accept the lure.

There's no sense in rejecting food this way,
The man was starved to death and turned to clay.
Yet wanton craving is not what I boast,
I cherish honest poverty the most.
I do not mind the hunger and the cold,
As I just learn from saints in days of old. [6] 205

《有会而作》表明诗人陶渊明一时兴起，感慨之余，一挥而就的创作状态和情思。它一如既往地反映出陶渊明率性的一面。作为深谙此诗意蕴的译者，汪榕培译诗的前八句通过"地道"英语，自然挥洒笔力，力求以诗歌的手段再现陶渊明"接近说话的语言"文学风格。八句译诗中，汪榕培借用英语第一人称 I，将诗人自言自语的心语诠释得合情合理；后八句原诗中有"粥者""固穷""师"等用典，译者在将它们分别译成 Qian Ao, cherish honest poverty, saints 的同时，尊重原诗的文学内涵意义，既接近当下英语读者的语言逻辑，又以文化"留白"性方式点到即止，以此促成超越汉英文化时空的当下性会通。谢灵运写诗风格与陶渊明迥异。谢灵运诗歌素以精致见长，有时甚至是咬文嚼字。如其诗《岁暮》：

殷忧不能寐，苦此夜难颓。
明月照积雪，朔风劲且哀。
运往无淹物，年逝觉已催。
I toss and turn in bed with deepest sorrow,
Inflicted by expectations for tomorrow.
The brilliant moonlight is shed on heaped snow,
While chilly northern winds do howl and blow.
As everything flows with the passing time,
At year's end, I know that I have passed my prime. [7] 49-51

谢灵运写诗讲求字眼，几乎字字精雕细刻。上例诗句中的动词，如"忧"

"寐""苦""颓""照""劲""哀""运往""逝""催",个个精神抖擞,诗意盎然。汪榕培译诗句句是英语道地范式,他抓大放小地将谢灵运语言的文学气息移译到英语读者的阅读视域,"留白"但不"空白"。典型的译例如头韵表达"toss and turn",尾韵表达"howl and blow",再如"flows with the passing time"和"I know that I have passed my prime"上下两句中"flows"与"know"。特别是"the passing time"和"passed my prime"之间所显示的独特的语言搭配让英语读者眼前诗意神行。在汪榕培欲擒故纵的译笔挑拨下,在英语文化的阅读语境中,英语读者的想象延宕衍生。

(二)文学意境损失与"留白"性移就

翻译理论家和翻译实践者的区别之一在于理论家关注理论学术化,而译者则以翻译特色见风格。没有风格的翻译,不足以成就真正的译者。汪榕培译诗,坚持以"留白"的翻译艺术激发其英语译诗的传神魅力,凭借"留白"的翻译艺术激发并拓展英语读者的审美视界。从绘画艺术的角度观察,"留白"是一种对作品全局绝佳的衬托方式。只有重视"留白",画面的整体效果才能完形。所谓虚虚实实,实中有虚,虚中有实,方显艺术本色。比对而言,诗歌中文字的"留白"表现是一种含蓄而又得体的美,可以给人带来心理上的遐思与共鸣。汪榕培特别选择"留白"翻译策略,这种"洁译"性质的翻译艺术诠释着他独特的审美倾向和翻译取向。中古诗歌本身的艺术特性,如简约与暗示无形之中成就着汪榕培"留白"性交感型的翻译策略。《诗经》以降的诗歌传统中,简约的叠词和化简的复沓句式是非常显在的中古诗歌修辞文采,演绎着多维语义的意境与意蕴。英语中则除了少数口头套语之外,很少有叠词现象。因此,在英译汉诗叠词的时候,很难落实对应的英文叠词及对等的修辞效果,汉诗修辞的意会审美面临着流失的挑战。试看汪榕培翻译的《诗经·国风·郑风》中《风雨》诗篇的前两节:

风雨凄凄,
鸡鸣喈喈。
既见君子,

云胡不夷?

风雨潇潇,
鸡鸣胶胶。
既见君子,
云胡不瘳?

针对此例中出现叠词修辞诗艺和复沓句式,如"凄凄""喈喈""潇潇""胶胶""既见君子",汪榕培译诗中空白性地处理"叠词"修辞的同时,运用英语语法现在进行时态,辅助以协韵,刺激英语读者体验到汉诗中叠词的"发生学"诗歌意境。对于复沓句式,汪榕培如法炮制,因地制宜地转译到位,原诗的文学性特征在"空白"与"留白"(现在分词的平行结构关联)之间对位存在。

The storm is bringing chill;
The cocks are crowing shrill.
As I have seen my dear,
How could I keep still?

The storm increases its noise;
The cocks enhance their voice.
As I have seen my dear,
Why shouldn't I rejoice? [8] 187

值得注意的是,原文中两小节的结句只有一字之差,英语读者的期待显然会受到先入为主的阅读与认知影响,但汪榕培继续变化时态(现在进行时到一般现在时)出奇制胜的翻译策略,坚持将"留白"性翻译思维进行到底,因而他适时地变换第一小节中的结句"How could I"句式为"Why shouldn't I",通过意料之外的不断"留白"性翻译方法,使翻译"节外生译","留白"不是"空白","留白"是引导,是创造,是"译可译,非常译"的翻译表现。《古诗十九首》素称"五言之冠冕""千古五言之祖",在五言诗的发展史上有重要地位。它的题材内容和表现手法为后人效仿,形成独特的艺术模式,影响着后世诗歌的创作。《古诗十九首》其二《青青河畔草》以叠词诗艺和句式对仗形式而具有鲜明的代表性。

青青河畔草,郁郁园中柳。
盈盈楼上女,皎皎当窗牖。
娥娥红粉妆,纤纤出素手。
昔为倡家女,今为荡子妇。
荡子行不归,空床难独守。

Green, green spreads the bank-side grass;
Lush, lush grow the garden willows.
Fine, fine stands upstairs the lass;
Fair, fair her shape behind the windows.
Bright, bright beams her rouged face;
Soft, soft are her soft-skinned hands.
Once a singing-girl with poise and grace,
Now she's wife to one who roves the lands.
As he wanders in an unknown zone,
It's hard for her to go to bed alone. [7] 365

原诗中对仗的两句"昔为倡家女,今为荡子妇"的英语译文"Once a singing-girl with poise and grace, Now she's wife to one who roves the lands."巧妙地呈现诗句的对仗性功能,如"once"和"now"之间的对仗;介词短语"with poise and grace"和"who roves the lands"之间缔结的修辞意义上的平行结构都是原诗句牵引、译语跟进的"具体化"翻译表现。但英语译语"a singing-girl with poise and grace"和"one who roves the lands"距离英语文化中的"红灯区"和"花花公子"仍然存在着认知性和审美性差距,因此"留白"性阅读不请自到。再如该诗中的几组成对叠词,译者汪榕培没有将叠词的修辞效果意化到英语表述里；反之，汪榕培向原诗的修辞看齐，反复重复叠词之单字。于是，英语读者在似曾相识的阅读审美状态中，再度体验到"留白"性翻译范式的审美性传神意境。

（三）文化意蕴损失与"留白"性化简

任何一个民族文字、文学的成绩，都与其民族之文化造诣，如影随形，仿佛一体两面。因此觇国问俗，必先考文识字，非切实了解其文字与文学，即不能深透其民族之内心而把握其文化之真源。"文字—文学—文化"发生和发展的轨迹脉络说明，文字、文学都渐次归依到文化的层面。文字是文化的基本载体，记载了文化发展的历史轨迹和丰富成果。从中国人强调直觉的意义上讲，中国人最擅长比喻、象征、暗示等放射状思维，于是，孔孟老庄睿智语录格言成为中国文学的"显学""经学"。无论是中国文字的"意合"语言逻辑，还是中国诗歌文学文、意割裂的"诗无达诂"诗歌逻辑，都使中国古诗的文化意蕴持久地丰富着、演变着。文字、文学和文化之间的渊源关系，使翻译，特别是诗歌翻译这样吹弹即破的翻译过程更加举步维艰。没有汉语文字和汉诗文学性的视域背景，英语读者的文化"空白"性"期待视域"让中国古诗的翻译交际因何缘起？以何为介？如何立足？这是每一个译者必须推敲的翻译问题。

文化一词起源于拉丁文的动词"colere"，意思是耕作土地（故园艺学在英语为horticulture），后引申为培养一个人的兴趣、精神和智能。文化概念是英国人类学家爱德华·伯内特·泰勒（Edward Burnett Tylor）在1871年提出的。他将文化定义为"包括知识、信仰、艺术、法律、道德、风俗以及作为一个社会成员所获得的能力与习惯的复杂整体。"此后，文化的定义层出不穷，克莱德·克拉克洪（Clyde Kluckhohn）于20世纪50年代末期搜集了100多个文化的定义，但文化的基本构成没有根本性的改变，其中艺术范畴也成为文化的常规性因素。文学之所以成为文化内涵的重要内容，根本原因在于文学拥有内在的、看似无用的、超越功利的价值，即文化精神价值。文学艺术的文化精神价值应当是其自身最为内在的、基本的价值所在。文学艺术，如诗歌，其创作活动是文学艺术家的精神活动，文学作品属于人类的文化产品，诗歌在文化中孕育而生，蓄势待发。中国古诗是汉语文化最独特、最凝练的文学体现。在翻译过程中，其文化意蕴的损失，与古诗文字的印象损失和古诗文学诗艺方面的审美损失相比，更是得不偿失。因其文化意义，如中国古诗中渊源久远的诗歌意象，又如"小桥流水人家""天地一东篱，万古一重阳"的文化意蕴和意味在英语环境中难免遭遇英语读者文化联想空缺的尴尬与悲哀。在汪榕培译诗中，其"留白"翻译策略特别体现在英语读者的审美视域内制造"拟真性留白"翻译。所谓"拟真性留白"效果即翻译过程中"译可译，非常译"性质的"只可意会，不可言传"，似有心、若无意状态的译笔，例见汪榕培翻译的《诗经·国风·魏风》中的《十亩之间》：

十亩之间兮，
桑者闲闲兮，
行与子还兮。

十亩之外兮，
桑者泄泄兮，
行与子逝兮。

Inside the plots of ten mu,
A mulberry maid is fair and coy.
I'd go back home with you.

Outside the plots of ten mu,
A mulberry maid is coy and fair.
I'd go away with you. [8] 155

此例中，原诗"十亩"的译文为"the plots of ten mu"，其中"亩"的音译"mu"对于英语读者而言，意义不详，译者汪榕培用英语量词"plots"限制暗示"亩"的意思，事半功倍，使原诗句的意义即刻具体化起来；同时，"亩"虽有"plots"护译，却并没有失去让英语读者反思的"拟真性留白"翻译审美空间，确实是一举两得的"非常译"译笔。陶渊明诗歌中有很多文学、文化意象。这些具有陶体特征的意象往往集结着陶渊明的文字特色、文学特征和文化特性的三位一体式的诗歌菁华。陶渊明诗歌中的意象多见于自然景致，如风、云、鸟、菊等。陶诗中出现次数最多的是"云"的文化意象，总计55处。文化意象如果仅仅按部就班地移译到英语环境中，准确的语言逻辑无法也不能完整地折射汉语文字代表的陶渊明诗歌文学意象以及陶诗背景中"云"的文化意蕴。因此，汪榕培试图通过借助"留白"性翻译范式，在第二空间即译本现场引领潜在英语读者即时参与到翻译对象阅读审美活动中来，以传神性"拟真性留白"翻译提示促成英语读者审美引发出神入化般的提升。以"云"为例：

寄迹风云，
冥兹愠喜。(《命子》)
In ups and downs of his careers,
He kept e'er tranquil all the years. [6] 203

孤云独无依。
暧暧空中灭，(《咏贫士七首》其一)
Except the lonely cloud high in the sky.
It vanishes as winds begin to blow, [6] 5

南岳无馀云。(《述酒》)
The clouds disappeared from south peaks evermore. [6] 141

游云倏无依。(《于王抚军座送客》)
While clouds are floating o'er the dale. [6] 169

遥遥望白云，
怀古一何深！(《和郭主簿二首》其一)
I gaze at white clouds floating far away,
And yearn sincerely for the bygone day. [6] 173

停云,思亲友也。樽湛新醪,园列初荣,愿言不从,叹息弥襟。

霭霭停云,

濛濛时雨。(《停云》)

The Pending Clouds is written when I long to see my bosom friends. When the newly-brewed wine has been stored in the jar and the garden trees are starting to bud, I heave deep sighs as I wait in vain.

The clouds are pending dense on high,

While spring rain drizzles from the sky. [6] 19

上述例证中的"云"不断地以"孤云""游云""停云"的特殊形象示人,反映了诗人陶渊明自在而为,以云自喻,漂浮不定的心境。汪榕培随即而译,分别以"the lonely cloud""the floating clouds""the pending clouds"等变换不一地意象示人,让英语读者在英语环境中适时感悟、反思和反馈,敦促翻译诗歌的阅读审美出神入化地组合所有的包含"云"字的诗歌成分,使其"留白"性翻译联想刺激翻译述求的表现居高不下。

陶诗中文化意蕴频率居第二的是"鸟"的意象,总计32处,常为世人称道的有:

望云惭高鸟,

临水愧游鱼。(《始作镇军参军经曲阿作》)

How I admire the birds that soar and fly!

How I esteem the fish that swim nearby! [6] 35

羁鸟恋旧林,

池鱼思故渊。(《归园田居五首》其一)

Birds in the cage would long for wooded hills;

Fish in the pond would yearn for flowing rills. [6] 47

翼翼归鸟,

晨去于林。(《归鸟》)
Returning birds glide in the sky;
At dawn they leave the woods close-by. [6] 53

云鹤有奇翼,
八表须臾还。(《连雨独饮》)
On magic wings the crane soars to the sky,
And comes back in the twinkling of an eye. [6] 59

林鸟喜晨开。
日余作此来,(《丙辰岁八月中于下潠田舍获》)
While birds in forests sing when dawn is bright.
Since I returned and worked with plough and hoe, [6] 49

栖栖失群鸟,
日暮犹独飞。(《饮酒二十首》其四)
A restive bird is on an aimless flight,
Even when the day approaches night. [6] 69

山气日夕佳,
飞鸟相与还。(《饮酒二十首》其五)
The evening haze enshrouds it in fine weather,
While flocks of birds are flying home together. [6] 111

日入群动息,
归鸟趋林鸣。(《饮酒二十首》其七)
When sunset calms down everything at ease,
The melodies of birds are heard in trees. [6] 113

凤鸟虽不至，
礼乐暂得新。(《饮酒二十首》其二十)
Although he failed to save the world from strife,
He gave rites and music a new lease of life. [6] 115

翩翩三青鸟，
毛色奇可怜。(《读〈山海经〉》其五)
The three-legged bird soars in all the weathers,
Displaying its lovely alien feathers. [6] 127

荆棘笼高坟，
黄鸟声正悲。(《咏三良》)
The graveyard mounds are overgrown with thorns;
In deepest woe a siskin sighs and mourns. [6] 177

种种"鸟"的意象，形态多样，更深层次地揭示诗人陶渊明跌宕起伏的无奈心态和渴望冲高博飞的心境，中国古诗中"鸟"的意蕴也因此无限丰富起来。翻译过程中，汪榕培不断地以"birds in the cage"（羁鸟）、"returning birds"（归鸟）、"birds in forests"（林鸟）和"a restive bird"（失群鸟）予以多元化翻译，这种把"鸟"的意象处理为译无定译、处处施展"拟真性留白"的翻译举措，无疑让英语读者的解读空间更加捉摸不定，达到"于无声处听惊雷""此时无声胜有声"的效果。

陶渊明诗歌中"菊"的数量不多，却是陶渊明诗歌中最见其高洁人格魅力的意象。"菊"字在陶渊明诗歌中一共出现6次，众所周知的诗句如：

采菊东篱下，
悠然见南山。(《饮酒二十首》其五)
I pluck hedge-side chrysanthemums with pleasure,
And see the tranquil Southern Mount in leisure. [6] 195

余闲居,爱重九之名。秋菊盈园,而持醪靡由,空服九华,寄怀于言。
……
酒能祛百虑,
菊解制颓龄。(《九日闲居》)

Now that I am living a leisured life,
I love the name of the Double Ninth.
When autumn chrysanthemums flourish in my garden,
I have no wine to drink. In face of the flowers,
I write this verse to vent my feelings.
...
The wine relieves me of many a care;
Chrysanthemums give me years to spare. [6] 139

芳菊开林耀,
青松冠岩列。(《和郭主簿二首》其二)

In verdant woods, chrysanthemum now glows;
On rocky slopes, green pine-trees line in rows. [6] 21

与中古诗歌意象的物理性文字缺失相比,中古诗歌意蕴的心理性文化损失情况严重得多。陶诗中的植物"菊"很可能在英语译诗里因其文化引申意义缺位或失重,而淡化为英语文化中司空见惯的寻常物。"采菊东篱下,悠然见南山。"的译文是"I pluck hedge-side chrysanthemums with pleasure, And see the tranquil Southern Mount in leisure."汪榕培译诗中并没有因为"菊"与陶诗的特殊关系将其大书特书;相反,汪榕培只是单纯地译出"菊"的字意,也没有将它处理成"南山"那样大写的翻译状态,如此之"留白"使英语读者补位般地展开全面解读,在自我鉴赏的阅读氛围中,厘定"菊"的丰富内涵。

诗歌翻译中,任何文字的物理性流失所造成的音像损失只是事实性的损失,是必须的;而诗歌文学性意味的文理损失是结构性的损失,是必然的;至

17

于中古文化的心理暗示，其损失则是诗歌英译过程中颠覆性的损失。然而，正是因为翻译对象原文语言文字意象的不在场性损失，翻译对象原文文学意境的转译性损失以及翻译对象原文文化意蕴的联想空缺性损失，这重重损失使汪榕培有意识选择的"留白"性翻译艺术无心插柳、下自成蹊。

"留白"性补偿是汪榕培弥补中古诗歌神韵意味的意向和意志的物化表现。出于尽可能减损和再现的翻译目的，汪榕培诗歌翻译坚持以"简化"式、"洁译"型的"留白"译法促成其译本在英语文字表现上、诗艺展现上和文化体现上都成为与损有补的翻译成果。不言而喻，正是汉语语言文化环境的"隔离"性、"陌生化"诗歌因素的存在，汪榕培译诗的"留白"策略才能够如鱼得水。正是中国古诗意在言外、言不尽意的传统性特征，汪榕培"留白"诗歌翻译实践的可能性和翻译提升的必然性才能够如译添意。正是"无可奈何诗落去"的翻译遗憾，使"似曾相识译归来"的汪榕培译诗引人注目。汪榕培古诗英译恰如"日出江花红似火，春来江水绿（英译诗）如蓝（古汉诗），能不忆汪译"？

三、"留白"性翻译策略

（一）以少总多

汪榕培译诗在引导英语读者进入中古诗歌天地的同时，不断地"留白"，即瞬间结束"文化摆渡人"的使命，将审美的"具体化"下放（交还）英语读者。有了译语读者参与的审美新视界，中古诗歌的艺术因此得到无限的交流与延伸。"翻译即交际"，交际不同于交流，交际是交流的基础，交流是交际的提升。汪榕培诗歌翻译的"洁本"翻译范式，即时启动英语读者参与译诗审美的"留白"策略表明：好的翻译，应该是能够让译语读者顺藤（译诗）摸瓜（文化），追溯原文的痕迹和导向，引导译语读者追踪到原文语境。阅读汪译汉诗，英语读者的想象不知不觉地被译诗引发，审美能动性活跃跳动，刺激想象环环相生。"空白不断引起一级和二级想象。而所谓二级想象是由我们反作用于自己已形成的意象而生的意象，它是由未完成的一级想象所引起的期待产生的。空白就是这样通过对悬而未决的感知长度的'成功地延续',以想象的冲突为动力,来阻滞并因而更加刺激想象的构成过程的。"[9]至此,诗歌翻译不辱使命,不负初衷,"交际—交流—交汇"的翻译大功告成。

(二) 对位存在

翻译"留白"与翻译文字的"落实"是在翻译的同一时刻产生的,两者对位存在。翻译文字言外之意的想象空间成为"留白"存在和发展的物理空间。中国传统诗学主张好诗应该是"文已尽而意有余",在翻译环境中,这一诗说自然成为翻译境界的圭臬,可以说"译已尽而意有余",因此"留白"性翻译是成就"译已尽而意有余"的最佳途径。英国学者克兰默·宾(Cranmer-Byng)曾说过,"一个汉诗译者必须首先把自己浸透在汉诗作者的文化传统之中,体验他们的严谨沉默,有力的暗示笔法,他们那惊人的色彩敏感性,尤其是他们对于创造主题的切身的艺术修养。"[10]译者只有千锤百炼自己的体验能力和认知能力,才能够因地制宜地、对位不对立地施行文学、文化的"留白"性提示与提升。

四、结语

"留白"就是一种迫近,促使读者超越译语文化背景进行解读和思索。开放式而非封闭式的"留白"是汪榕培诗歌翻译的最高翻译境界,这样的翻译境界给予读者最多的尊重和最大的信任。译者放弃最终制约阅读翻译成果的话语权是一个高尚的翻译家能够做到的最大的善译之举。在翻译过程中,汪榕培有意识地为双语文化各自的独特性留有余地,以此刺激并保持英语读者阅读审美的自主性,并因此使其诗歌翻译成为切实的"过程中事件",继而为诗歌翻译"译无定译"、译译不休的复译事业作出当下的、承上启下的贯通。

"根据翻译标准多元互补论,翻译的标准可以有若干种,翻译家可以根据自己的理解采取他认为最能表达原作精神与形式的若干种翻译手段。可是,翻译标准多元互补论并不认为每一种标准在任何时候都是同等重要的。"[4]序XII汪榕培诗歌英译实现了从"原语中心"和"原作中心"向"英语译语"和"英语读者"的协调性转向。其指导性意义在于这样的翻译实践应和了当下译者以自在、自为、自创性的翻译状态参与翻译的实践本质,为诗歌翻译提供了一种在场的交际性翻译思路,那就是"留白"性翻译艺术为潜在英语读者加盟、互动、发展提供了可能性和必要性,最终使诗歌翻译不致因种种损失而前功尽弃、得不偿失。否则,诗歌翻译真落得损失重重,"毁"人不倦;而译者只落得闭门自隐,三思而不译了。

参考文献

[1] 张致祥.西方引语宝典[M].北京:商务印书馆,2001:180.

[2] 许渊冲.文学与翻译[M].北京:北京大学出版社,2003:120.

[3] 姚小平.语言文化十讲[M].北京:外语教学与研究出版社,2006:93.

[4] 孙迎春.张谷若翻译艺术研究[M].北京:中国对外翻译出版公司,2004.

[5] 张隆溪.道与逻各斯[M].冯川,译.成都:四川人民出版社,1998:179.

[6] 汪榕培.大中华文库·陶渊明集[M].长沙:湖南人民出版社,2003.

[7] 汪榕培.汉英对照·汉魏六朝诗三百首[M].长沙:湖南人民出版社,1998.

[8] 汪榕培.大中华文库·诗经[M].长沙:湖南人民出版社,2008.

[9] 金元浦.接受反应文论[M].济南:山东教育出版社,2002:166.

[10] 方重.陶渊明诗文选译[M].上海:上海外语教育出版社,1984:序2.

[文章索引:此时无声胜有声:超越诗歌翻译损失的"留白"性翻译[J].中国外语,2009,6(3):92-99.]

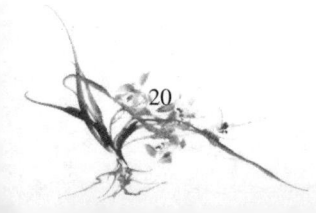

"起承转合"译,"传神达意"宜

汪榕培所提倡"传神达意"的翻译思想自始至终地贯穿其翻译译作经纬,历久而弥新,新就新在它恰恰映现着中国诗歌"起承转合"的创作逻辑。陶渊明诗歌中"神"与"意"的表述诸多,经由"起承转合"链式关联组合的翻译演绎,汪译恰如其分地体现着传神地"达意"和达意地"传神"两种翻译效力。

一、陶渊明之"神"

"意"缘起中国传统文化中的中古文化语境;"神"的表述源自对天神、神灵的崇拜意识,其本身表征生命与精神的超凡脱俗特性。《说文解字》中这样释说"神"字:小篆"神"字从示、从申。小篆的"示"上部为"二","二"古通"上"字;下部为"三条下垂的线",义作"上天垂相"解。小篆的"申"形如三个关口,用一条线贯通之。从字的形意上可知"神"是指"通达明了宇宙自然现象的人"。

对于"神"这个概念,张岱年先生有过一个简明扼要的分析:中国古典著作中所谓神至少有三种含义。

①神灵或天神,如董仲舒所谓"百神之大君",这是有人格的神灵,古人以为自然界物质运动变化的表现及其内在规律都有其神,如神秘、神奇、神异、神话。

②精神作用,指人体正常生命活动的外在表现,如荀子所谓"形具而神生",佛教所谓"神不灭"的神。

③微妙的变化。张岱年先生认为，中国古典著作中所谓神至少有三种含义，其三为："'阴阳不测之谓神''神无方而易无体'……这所谓神表示'变化之极'。"[1]

观照中国古典文献中"神"字的广泛应用，依托张岱年高屋建瓴性的概括，可以判定陶渊明诗行中"神"字的使用和意义大致不出其右，如"神辨自然"（《形影神三首》）等。

"神"与"意"二者关系紧密。《说文解字》中是这样写的：意从心从音，本义为心志，可理解为心之声音，代表人的心愿、心智。意，志也。同时，《说文解字》中是这样解释"志"字的：志，意也。在中国古典文献中，"意"字出处诸多，如"心之所谓意"（《春秋繁露·循天之道》），如"今者项庄拔剑舞，其意常在沛公也。"（《史记·项羽本纪》）再如"醉翁之意不在酒。"（《醉翁亭记》）凡此种种中国古典文学选例中的"意"字总体不外四种基本释义。

①心思：～思。～见。～义。～味。～念。～志（为了达到既定目的而自觉努力的心理状态）。注～同。～在笔先。～在言外。

②心愿，愿望：～愿。愿～。～向。～图。好～。

③人或事物流露的情态：春～。诗～。惬～。情～。～境。

④料想，猜想：～料。～想。～外。

依据这些字义，汉语组词，如意思、意见、意外、意志、意境均在陶渊明诗行"此中有真意"（《饮酒》）等诗文中各有体现。引经据典之余，让我们再度审视汪榕培提出的"传神达意"翻译思想。"就'传神达意'的翻译标准而论，必须'传神'才能完全'达意'，这一艺术标准是源远流长的。中文的'传神'二字本来是指肖像画，'传'是传移摹写的意思，'神'即容貌。"[2]作为陶渊明诗文最新英译本的译者，汪榕培在翻译陶渊明其"神"、其"意"的过程中充分行使了"传神地达意"的翻译主张，并通过"起承转合"全方位的追译方法既摹写了陶渊明诗歌其"神"、其"意"的面貌，同时也切中了其核心精神气质。

二、"起承转合"的作文结构与翻译逻辑

"起承转合"是中国古时诗文写作结构章法方面的术语，"起"是起因，文

章的开头;"承"是事件的过程;"转"是结果是转折;"合"是对该事件的议论,是结尾。典自元朝范德玑作品《诗格》:"作诗有四法:起要平直,承要春容,转要变化,合要渊水。"[3]在"起承转合"般的文章做法中,四个环节鱼贯而至,行文一气呵成。

陶诗"以文为诗"的特点被钱钟书先生称为"通文于诗"。钱先生说:"唐以前惟陶渊明通文于诗,稍引厥绪,朴茂流转,别开风张。"[4]陶诗的这个特点是最适宜于用散文的章法、句式、语气来表现的,其实这也正是陶诗"以文为诗"的基本精神。"'以文为诗'的运用,使陶诗更为亲切、平和,贴近人心,一种如叙家常的真切动人由此而生,它与陶渊明的为人及其朴素自然的诗歌风格协调一致、妙合无间。"[5]

由此联想汪榕培英译陶诗之"神"、之"意"诗文字眼的翻译技法,竟也贴切地应和着"起承转合"的四项古典文乐原则。汪榕培"起承转合"的翻译章法看似了无痕迹,实则译出有据,恰如其分地应和着陶诗表里如一的神思意念。

在翻译的语境中,"起"即指译者汪榕培在翻译之前受到翻译对象陶诗的吸引而起译意;"承"即指译者汪榕培在翻译之初被动地承接原诗的神韵意旨而自动生成的初步译文;"转"即指译者汪榕培在复读时主动地介入个人的审美再现功能而参与形成的修订译文;"合"即指译者汪榕培在定译时整合并渗透个人的翻译追求,于是,原文旨意与译者会意合二为一,"传神达意"的译境如影相随。

"起承转合"的译径与"传神达意"的译境在汪榕培英译陶渊明诗歌的过程中相向而生。魏晋名士在中古文学史上独树一帜,他们无为不羁的表征之下埋藏着内心中莫名的深层苦闷,这样的一种精神状态传递着一种哀婉的"神""意"气息。如果说春秋时期的"士"意气张扬,积极入世;而在魏晋风度畅然而行的时期,名士则消极隐逸,自我出世寻觅通"神"达"意"。李泽厚先生在《美的历程》一书中指出魏晋时期是"人的觉醒"时期。李先生认为"'人的觉醒'是在对旧传统旧信仰旧价值旧风习的破坏、对抗和怀疑中取得的。这种觉醒表现得如此深刻、透彻,以致在后世的文学作品中都难以超越。"[6]陶渊明自觉践行着人的生命意识和自我意识的觉醒与反思,其醒悟的思维结果多体现在其诗文创作集中的"神""意"二字,因此,它们于译者而言,都是"神意"不可违的翻译对象。纵观汪榕培英译陶渊明诗文中所有的"神"与"意"的译文,无译不映现着汪榕培"传神达意"的翻译思想,无译不体现着汪榕培"起承转合"的翻译策略,于是,"以神蓄意""以意显神"的翻译效果历历在目。

三、"起承转合"译,"传神达意"宜

中国文人诗歌发展史上的大事记之一是"以文为诗"的创作程式,它极大地丰富了中古诗歌的表现手法,拓宽了中古诗歌的表现内容。所谓"以文为诗",即以散文的篇章结构、句法及其虚词、虚字入诗,使诗歌呈现一种如散文般的平实自如、天然入妙,能够更痛快畅达地叙事、抒情,正所谓"诗中有文,则词调流畅。"(《草堂诗话》卷一)这一切在陶诗中都有鲜明具象的体现。作为陶渊明诗文的最近英译者,汪榕培颇有创意地将中古诗文"起承转合"的翻译策略引介到陶渊明作品中"神"与"意"的翻译思维逻辑中。

(一)"神"之"起承转合"通达"传神达意"

在陶渊明创作的诗文中,出现"神"字的诗文表述总计14处,诗歌中有10处(诗行中8处,诗题中2处),文赋中有4处。在这14处的表述中,"神"或以单字(2处)形式出现,或以词组(均为二字词组,12处,其中"鬼神"例外,其余11处均是"神"字为先)形式出现。所有陶渊明诗文语境中的"神"字之释义万变不离其宗,即《形影神·神释》中所说的生生不息的宇宙"大化"。宗白华先生说:"这截然地寄兴趣于生活过程的本身价值而不拘泥于目的,显示了晋人唯美生活的典型。"[7]宗白华先生独具慧眼地发现了这则轶事中蕴含的晋人唯美生活的意义,在陶渊明"复得返自然"(《归园田居》其一)的抒情中,人的内在心灵自然与神的外在自然契合一处。作为魏晋精神的践行者,陶渊明诗中一览无余地抒发着他从容而淡定的人生感悟,其诗歌中的"神"字从始至终地倾诉着"神"字古老而崭新的经典性意义。其田园诗起笔"神"的悠远神奇,其饮酒诗承转"神"的幽远神秘,其哲理诗合笔"神"的永恒神圣。纵观陶渊明诗文中的字眼"神"的神来之笔,"起承转合"地"一

语天然万古新"。汪榕培英译陶渊明"神"字时"起承转合"般顺势随心所译，出神入化，神出意现。参见其两首田园诗选译译句：

奇踪隐五百，
一朝敞神界。(《桃花源诗》)
This wonder, hidden for five hundred years,
Is opened to the world as unspoiled spheres. [8] 251

神渊写时雨，
晨色奏景风。(《五月旦作和戴主簿》)
From the heaven falls the season's rain,
While morning breezes sweep across the plain. [8] 81

这两例中，自然之神道显而易见，汪译起译无不悠远广袤，"unspoiled sphere"和"heaven"在"达意地传神"，意犹未尽之际神秘莫测，瞬时田园怡然自得的生活态势与自然"神"道的奇特魄力浑然畅通。魏晋名士追求精神的境界，而酒有助于这种境界的创造与形成，《世说新语·任诞》中记载，"王卫军云：酒正引人着胜地。王佛大叹言：三日不饮酒，觉形神不复相亲。"[7] 由此可见，很大程度上，魏晋风度在酒的滋润下，在陶渊明饮酒诗中如约而至。汪榕培在日常生活中也往往是烟不离手、酒不离口，因此，从内在个人情怀上，汪榕培早就与陶渊明形同知音，译起陶渊明的饮酒诗来"酒不醉人人自醉"，《述酒》等4首诗译例即现汪榕培"传神地达意"之匠心译笔，"承转"堪胜酒力，译气亨通，如：

读《山海经》十三首
Reading The Book of *Mountains and Seas*

六
神景一登天，

何幽不见烛!

When the sacred sun ascends the sky,

It drives away the darkness far and nigh. [8] 233-235

七

灵凤抚云舞,

神鸾调玉音。

The holy phoenix dances on the cloud;

The sacred pheasant sings clear songs aloud. [8] 235

九

神力既殊妙,

倾河焉足有!

With potentiality to be the first,

He drank up rivers but still died of thirst. [8] 237

显而易见,无论是"the sacred sun"(神景),"sacred pheasant"(神鸾)还是"potentiality"(神力)都是译"神"之"起"译之词"heaven"的有机泛化性承接,体现着汪榕培"起承转合"翻译思维序曲过后译思发散的潜心造译。

王瑶先生在《中古文学史论集》中曾指出,感叹人生无常是汉魏以来文学的主旋律。这种时代情绪又因了当时文化的主体士族的崛起形成为特定的思想体系,于是哲理诗风行一时,陶渊明的创作内容也概莫能外。依据陶渊明哲理诗中"神"的意象,汪榕培尊"神"会"意"地依次践行"起承转合"的翻译追求已经由承译的泛神化译词进入转译层面,如"形影神"——"The Flesh, the Shadow and the Spirit","神辨"——"The Spirit's View","神释"——"Spirit explain"均转译为"作为万物之灵长"的人的"神"悟思辨范畴;也转译到"神情独得"《祭从弟敬远文》——"If your soul has consciousness" [9] 255 的精"神"气质方面,得"神"气而入"意"境,转得深邃;最后到创新性英译"神情独得"(《晋故征西大将军长史孟府君传》)——"Whenever he was inspired"[9] 231,"神仪妩媚"(《闲情赋》)——"She is the apex of charming demeanor"[9] 217；天地万物人和合而在，宇宙间一气呵成合译。于是，汪榕培翻译逻辑四步骤的译笔在"起承转合"间瞬间通达"神"意，令人领首称快。

可见，在译"神"的过程中，"起承转合"超越其文法上的写作意义，而成为汪榕培翻译方面的定式思维，一再牵引着他一步步地从起译向合译挪移，无论是从翻译的理论高度来讲，还是从翻译技能的实用角度来讲，这样的翻译结果取得了"传神达意"的译境。

（二）"意"之"起承转合"通达"传神达意"

与"神"字相比，陶渊明使用"意"字的频率要多一些，总计27处，其中诗歌中出现"意"字的次数为16处，文赋中出现"意"字的次数为11处。与"神"字的使用情况相比，陶渊明使用"意"字的情形倾向多元化：独立使用，双字使用，三字使用，甚至是四字使用。无论如何，所有的"意"字的译意，或凝练或散淡，始终不悖其"意，志也"的核心字义。最典型的"会心达意"的译例莫过于"The view provides some veritable truth, But my defining words seem to me uncouth."[8] 147-149（"此中有真意，欲辨已忘言。"《饮酒》之五）。

好"以文为诗"的陶渊明在其文赋传记散文作品中，"意"味不减其诗歌之"意"境，汪榕培不薄渊明之"意"，以超越英译陶渊明诗歌"起承转合"的秉承"以文为诗"的宗旨，译思涌动，一气呵成地创意地通达"传神达意"相容并济之译境。每有会意，译味深远。以下汪榕培英译陶诗若干译例基本上属于"意"之意译手法，从起译到承译的译笔一览无余地表现出"传神地达意"的翻译初衷。

何意 who'd think[8] 111

不合意 disagree with their ideas[8] 191

意中人 bosom friends[8] 69

真意 veritable truth[8] 147

意表 this truth of genuine worth[8] 155

志意 my youthful heart[8] 161

意常多 full of cares and strife [8] 53

余意 why I come and what I need [8] 71

来意 what I'd like to see [8] 189

漂母意 the dame who fed Han Xin [8] 71

"起承转合"翻译思维在译"意"过程中展开其第二个阶段上的操作，总体而言，下面几译例均显现为"意"之意化从转译到合译的翻译践行举措，在不悖"达意"的前提下"传神"如影相随，原文中的"意"字在译文中不着一词，然而译者"传神达意"的翻译追求尽在眼前。

放意乐馀年 They made the best of life to their last breath [8] 221

言尽意不舒 Long after songs died out and rang no more [8] 105

宋意唱高声 High and low, the wind whined sad and bold [8] 225

一毫无复意 I've not the slightest pleasure of a boy [8] 201

寄意一言外 What is between the lines is known to few [8] 127

意气倾人命 When youthful people utter vowing words [8] 183

这里的译例显然让我们感觉到离原文的字面已经有了距离。之前，汪榕培的译文可以是缘感而发，原文的语意十分直接地灌注到译文中。但是，此时看来，汪榕培开始节制这种随性的、感性的创作，显而易见，他越来越致力于一种让译文本身展开自律性的译法，即在转换语言的时候转合而至目的语，自然又地道。庄子曾说"神将守形"；荀子也说"形具而神生"；《淮南子》中也有"神贵于形也"。故神制则形从，形胜则神穷"之言论。从陶渊明诗文中"神"与"意"的种种译例可以看出，汪榕培"起承转合"的翻译形态看似了无痕迹，内里恰如其分地应和着陶渊明诗文表里如一的不离不弃、若即若离的再现性创译与传神性达意精神。中国美学上的传神之说强调一种内在的生命的、宇宙的精神的贯通，因此徐复观先生也认为："'传神'即系将此对象所蕴藏之神，通过其形象而把它表现（传）出来。"[10] 无疑，中国古典作文法"起承转合"为汪榕培英译陶渊明诗文之"神"、之"意"确定了可操作的形体平台。

翁显良先生说过："在时间的延续中有起有收，有节奏和起伏回环，有高潮有停顿……"[11]。显然，以"起承转合"为翻译跳台的"传神达意"的翻译境界中蕴含积淀着"起承转合"翻译程式所挥洒的无限丰富的开合收放的叙事功能，及其牵引的艺术审美与再现之能事。诗歌翻译仿译派代表庞德认为："不同的艺术之间实在具有'某种共同的联系，某种互相认同的质素。'"[12] 依托这样和谐共生的翻译范式，"传神达意"疑无处，"起承转合"又生译。

四、和合翻译思想

"起承转合"之"起"是起因，是文章的开头；之"承"是事件的过程；之"转"是结果是转折；之"合"是对该事件的议论，是结尾。以"起承转合"为其翻译思维的汪榕培英译陶渊明"神""意"之际正如翁显良希望的那样，翻译构思"有伸有缩，有融有化。……（翻译时）首先闭目凝神，进入幻境，……，一气呵成，效果就不一样。"[11]翁显良如此这般，汪译陶之"神""意"所用"起承转合"翻译程序中所蕴含的开合收放的翻译路线与"传神达意"翻译理念契合一处，和合共生。

张立文先生所提出的"和合学"，它不仅仅是一种宇宙观、认识论、方法论或本体论，而是超越并涵盖这些内容的生存哲学，它是一个区别于西方翻译研究的独特视角；是一个有望克服西方翻译的文化研究途径所具有的不足与缺陷，开发出对当下的翻译研究具有重要启示作用的方法论。中国传统文化中包含和、合、和合、合和四个范畴。"中华民族的基本文化精神，便是和合或合和，它不是某家某派的文化精神，而是涵摄儒、道、墨、法、阴阳、释各家各派的普遍的文化精神。"[13] 汪榕培"起承转合"如此翻译方法中蕴含着开合收放的翻译写意，汪榕培"传神达意"这般翻译目的中体现着"译在言外"的翻译旨意。吴志杰指出，"和合本体论具有过程性、创生性、动态平衡性的特征。"[14] 汪榕培"起承转合"的翻译手法与"传神达意"的翻译目的二者之间环环相生、和合互动创生、和合平衡的翻译情势之下，皮格马利翁（Pygmalión）式的翻译传奇频频现身，应接不暇；弗兰肯斯坦（Frankenstein）般的翻译噩梦屡屡遁形，退避三舍。

有读者这样评价老舍的名著《骆驼祥子》，"把大家都说在里边，而没有起承转合的痕迹。"[3]如果这是"起承转合"的最高境界，那么汪榕培英译陶渊明诗文之"神"、之"意"开阖有度，流转自然之际，其"神"其"意""起承转合"之间，也是一片"神"出"意"现，出"神"入"意"。作为"译可译，非常译"的提倡者，汪榕培并非沉湎于其"传神达意"的成就而裹足不前，正如汪榕培在邵斌所著的《诗歌创意翻译研究》的序言中说，"我自己就提出过'传神达意'的最简方案理论框架，但是其中要考虑的参数就不是一句话说得清楚了。"[15]一两句话说不清楚的翻译问题需要译界集思广益，以此全面建构"传神达意"的翻译译理。

参考文献

[1] 王毅.魏晋"神韵":生命意识的审美散发[M].北京:线装书局,2007:74.

[2] 汪榕培.各领风骚译陶诗:《归园田居》(其一)英译比读[J].外语与外语教学,1998,107(5):41-42.

[3] 起承转合[EB/OL].[2011-12-05].http://baike.baidu.com/view/169067.htm.

[4] 钱钟书.谈艺录:补订本[M].北京:中华书局,1984:73.

[5] 高建新."以文为诗"始于陶渊明[EB/OL].[2011-12-05].http://tieba.baidu.com/f?kz=123453923.

[6] 李泽厚.魏晋风度:人的主体[EB/OL].[2011-12-05].http://tieba.baidu.com/f?kz=155947086.

[7] 宗白华.艺境[M].北京:北京大学出版社,1997:144.

[8] 汪榕培.英译陶诗[M].北京:外语教学与研究出版社,1999.

[9] 汪榕培.大中华文库·陶渊明集[M].长沙:湖南人民出版社,2003.

[10] 徐复观.中国艺术精神[M].上海:华东师范大学出版社,2001:94.

[11] 翁显良.意态由来画不成?:文学翻译丛谈[M].北京:中国对外翻译出版公司,1983:132.

[12] 张绍九.张绍九的博客[EB/OL].[2011-12-05].http://blog.sina.com.cn/zhang-shaojiu88.

[13] 张立文.和合学:21世纪文化战略的构想:上卷[M].北京:中国人民大学出版社,2006:53.

[14] 吴志杰.和合本体论:中国传统"和合"文化研究系列之一[J].南京理工大学学报(社会科学版),2010,23(1):107.

[15] 邵斌.诗歌创意翻译研究[M].杭州:浙江大学出版社,2011:3.

〔文章索引:"起承转合"译,"传神达意"宜[J].大连大学学报,2012,33(4):117-121.〕

书序中的译学散论

一、引言

在国内外译介研究理论趋势热度不减之际,关于译者本真的翻译研究也悄然兴起,而译者自序作为译者本人的翻译态度和翻译方法的出处,其纪实性与权威性的文献性质自不待言。

当下,国外译学研究已经介入翻译副文本研究阶段。20世纪70年代,法国叙事学理论家杰拉德·热奈特(Gerald Genette)提出了副文本(paratext)概念,它指"围绕在作品文本周围的元素,包括序、跋、标题、题词、插图、图画、封面以及其他介于文本与读者之间促进文本呈现的元素。"[1] 此后,副文本介入译介领域。塔希尔-居尔萨格拉在《文本并不说明的东西——翻译研究中副文本的应用》中强调了翻译研究中副文本的积极作用。他认为副文本为深刻理解译作的产生与接受提供了参考价值,是翻译史研究中一个主要的史料来源。2012年,Peter Lang AG出版 *Translation Peripheries: Paratextual Elements in Translation*,这表明副文本已然从翻译史料实例的所指概念发展成为文学翻译媒介的能指概念,介入翻译研究的众多层面,如翻译史等。(译自原文"This notion of paratext is an unquestionably important consideration for many lines of research in translation studies: the history of translation, literary translation, audiovisual translation and the analysis of ideological discourse in translation or self-translation."[2])

从国内来看，百年间，译介副文本的价值也是译界的共识，其经典性翻译定论隔空驻音。早期代表严复正是在翻译赫胥黎《天演论》（1898年）的译例言的副文本翻译媒介中提出了"信达雅"；近期代表傅雷在《〈高老头〉重译本序》（1951年）中提出了"神似"论。他早年间还说过："重视译文其他附件部分，诸如索引、后记、注解和译文序等对于'传神达意'不可忽视的辅助作用，以便读者更好地理解原文的内容和形式。"迄今，在引进国外译学阐述中国典籍"汉译英"的格局中，国外副文本翻译研究在中国译介中的同期声仍微乎其微。《四川外语学院学报》2005年第6期开拓性地发表了山东大学孙昌坤博士撰文"译作序言跋语与翻译研究"，此后，在副文本翻译研究进一步发展的过程中形成了两种基本类型：一为副文本翻译学科定位的理性判断；一为副文本在翻译实践中的个译分析。

在翻译学已经成长为一个独立学科的大环境下，翻译研究呈现出多元理论各执一词的态势。散论是中国的诗学传统，在国内的译学研究领域也是传承有加，近年中国对外翻译出版公司的成果比较显著，如1997年出版的金圣华《桥畔译谈——翻译散论八十篇》，2002年出版的马红军的《翻译批评散论》，以及2006年出版的、王建国编辑的、集中了功能学派翻译理论家刘宓庆各个时期论文的《刘宓庆翻译散论》，其他如1998年湖北教育出版社出版的许钧主编的《翻译思考录》，2007年青岛出版社发行的赵彦春撰写的《翻译诗学散论》，这些也是典型代表作。更多的译学散论见诸刊首报端，还有一些则通过翻译副文本元素之一"书序"的形式呈现着。译介大家吕叔湘在20世纪40年代完成的《中诗英译比录》序言中所阐发的点点滴滴的翻译认知，特别是"以诗体译诗之弊，约有三端"[3]，早已是诗歌翻译研究者或立论、或驳论时援引的首要内容。汪榕培也非常关注译介实践中的理论功能，他不仅阐述过翻译事实是"译可译，非常译"事件的散论，而且作为当下典籍译介的前辈与长者，藉写序之际声援同志，扶持晚辈，助推译学发展。十年间，他先后为译界12部学术专著撰写了12篇序言，慧眼隽语之散论比比皆是，翻译观点形散神不散，性质一分为三。

(一) 为翻译实践的原点而呐喊

一切翻译皆是以翻译对象为思维原点的实践活动。针对翻译实践的原点问题的书序有三,分别为郭尚兴的《中国儒学史》(2011年)、登特-杨父子的《水浒传》(2011年)和王宝童的《三字经·千字文》(2008年)而作。

国学大师季羡林生前一直非常关注中国典籍的翻译事业,他说过"西方文化和中国文化交流是不平衡的。我们中国人拿过来太多,而中华民族的优秀文化送出去太少。'拿过来'和'送出去'是中国传统文化传承面临的现实问题,也是当代知识分子最为艰巨的一项任务。"[4] 季先生不仅提倡国人当自强地承担"送出去"的翻译使命,而且他也躬亲参与了中国典籍本身的治学工作,如他与北京大学哲学系教授汤一介共同编撰了《儒藏》,为中华典籍更成体系地译介出去创造优越的学术条件。郭尚兴写作的《中国儒学史》也应该是同样性质的内容,不同的是郭教授写作与翻译一步到位,使中国国学精髓直接进入英语读者的视野。为了避免或减少外国读者误读误解中国文化经典,汪榕培在其所作的书序中明确指出:"翻译过程中任意操控和解构典籍的翻译处理都是不可取的译法。"为此,他认为"搞清儒学的元典在当时的规定意义虽非易事,但仍要努力为之,这是研究儒学的基本出发点,也是翻译伦理学的基本要求之一。让中外读者了解儒学元典的真正含义是学者和翻译工作者的神圣职责。"[5]

汪榕培为郭尚兴《中国儒学史》撰写的这一篇书序是他在呼吁翻译实践原点范畴的最新书序,他的上述观点与时俱进地跟进翻译最新研究视角——翻译伦理学。"谈译者对'他者'的责任,实际上是对翻译研究文化转向以来所出现的乱象的一种反拨,是一种理性回归。"[6] 归根结底,翻译伦理学之说,是对翻译主体中心论的一种反拨。显而易见,从翻译实践的角度而言,郭尚兴的这部英语著作在呈现给英语读者的同时,通过依托儒学的历史本源语境,立竿见影地回归到翻译实践的原点。

在为登特-杨父子的《水浒传》作序时,汪榕培严谨而审慎。他首先翻译了该译本译者在译作前言中写的如下一段话:"本译文的对象是不通中文的普通读者。《水浒传》是中国文学里最畅销的作品之一,会讲中文的人几乎尽人皆知。因此，这个英译本必须尽量具有可读性，同时对原文又不作任何删改。所以，我们既要保留中国古代的情趣，又要把注释减少到最低程度，用流畅的英语表达中国的方言和成语。"[7] 这段话里提到了可读性的问题，而且也阐释了促成可读性的核心翻译方法和基本翻译策略，也就是说，运用流畅的英语是中华典籍保障文化软实力输出的上上策。为了梳理自己的观察，推敲自己的判断，汪榕培专门请上海外语教育出版社和香港中文大学出版社帮忙与译者取得了联系。在和登特-杨先生的通信中，写序人与原译者携手开拓学术视野新空间传为佳话。在交流中，汪榕培愈发笃信登特-杨先生的心声，也更坚定了"通过作序使译作研究进一步广泛而深入地衍生"的心愿，如他乘兴而作的个人意见——"我认为译者基本上达到了预定的目标"，即"译者对于原文的理解是无懈可击的，原作的细节在译文中一个也没有漏掉，语言生动活泼，甚至可以说把原著的口吻都译出来了"（汪榕培，未发表的私人通信）。

在汪榕培所作的书序中，他为登特-杨父子《水浒传》英译本写的序言篇幅版面最大，字数统计显示为2982字，显然他在倾心地昭告读者：登特-杨译本活灵活现，其可读性不容置疑。换言之，如果可读性不是忠实翻译实践的原点的另类表现——外延性原点，翻译实践归依其原点的做法难免是机械性地"守株（原文）待兔（译文）"，陷入翻译腔的尴尬境地。

在所有的作序中，汪榕培为王宝童英译的《三字经·千字文》译本而作的序言是他唯一一篇用英文写作的书序：

Since the earliest translation of *Qian Zi Wen* into English by Samuel Kidd in 1830, there have been various English renderings of these two Chinese classics. These translations are mostly done in prosaic English without much literary merit or with much misunderstanding. ... I am so pleased to read Professor Wang Baotong's creative rhymed translation of these two classics. ... His pithy lines, xaya and aabb rhyme schemes, and annotations to the culture-loaded terms well fit the style of these popular Chinese classics. [8] Foreword Ⅰ-Ⅱ

汪榕培这一番话大意是：《千字文》最早的英译文可以追溯到1830年，出自塞缪尔·基德（Samuel Kidd）之笔。此后复译现象不断，而意译类型的译本居多，基本上文学性不强，且误译也不少。……王宝童的韵体译本让我眼前一亮。他的韵式诗行、双行押韵以及文化负载词的注释法都贴近所译的中国经典的作品特色。汪榕培不仅欣赏王宝童韵体译诗的创新成果，而且对王宝童的英诗造诣赞赏不已："Professor Wang Baotong has published widely in the studies of English poetry."[8] Foreword Ⅱ

表达论述上述三位翻译工作者的著译或译作的三篇书序述之得法，法乎其上。在汪榕培看来，无论是译者王宝童，还是译者登特-杨父子，他们的英语素养与英诗修养不相上下，使他们的英译作品赢得英语读者的青睐。从忠实翻译实践原点的角度来看，这样的翻译行为和效力完全可以视为忠实翻译实践的原点的特殊表现——发散性原点，因此达到了超越字词对译初级翻译，超越顺句驱动中级翻译，入韵得味高级翻译的境界。

（二）为翻译译理的元点而追问

汪榕培为邵斌博士的《诗歌创意翻译研究》，为黄中习的《典籍英译标准的整体论研究——以庄子英译为例》，为朱安博的《归化与异化——中国文学翻译研究的百年流变》，为成昭伟的《文学翻译概论》而作的四篇书序基本上属于追问翻译理论元点性质的书序。

汪榕培这一类书序数量最丰，时间跨度也最大，从这四篇书序中似乎可以看出典籍与文学译理的认识论和方法论的思考脉络。《典籍英译标准的整体论研究——以庄子英译为例》与《文学翻译概论》的两篇书序涉及翻译理论认识论的定位问题；《诗歌创意翻译研究》与《归化与异化——中国文学翻译研究的百年流变》两篇书序反映的是翻译理论方法论的定性问题。

在为黄中习《典籍英译标准的整体论研究——以庄子英译为例》作的书序中，汪榕培追问的是典籍英译的认识论问题。他特别指出，"在过去一段时间内，忽视了翻译的根本问题还是语言问题，似乎解决了文化问题就解决了翻译的全部问题；在强调翻译作品受众时似乎又忽视了翻译作品的源语文本。"[9] 香港岭南大学教授孙艺风曾在《中国翻译》2010年第2期发表的文章《翻译学的何去何从？》中表示："对翻译本体的'偏离'似乎大有愈演愈烈的趋势。"[10] 现阶段的中国译学界难免有"'偏理论'的理论热"倾向，且理论派与实践派之间一直争执不下。汪、孙两位教授应该是有感而发。翻译确实会受到一定的约定俗成的译法范式的制约，译者或许就能超越源语而创译一番中古文化遗产的英译工作。如果或一味师从前译，或直接套取外译汉的翻译范式，翻译的语言元点被淡化、被弱化在所难免，得不偿失。

鉴于中华典籍的翻译主体力量仍是国内业界人士，一个特殊的汉译外翻译现象险象环生。或许"中国英语"还没有为广大受众属意，但译介研究人员已然明察秋毫。"中国英语"的翻译倾向集中反映着译界的一种共识：翻译不止于语际言内语符转换的过程，翻译更是语际文化介质催生的过程。美国《世界英语》杂志主编、英语变体研究专家卡奇鲁（Braj Behari Kachru）阐述道："英语一旦在某一地区被采用，不论其目的是科学、技术、文学还是获得名望、地位或是现代化，它就会经受一个再生过程，部分是语言上的再生，部分是文化上的再生。"[11] 以此为鉴，"中国英语"则是语言与文化双重再生的表征体，它既代表着本土译者对本土典籍作品语言上的合理认知，也代表着本土译者对本土典籍作品文化上的合情认可。"[12] 相对而言，"中国英语"是积极输送中国文化软实力的有效介质；绝对程度上，"中国英语"是黄中习典籍英译标准"整体论"论点冰山一角上的论据。

谈翻译不会绕开谈文学翻译。20世纪80年代后期，张今、成昭伟编写的《文学翻译概论》出版，2005年清华大学出版社再版该书，这本书在译界的受欢迎程度可见一斑。2007年，国防工业出版社出版了成昭伟的同名著作《文学翻译概论》。汪榕培为该书作序时写道："成昭伟的《文学翻译概论》既讲述理论、又传授技巧，还通过翻译的实例帮助培养翻译艺术的鉴赏能力，篇幅不大却含量丰富，是英汉或汉英文学翻译的启蒙教材。"[13]

翻译理论一定是翻译方法的认识论。然而，翻译理论的认识论与翻译理论的方法论往往是翻译研究的双面胶，对应存在，相互黏合。张今、成昭伟的《文学翻译概论》虽从翻译理论硬性标准入手，却都没有背离"一体双面"的翻译认识论常规。下面两本关于翻译方法论的专著是怎样探究这一问题的，汪榕培在书序中谈到："我对邵斌关于'诗歌创意翻译'的提法很感兴趣。首先，'诗歌创意翻译'是翻译的一种，就要遵循翻译的基本要求，不论把翻译定义为语言的转换或者思想的传达或者文化的转移，没有原作就没有译作，所谓'解构'和'创造性叛逆'都不能离开原著，否则就是纯粹的创作或者是假托的伪作。其次，各种类型的文本有不同的特点，诗歌翻译有其特殊性，即它的主要功能是美学的功能，是情感的宣泄，各个民族的诗歌又有不同的运用语言的艺术特点，在翻译的过程中这些因素必然要凸显出来。最后，诗歌翻译必须有创意，从语言层面来看，计算机之所以做不了诗歌翻译，就在于字面的对等不等于诗歌翻译，好的散文应是言之当得，序亦得当（proper words in proper places），好的诗歌是所言所在当至极（best words in best places）。计算机翻译解决不了内涵问题、意图问题、情感问题和语言美的问题，要解决这些问题只有依靠译者的'创意'，这里的'创意'是全方位的，有各个层面的不同程度的创意，涉及诗歌翻译的整个 spectrum，可以小到运用一个词的创意，也可以大到近乎全篇改写的创意。"[14]创意翻译超越语言文字，因为审美的中转，因为情感的释放，将有限的翻译理论带到无限的发展空间，这是翻译方法论反客为主，转而提升翻译理论的视界。

2009年，上海外语教育出版社出版了朱徽的《中国诗歌在英语世界——英美译家汉诗翻译研究》。作者在后记中写道："在翻译研究领域，'汉诗英译研究'是一个常说常新的话题。学者们以不同的观点，从不同的角度，对不同的译作进行研究，已经取得不少成果。但是，过去的研究似乎集中在国内译家英译的中国古诗上，对其中某些问题如'三美'原则等还引起过激烈争论。"[15]考察海外汉诗英译者的翻译路线恰似好雨知时。

万事万物都是内容和形式的组合，即内容总归是某种形式的内容，形式总归是某种内容的形式。内容作为事物内在要素的总和，可以借助不同的形式而物化为似曾相识的内容。在为朱安博《归化与异化——中国文学翻译研究的百年流变》所作的序言中，汪榕培的翻译思考已经从翻译译理的内容认知层面发展到翻译译理的形式方法论层面。

历史上，翻译现象伊始，翻译的方法就一直在方法论的问题上纠缠不休。朱安博整合这个古老的译事现象，赋予了它万变不离其宗的意义。正如汪榕培在书序中所写："归化与异化的翻译策略更是从具体方法上为比较文学研究提供了一个新的视角，多角度、多层次、全方位动态地研究归化异化之间的关系，这对于翻译研究和比较文学研究都是有益的"。[16]序1 对于朱安博的见解，汪榕培也中肯地指出："从归化与异化的翻译策略上，我们要针对本土文化的特点，借鉴其他学科理论的研究成果，使翻译研究从封闭的、狭隘的小圈子走向与现代学科结合的道路，多角度、多层次、全方位动态地研究归化异化之间的关系，从而寻求一个符合时代需求的翻译策略，以达到跨文化、跨语言的交际目的。"[16]序Ⅰ-Ⅱ 2005年10月20日，联合国教科文组织通过了《文化多样性协议》，藉此，中华典籍翻译工程在古老而崭新的归化异化的方法论作用下，其文化软实力摆渡到西方世界指日可待。2002年，孙致礼在《中国翻译》发表的文章《中国的文学翻译——从归化趋向异化》中提出，"21世纪的中国文学翻译，将以异化为主导。"[17]虽然孙教授说的是外译汉，但汉译外的属性界定概莫能外，"中国英语"初见规模的现象本身就是一种说服力，而汪榕培"中国英语"之论显然是论之得道。

（三）为翻译批评的圆点而鼓噪

纽马克说过："翻译批评是翻译理论的重要组成部分，是联系翻译理论与翻译实践的一条重要纽带。"国内方面反响的代表是《新华文摘》（2005年第22期）发表了许钧先生的一篇文章《翻译的危机与批评的缺席》。文中，作者指出尽管翻译批评见多，但翻译批评因处于失语状态，这一事实极大地影响了翻译研究的整体水平。毕竟"好的翻译批评是历史的、辩证的、马克思主义的。"[18]

亲临典籍翻译实践、倡导翻译标准的汪榕培也关心着翻译批评自身的建设。为此，他先后为相关的三本学术专著作序，它们分别是夏廷德的《文学翻译与译介学理论新探》、蔡华的《巴赫金诗学视野中的陶渊明诗歌英译——复调的翻译现实》以及蔡新乐的《文学翻译的艺术哲学》。一般而言，翻译工作者不可避免地具有"盲点"的局限和"自在"的惯性，旁观者清的说法仍然适用。这三位教授作者都是博士出身，特别说到这一点无非是因为他们学术触角宽泛，思考视角分明。汪榕培教授作为博士生导师，为他们这几本具有翻译批评性质的书籍作序，这本身可以说是翻译批评的批评。翻译批评的批评与翻译批评围绕着共同的翻译批评核心问题，但前者更富于前瞻性、更长于本质性。基于这样的出发点，他在《巴赫金诗学视野中的陶渊明诗歌英译——复调的翻译现实》书序中写道："我最喜欢的中国诗人是陶渊明，所以我也翻译了他的诗歌。在巴赫金诗学的视野下，陶渊明诗歌在不同国家、不同时期的英译是一场狂欢的盛宴，与我国的'诗无达诂'乃至德里达的'解构主义'有异曲同工之妙。翻译是一种艺术，不同译者对同一诗作有不同的理解，然后经过不同的美学构思，创造出不同的艺术作品，使同一诗作的译文呈现出异彩纷呈的局面，分别突出了原有风采的不同亮点，使原诗像一道道美味的佳肴那样展现给译文的读者，构成一桌丰盛的宴席。经过翻译之后，陶渊明的诗歌获得一次又一次新的生命。"[19]典籍英译批评也在汪榕培等译界前辈的实践与扶持下不断超越现状，成为牵引与推动典籍英译的中流砥柱。

在为夏廷德《文学翻译与译介学理论新探》所作的序言中，汪榕培写道："文学和翻译之间错综复杂的关系，以及文学和翻译各自与社会、政治、经济、文化、民族、宗教等因素的紧密关系……这些视角既有交叉重叠的地方，又有可以取长补短的地方，出现相互冲突的地方是不足为奇的。"[20]序Ⅰ-Ⅱ他还写道："译介学研究的一个重要方面是文学翻译的再创造性质，揭示它与文学创作的相通之处，所以就会有'创造性叛逆'（包括'有意识型创造性叛逆'）的说法。……如果有谁能写一本《误译学》，找出误译产生的原因和规律，包括从哲学、民族、心理、文化等角度来分析，提出有针对性的对策，他对翻译学的贡献不可小视。"[20]序Ⅲ汪榕培提出"误译学"性质的前瞻性预见，必将促成译学研究兼收并蓄。

哲学（philosophy）源出希腊语本意为"爱智慧"的philosophia一词。翻译的过去可以与文学、非文学有姻缘，翻译的现在可以与文化结缘，翻译的未来必将与跨学科攀缘，转益多师。汪榕培有这样的信念，且看他在为蔡新乐《文学翻译的艺术哲学》作序时就信心满满地写道："《文学翻译的艺术哲学》把含意本体论引入了译论，为如何走出上述困境提供了一个崭新的视角。"[21]代序2-3作序时，汪榕培还直抒胸臆地写下了"文学翻译呼唤哲学的思考"的序题，这是他作序以来唯一的一次命题写序。显然，他已经按捺不住他那颗驿动的心，原来他"非常译"的翻译追求与蔡新乐"含意本体论"的观点一拍即合。且听汪榕培细说："蔡新乐博士的《文学翻译的艺术哲学》把含意本体论引入了译论……含意本体论认为，含意的总的倾向是含而不露、含蓄待发；也就是说，含意之'含'才是根本，而'意'是对'含'的附着，'含'因此代表着思想以及精神的力量向度,即永远向纵深处、隐蔽处发展、投入、探索。因此,译意不是对意义的传达,而是重新包容、蕴含、容纳之后对原文的含意产生对应的关系。……而从哲学的高度来看,含意本体论把理解视为人的一种能力,即人之为人先在地表示他(她)有理解力,而理解本身是存在的空间性理解,它应该被视为某个既定'对象'的主观行为,所以,它不属于被理解之物的存在,而只能属于理解者的存在。也就是说,理解是人的精神的需要及含意的使然。含意本体论的论述显然比我的论述更加接近翻译的本质——尽管结论是殊途同归的:用我的说法是'译可译,非常译',用蔡新乐博士的说法是'完全归化是翻译的乌托邦'。要揭示文学翻译的本质,只有依靠哲学的思考,而赖以思考的哲学体系必须是开放性的,即留待别人质疑的批评的体系,只有如此,思想才会前进。蔡新乐博士的观点当然不能说是终极的,但它确实给人以启迪。我对翻译哲学并无多少研究,但是我认为它在不少地方使我思考,甚至对我自己的观点予以质疑。"[21]代序4能够让躬身典籍英译多年且译作颇丰的翻译大家汪榕培反射自问的翻译哲学观点,与翻译有关的人更应该就此反思并有所悟,想来其中就不乏翻译哲学在做功。

"汪先生的译文有一种常态,而这种常态的理论表达正是汪先生自己所说的,传神达意。"[22]有鉴于此,汪榕培不吝笔墨地欣然拨冗为李静博士的《叶芝诗歌——灵魂之舞》和李云启《英诗赏读与美感再植》作序。实际上,从事汉诗英译的汪榕培为这两本著作写序还因为他心中有一个情结,即他对诗歌、对英诗、对英诗汉译的痴情。这种痴情反过来使他更深地根植于中华典籍的汉译英事业中。

二、结语

2010年,在巴塞罗那自治大学召开了第七届翻译国际研讨会,大会主题设为"Paratextual Elements in Translation",与会学者的参会论文结集成书,于是就有了开篇提到的2012年Peter Lang AG出版的 *Translation Peripheries: Paratextual Elements in Translation* 这本副文本与翻译学联结探讨的创新研究视角与成果。某种意义上讲,学术大会与会者提交的发言稿常常还有待会后进一步地深入探究测定。因此，它也是散论的一种特殊言论形式，是凝结而成定论的序曲。

散论一直是中国学界的一种学术传统，在翻译界，罗新璋汇编的《翻译论集》（1984年）以及王寿兰编辑的汇集巴金等著文的《当代文学翻译百家谈》（1989年）都呈现着"百家译谈"的散论精神气质。有些散论广为援用，几成经典，对中国译界的影响经久不衰。甚至在20世纪80年代，当西方翻译理论源源不断地席卷而来的时候，《翻译论集》仍能与多种热门的西方翻译书目比肩而在地被无数学人收录到参考文献栏目。散论的真知灼见如涓涓细流滋润着川流不息的学术发现。对于翻译，汪榕培散在数篇书序中的散论式的笔墨高屋建瓴，不仅惠泽了相关著作者，更润泽着翻译实践的原点生态、翻译译理的元点逻辑与翻译批评的圆点范式。

参考文献

［1］ HERMANS T.Cultural transgressions-ideological issues［M］.Beijing:Foreign Language Teaching and Research Press,2007:44.

［2］ GIL-BARDAJI A,ORERO P.Translation peripheries:paratextual elements in translation［M］.Bern:Peter Lang AG,2012:8.

［3］ 吕叔湘.中诗英译比录［M］.北京:中华书局,2002:10.

［4］ 李恺萌.季羡林留给我们什么？［EB/OL］.(2009-07-13)［2022-12-05］.http://news.sohu.com/20090713/n 265164972.shtml, accessed 6/20/2013.

［5］ 郭尚兴.中国儒学史［M］.上海:上海外语教育出版社,2011:Foreword Ⅱ.

［6］ 杨洁,曾利沙.论翻译伦理学研究范畴的拓展［J］.外国语,2010,33(5):73-79.

［7］ 登特–杨.水浒传［M］.上海:上海外语教育出版社,2011:序Ⅱ.

［8］ 王宝童.三字经·千字文［M］.上海:上海外语教育出版社,2008.

［9］ 黄中习.典籍英译标准的整体论研究:以庄子英译为例［M］.上海:华东师范大学出版社,2010:序2.

［10］ 孙艺风.翻译学的何去何从？［J］.中国翻译,2010,31(2):5-10.

［11］ QUIRK R, WIDDOWSON H.English in the World［M］.Cambridge:

Cambridge University Press,1985,11-30.

[12] 蔡华.漫谈中华典籍的翻译意义[J].英语知识,2012(11):5-6.

[13] 成昭伟.文学翻译概论[M].北京:国防工业出版社,2007:序Ⅵ.

[14] 邵斌.诗歌创意翻译研究[M].杭州:浙江大学出版社,2011:序Ⅱ.

[15] 朱徽.中国诗歌在英语世界:英美译家汉诗翻译研究[M].上海:上海外语教育出版社,2009:289.

[16] 朱安博.归化与异化:中国文学翻译研究的百年流变[M].北京:科学出版社,2009.

[17] 孙致礼.中国的文学翻译:从归化趋向异化[J].中国翻译,2002,23(1):39-43.

[18] 邵琳.彼得·纽马克文本类型翻译理论对翻译批评的启示[J].科技资讯,2007(10):169.

[19] 蔡华.巴赫金诗学视野中的陶渊明诗歌英译:复调的翻译现实[M].苏州:苏州大学出版社,2008:他序1.

[20] 夏廷德.文学翻译与译介学理论新探[M].大连:大连海事大学出版社,2009.

[21] 蔡新乐.文学翻译的艺术哲学[M].开封:河南大学出版社,2001.

[22] 门顺德."传神达意"翻译理论研究[M].上海:上海外语教育出版社,2012:74.

[文章索引:书序中的译学散论[J].语言教育,2013,1(2):56-59.]

从以形译神到以神译形
——以汪榕培中古诗歌英译为例

译介素有"翻译即损失"的共识与憾事,尤以诗歌翻译为甚。汉英诗歌翻译中,中古诗歌的文字与修辞的造形艺术在英译过程中更是损失殆尽。汪榕培在践行中古诗歌英译时兴之所至,"学着老子的腔调,发出'译可译,非常译'的感叹。"[1]5为此,其"非常译"之"形美"译笔显然不是机械的形式摹仿,而是机巧的诗意审美再创作,其译诗不仅追和着中国古诗"形美"的翻译原貌,同时也醇化着中古诗歌英译的翻译新界。

生态翻译学认为,翻译是一个整合统一的系统。自"接受理论"彰显了"译文读者"在翻译链的重要角色以来,唯有读者解析了的译文始产生的原生态意义的观念改观了传统的翻译生态环境,特别是生态翻译强调的译者适应翻译生态环境展开翻译选择的译者中心地位的论点表明:译者作为首席读者所生成的译文形态立竿见影地主导着目标终端读者形成其审美感应,中古诗歌英译的翻译生态空间因此而不断衍生。"'非常译'诚然不全是不依赖于人类而存在的客体(原著)的相对正确的反映,可能有错误、误译或者非最佳译法的地方,却提供了通往'常译'的渠道。"[1]7"常译"的翻译行为即在,定译的翻译境界在即。

一、以形译神——"形美"之"非常"译

广义的"形"即形式,而形式"包括两个大的语言结构层次,即文字(graphic)和语音(phonic),这两个层次实际上是相互依托的,因此形式可以

说语言是两个层次结合的'物质体现',而'魏晋时期的汉语中的某个字有什么样的回声'"[2]等诗论细说更细化着字音兼在恰似中国古代诗歌"形美"天性的物理特质。鉴于此,中古诗歌翻译生态系统中的形式要素,从用字到定音,再到诗行,一损再损,其意境跨语转译困境历历在目,难怪弗罗斯特说诗就是翻译中损失的东西。

中古诗歌"形美"方面的字美、音美与行美的大美诗境往往因译诗形式上的限制常常使"翻译艺术家感到'捉襟见肘',使严复有自叹'一名之立,旬月踌躇'。"[3] 25 中古诗歌之"形"的翻译生态匠心别具,失之痛心。面对普遍的"去形存意"的翻译折中选择,译者汪榕培本着变则通的翻译思维,提出了"非常译"之"形美"翻译策略,译采卓然。

最早且最直接地提出翻译"形美"观点的是许渊冲。他在《翻译的艺术》中为其"三美"立论时是这样描述"形美"的:"'大体整齐',就要传达原诗的'形美'。"[4]"就'形美'而言,许先生的解释简洁而明确:'……一个中文字大致译成英文两个音节,这就是传达原诗的形美。'许先生对译诗的'形美'的英文释义是:Heroic couplets and alexandrines are used to preserve the original beauty in form."[5] 前言V-VI

"形美"位于许渊冲译诗"三美论"中意美和音美两美之后。许渊冲说:"译诗除了传达原诗内容之外,还要尽可能传达原诗的形式和音韵。鲁迅在《自文字至文章》中说:'诵习一字,当识形音义三:口诵耳闻其音,目察其形,心通其义,三识并用,一字之功乃全。其在文章,……遂具三美:意美以感心,一也;音美以感耳,二也;形美以感目,三也。'译诗不但要传达原诗的意美,还要尽可能传达它的音美和形美。"[4]

"关于'形美',《上海科技翻译》2004年第1期《谈涉外活动中诗词佳句汉英翻译的现场效果》(吴伟雄 p.28)一文将其称为'悦目效果':这是诗词的'形美'……,'悦目'使人乐见……,而且音节整齐,阅之诵之,过目不忘,使人有美的艺术享受……。"[5] 前言VI 因此,不论"大体整齐",还是"悦目"效果,都是物化读者审美诗性的媒介。欲善其事,必利其器。审美从语言物象的视觉冲击开始,渐次进入到感受印象的情感层面,然后提升到理性思辨的智慧层面,超然物外而神游,这是诗歌创作的初衷和归宿。面对"形美"这一中国诗歌翻译生态系统先入为主的"诗之为诗"的诗歌因子，基于"存在决定意识"翻译生态译境中一触即发的"形美"原生态，"非常译"即成为翻译家汪榕培"适者存译"的生态翻译属性的创译选择。"译者也是'适者生存'，否则就有可能被翻译生态环境'淘汰'。"[6]

作为"以诗译诗"风范的译者，汪榕培在实施"以韵促译"翻译策略的同时践行着"以形促译"的翻译追求，以此促成中古诗歌"形美"诗性译之欲出，如"榆柳荫后檐，桃李罗堂前。"（《归园田居》其一）的译文所示：

The elm and willow cover backside eaves,
While peach and plum trees shade my yard with leaves.

原诗中10个字对称罗列，都是"二一二"的诗行形式；英语译诗中如出一辙地采用两个平行句式对应而译，名词对名词，动词对动词。这一译例既符合许渊冲所说的一个汉字对应两个英语两个音节的"形美"要求，又以规范的五音步英诗形式再现原诗诗行的整齐和音律和谐。长元音/i：/押住两行一联的同一性韵脚，应和着原诗般的"音美"；押韵词之一eaves内含在另一押韵词leaves之中，它们彼此包容，形象地反映出原诗中"后"和"前"两个字的空间"形合"逻辑。此为汪榕培"以韵促译"兼"以形促译"的"非常译"。

比较即发现，对比其他译者的译文如下：

Elm and willow shade the back eaves,
Peach and damson range in front of the hall. (Burton Watson)

Elms and willows
shade the back veranda,
Peach and plum trees
in rows before the hall. (Cyril Birch)

将这两例英语译者的译例与汪译比较，不难发现其中前一例在"音美"

"形美"方面的缺憾,后一例"形美"是英语诗歌的形态,而非创造"形美"性质的"非常译"翻译表现。相形之下,汪译韵而有形,形中含韵,形韵互动,"从一定数量的原音出发,穿过少数的音韵以及语法规则的对比,即能说出繁复无尽的话语。"[7] 汪榕培所译诗句显然因此而呈现出繁复而丰富的神韵。

"根据功能语言学的观点,'形式是意义的体现';形式不同,它们所表达的意义就不同,给受众传递的信息当然也不一样。所以,'形式对等'可以作为一种标准来衡量译文的合适性。"[8] 形式对等中的"'形'即'形状'之意,'形美'即狭义上的外观或外形之美。"[5]前言Ⅶ 汪榕培译诗之"形美"之"非常"译笔使译者释怀,让读者释然的正是译者或灵机一动、或踯躅旬月地变通地适应、或补偿性地选择的创新性翻译表现,而"以形补形""以形造形"就是汪榕培在适应中古诗歌"形美"的翻译前提下,选择生成译诗"形美"的两种"'非常'译"方法。

(一)"以形补形"以传神

"译者翻译作品,必然有自己的初衷和追求,这是生态翻译学观点中的'译有所为'强调的一点。"[9] 汪榕培一向"译有所为",他特别关照译诗取得"大体整齐"的"形美"效果。在某种程度上讲,他的"形美"翻译表现是其翻译对象形式召唤的情感应答结果。如《诗经》特有的形式之一——诗句的平行结构,一向为后人标榜和摹仿。于此,汪榕培的译笔集中体现了"以形补形"性质的"非常译"翻译选择。"如金如锡,如圭如璧。"(《诗经·卫风·淇奥》)的译例如下:

Of pure and gleaming gold he's made;
He's smooth and polished as a jade.

对于《诗经》四言诗中的"如……如……"句式,汪榕培除了整体上采用四音步、音节对等"信译"的翻译方法外,他还力求使其翻译符合原诗诗意,照顾英语读者修辞审美的阅读习惯。他用大体整齐的形容词并列短语"pure and gleaming"和"smooth and polished"对译"如……如……"这样的描写性文字，可谓"以形补形"迫近"形美"之余实现了形神兼备的译境。汪榕培"以形补形"的补偿性翻译不拘一形一法，因而入译出神，如"gleaming gold"头韵所补造出来的"形美"自是醒目且悦目。"在英文诗歌中使用更多的是双声（alliteration）的成对近义词，其修辞效果跟中文的叠字也是十分相似的，例如：'A sad and solemn verse doth please the mind'（Margaret Cavendish），'Good and great God, can I not think of thee?'（Ben Johnson）"[1] 91

叠字与虚字是传统中古诗歌的形式特色之一，如"君子阳阳……君子陶陶……"（《诗经·王风·君子阳阳》）的译例：

Delighted is my man__
...
Care-free is my man__
...

另如译例"视尔梦梦，我心惨惨。诲尔谆谆，听我藐藐。"（《诗经·大雅·抑》）：

He is a skilful archer,
And also splendid driver.
Now he drives with tight reins;
Now he drives with loose reins.

复如"叔善射忌，又良御忌，抑磬控忌，抑纵送忌。"（《诗经·郑风·大叔于田》）：

When I see that you lack sense,
My sorrow grows ever intense,
I teach you in the utmost detail,

But I have said to no avail.

对于《诗经》备受瞩目的叠字修辞形式，兼顾中国古诗叠字诗艺和英语表达形式的汪榕培"译无定译"地"非常"译起来，有时他以形容词相译，有时他以形式随句，于此，汪榕培"形美"的翻译追求创造性地居变不定，其"'非常'译"翻译路线常常曲径通译，衍译迭生。"在相近的语言表达形式之间进行移植，同样要注意不同语言的词语意义和语法特点，……迭（叠）字分行处理的方式，这样一来，译文跟原文的行数也不同了，这种做法显然不是译诗时应当努力保持原来形式的最佳选择。……此外，诗歌中的语法固然可以不那么严格，这些迭字在英文句子中的语法功能毕竟是个值得注意的问题，例如 Arthur Waley 的'White, white, /Sitting at the casement window'和'Small, small, /She puts out her pale hand.'这些句子算不算可接受（acceptable）的英文句子呢？"[1]98

如果汪榕培创造性的"形美"英译诗句属于可接受的英文句子，以形达意的译法不仅无须商榷，而且可待推进为以形达意且传神，这是译者的终极追求，更是翻译的最高境界。"以形写神"原为东晋顾恺之《魏晋胜流画赞》书中语，指画家在反映客观现实时，不仅应追求外在形象的逼真，还应追求内在的精神本质的酷似，所谓"征神见貌，情发于目"。顾恺之认为神应以形为依据，如果仅仅形似，而不能反映出绘画对象的特有神气，都不算成功。昔之论纲，今犹不弃。当下中国水彩画大师王肇民先生就秉持着"形是实体，神是反映"的艺术观。

中国素有"诗画"互为共在的美学传统，"以形写神"的画话同样是诗歌的诗话，也因此成为中古诗歌"以形译神"译理的出处。王肇民指出，五百年来中国人物画衰退的主要原因在于不求"形似"。汪榕培在"以形译神"的"形美"策略有意识地规避了绘画界通病的同时，形活神现地抵达英语读者的审美视界。

（二）"以形造形"以传神

"其实，不论承认与否，译家之所以成为译家，同一原著的不同译品之所以千姿百态，必然是因为译者在翻译过程之中，对翻译的本质，有一种先验的理念，因而形成一种主导的思想。"[10] 一般来看，"文字具有形体特征，诉诸视觉感官。因此文字层审美信息主要感应于视觉。文字形式标志是人们通常首先想到的物态化、感知性语言审美构成成分。比之于英语，汉字显然更具图像性（graphical）和会意性（ideographical），因此更具有承载审美信息的物质条件。"[3] 114-115 用英语诠释中古诗歌审美意境的过程就是再现文字悦目图像，再创译诗视觉冲击，使文字形神转化移植的过程。鉴于中英语言的天壤之别，"以形补形"未必译译遂心，于是汪榕培"'非常'译"的翻译行为别开生面地探索着"以形造形"的译法。如陶渊明的两句诗"徒知止不乐，未知止利己。"（《止酒》）的译例：

I only think that wine makes me feel good,
But never think that wine does me no good.

原诗20句，隔行押韵。这首诗的特色是全诗句句"止"声连成一片，一"止"再"止"，"止"止不休。基于对翻译生态字音天然和谐要素的尊重与适应，汪榕培选择运用英诗aabb韵式，非abab韵式再现原诗韵律回声，紧致而缜密。译诗上下两行都是五音步十音节结构，且音节一一对应。译诗造形蓄意传神，宜先取动势，而后静观细描。此一番音韵"形美"造形也不能掩饰译句最大的亮点，即一联两句句子之间的对应关联。两个译句同用"think that"句型，宾语从句的主语同为诗的诗眼字眼"wine"，从句谓语分别是动词短语结构，且同时重复用"good"收住韵式，暗含着"止酒"所谓益处多多的审美视象。造形艺术的最高要求是"以形写神"，翻译造形神形合一。"以形写神"强调神自形来，即译诗须以外在语言形式通达内在审美境界。

"瑞恰兹（Ivor Armstrong Richards）认为一个语词的理解不仅要涉及上下文，还要涉及它出现时'有关的一切事情或与此词有关的全部历史'。"[11] 39 第一个译句中的诗眼性质的译词"wine"在第二个译句中处于前后双重否定的语言环境中，体现着译者"形到神出"的翻译气质。汪榕培运用"I only think"和"but never think"以及"good"和"no good"两对上下连贯否定的英语诗歌形式"以形造形"地呼应着原诗"徒知"和"未知"之间正反结构。不好的文学翻译原因各异，好的文学翻译好得统一，即能够使目的读者产生像读原作一样的审美感动和艺术冲动。千里之译，始于"形美"。视觉上的冲击先入为主，伺机而动。译诗"形美"促发的视觉美使英语读者产生"如在眼前"的"不隔"审美体验，唯有"不隔"眼目，才能"不隔"神智，才能"不隔"神韵，"形美"之"'非常'译"的翻译神效一目了然。

二、以神译形——"非"常译之"形美"

篇、句、字和韵几方面构成汉诗英译转译过程中的重重阻力，怎样才能使汉语古典诗歌在译成英语后，虽脱胎换骨，也能与原文一样形神兼得？这是译介人士永恒的课题。学界早有"以神写形"的意识，但中国画家石鲁却是正式提出这一命题的第一人。20世纪60年代，他在《学画录·造型章》中提出"以神写形"，"先有形才有神，但是有神才能发现形。"[12] 深谙中古诗歌"形美"诗境的汪榕培情系"意识创造存在"的译介译念，从未远离其"传神达意"的翻译理念。

"传神"两个字典自《世说新语·巧艺》："顾长康画人，或数年不点目睛。人问其故，顾曰'人体妍蚩，本无关于妙处，传神写照，正在阿堵（眼睛的神采中）里面。'""传神"与"达意"属于不同的文学概念，"传神"为手法，"达意"为思想；手法构建形象，思想阐发内容。汪榕培将二者合成为"传神达意"，传递出他的翻译理想。

（一）以神统形

汪榕培之"传神""关乎文采、关乎声律、关乎感情。诗歌之美尤为如此。"[13] 文学体裁的语言结构与生成意义的关联同样是西方学术的研究内容。"莱曼《描写语言学引论》甚至认为从语言学的观点看来，文学的定义就是'选择一些语言成分并加以限制而组成的一些篇章'，而所谓'限制'即语音结构——'根据韵律原则选择材料'——西方的抑扬、轻重、长短律及中国古诗的平仄相间对称形式，都是'一首诗的图案'，这个图案虽然由语音构成却并不是为了显示语音本身甚至不仅仅是为了显示节奏的抑扬顿挫回旋缭绕，而是在暗示语音之外的意义和情感。"[11] 40 汪译诗歌中就不乏情意绵长的言外神出"形"现的译例，使英语读者直抵诗歌阅读的巅峰——自在而神往的审美境界之间，感觉与视觉浑然一体的"'非'常译"同期声此起彼伏。如"客游倦水宿，风潮难具论。……攀崖照石镜，牵叶入松门。"（《入彭蠡湖口》，谢灵运）

I'm tired of sleeping on a boat abroad,
As wind and storm may come when I'm aboard.
...
I climb the cliff to reach Stone Mirror Hill,
And trail the vines to reach Pine Gateway Hill.

汪榕培为了使宋朝诗人谢灵运潜心诗歌诗句的炼字诗歌成就神行一片，原诗中凡有炼字诗眼的情况，他尽可能地再现原诗炼字鲜活如初的意境并促其"形美"也"即在眼前"。开篇，汪榕培即译独在异乡之"客"为神灵活现之"我"，其神思即令英语读者为之一振。继而，他添译"when I'm aboard"来强化"I"的体验感的同时积极配合前句"on a boat abroad"的韵节，并以相同韵脚词的形式补足翻译过程中的文字形象方面的损失。最后，汪榕培两次添译"Hill"不仅催生原诗"照"与"入"的意境，而且视觉成形成像，在英语读者心里留下激荡往复的形神兼备的诗歌印象。

"对象之气为源，我之神为宿。有源无宿，无以寄之；有宿无源，无以托之。"[14] 由此可见，画者自身的气质底蕴与神谕高远是其画龙点睛之道。同理，为诗之大成者，必以韵律聚精会神，因为韵律有节奏而生气，韵格有高低而生神，"以诗译诗"者汪榕培概莫能外。

别林斯基曾说，一种语言中的形象不一定非得在译语中一板一眼，内在活力的符合度方见本色。汪榕培英译谢灵运的诗句"暝还云际宿，弄此石上月。"（《夜宿石门诗》）不妨举凡为例：

When I come back to Mount Shimen at night,

I relish the rocks enshrouded in moonlight.

　　针对这一联句，本色译者汪榕培兴之所至地再次以"I"为媒介介入静谧的诗歌情境，以翻译对象"云、石、月"之意为源，以其神思为宿，故而有源有宿，寄托无限。拜此译意，他遂将"暝"字移译译句末尾，与下句的"月"合并为一对韵脚词，使译词"night"和"moonlight"交相呼应，显出一种逻辑"逼真"的"'非'常译"之"形美"形态，彰显着夜幕黑暗之中月光皎洁的明暗辉映的诗歌审美意境，促使阅读中的英语读者自觉地以"体验的构架"取代了"逻辑的构架"。

　　对于语系迥异的汉英诗歌翻译，"等量翻译"关注定量的翻译观察无法与"等效翻译"注重定性的翻译观念等量齐观。"神似"属于隐在的"等效翻译"性质的翻译追求，而"形美"则是"显在"的"等量翻译"性态的翻译媒介。在谢灵运诗句"运往无淹物，年逝觉易催！"（《岁暮》）中，汪榕培"'非'常译"的"以神译形"的翻译译理略见一斑：

As everything flows with the passing time,
At year's end, I know that I have passed my prime.

　　翻译艺术中存在一个奇妙的辩证法：接近原著有时反而脱离原著，脱离原著有时却接近原著。这正是坚持"以神译形"翻译主张的汪榕培所见。依托其"'非'常译"之"形美"的翻译逻辑，汪榕培时以神来译境，时以推敲语境，不断兼容与拓容地在异语视域再设"形美"谐和"音美"的翻译效果。此译中，汪榕培依照原诗的字序和语意循序渐进地展开"以神译形"形式的翻译，终成"意美"与"音美"、"形美"兼得的译例。虽然两句译诗音节略有出入，下句比上句多出一个音节，但译句的"形美"不受冲击。难得的"'非'常译"表现在同源结构"passing time"和"have passed my prime"之间的结构关联方面。同时，其中"time"和"prime"除了词性形式同一之外，也有语义从属关系，即时间长河中如日中天般岁月的定格形象地再现了"运往"和"年逝"的"形式美"神奇般的关联，这般"'非'常译"的遒劲神译使语际翻译风生水起。

（二）以神弄形

汪榕培论述"神似"时专注而鲜明：传情的更重要的方面在于"神似"，也就是在精神实质上的相似。从这个意义上说"神似"必须达意才行，但又不同于字对字、句对句的对应，而是在精神实质的对应或相似，从而给人以生动逼真的印象。"神似"是在"形似"的基础上提出来的。"形似"重形式，如诗行的数目、长短、节奏和韵律等方面。而"神似"重精神实质，同时，不只是字、词的对应，更重要的是精神实质的对应或相似，以达到生动逼真的效果。从这个意义上说，翻译跟创作也有所区别，翻译在描绘人或物方面，应给人与原作同样生动逼真的印象，此外，在描绘原始作品方面，翻译也应该给人生动逼真的印象。就译诗而言，要给人原诗的生动逼真的印象，需要尽可能保持原诗的风貌，也就是通常所说的"以诗译诗"。关于传神，《现代汉语词典》（第7版）给"传神"下的定义：文学、艺术作品描绘的人或物生动逼真。许渊冲认为，"译诗是一种再创造，等于原诗作者用译语的创作，译者要尽可能发挥译语优势，要尽可能传达原诗的意美、音美、形美．'"[5]前言V汪榕培将汉语诗歌翻译成英语，原语与译语文字样式和发音形式差距然也，汪榕培凭借其"以神弄形"的"'非'常译"策略，异乎寻常地践行着"传神且达意"。如"有酒有酒，闲饮东窗。"（《停云》）

As wine may render me some pleasure,
By eastern windows I drink at leisure.（汪榕培）

Wine, wine, here comes the wine,
I drink at leisure by my eastern window.（方重）

Wine there is plenty,
By the east window I linger over it.（谭时霖）

I have wine, I have wine,

Idly drinking by the eastern window. (Burton Watson)

既然"译可译,非常译"表现为译者对原文有字字了解,而无字字译出的责任,那么"译可译,非常译"也自然可以理解为译者对原文有"言不尽意"的译释。此时,译者直截了当地以构词后缀"sure"展现着中古诗歌中有酒得乐的一派消散诗意。相对于先行一步"pleasure"与"leisure"的"形美"态势,气定神闲的神韵虽姗姗来迟,却在诗境上喧宾夺主。

三、结 语

"语言艺术家可以利用文字手段与音韵手段的巧妙结合构成修辞格,但这种借助于语音充实或映衬'形'的修辞立意往往是无法转换的……美感的丧失几乎是不可避免的,我们通常不得不寻求其他的补偿手段。在找不到对应的时候,翻译家有选择其他艺术手段的自由——这实在是可庆幸的事。"[3] 116-118 本土译者汪榕培在英译本土诗歌典籍的过程中认识到"非常译"是译文"形美"表征之"非常道"。在古今中外的翻译追求中,"中国学者已经能摆脱前期过多模仿西方理论模式的桎梏"[15],诗歌翻译系统中自在地言说的困难因了译者自为的"物竞天择"的翻译前见和"适者生存"的翻译后盾,依着"非常译"的翻译意识,凭着"形神兼备"的视觉冲击与思考神行翻译能事,终使英语读者心有灵犀地、耳濡目染地体悟"言内有形,言外蓄意"的中古诗歌"悦目赏心"之诗经。陈西滢在《论翻译》(1929年)中笃定地道来:"译文学作品只有一个条件,那便是信。"陈氏之"'信'划分为'形似''意似''神似'三种境界。"[16]也就是说,译文译介的极致莫过于"得其意,忘其形",既如此,阅读时"生成意念"的前提"望向文形"即所谓"望文生义"乎,"得意忘形"者,意义同理也。

参考文献

[1]　汪榕培.比较与翻译[M].上海:上海外语教育出版社,1997.

[2]　程相占.哈佛访学对话录[M].北京:商务出版社,2011:120.

[3]　刘宓庆.翻译美学导论[M].北京:中国对外翻译出版公司,2005.

[4]　许渊冲.翻译的艺术[M].北京:五洲传播出版社,2006:73.

[5]　曹顺发.走近"形美":古汉诗英译实践点滴[M].北京:国防工业出版社,2007.

[6]　胡庚申.翻译适应选择论[M].武汉:湖北教育出版社,2004:3.

[7]　程抱一.中国诗画语言研究[M].南京:江苏人民出版社,2006:3.

[8]　黄国文.翻译研究的语言学探索[M].上海:上海外语教育出版社,2006:90.

[9]　李明.生态翻译学视角下的林纾翻译[J].中国科教创新导刊,2012(2):98-99.

[10]　胡庚申.傅雷翻译思想的生态翻译学诠释[J].外国语,2009,32(2):47-53.

[11]　葛兆光.汉字的魔方:中国古典诗歌语言学札记[M].上海:复旦大学出版社,2008.

[12]　石鲁.学画录·生活章[EB/OL].[2014-12-20] http://bbs.hsw.cn/thread-875775-1-1.html.

[13]　刘性峰.论诗歌的翻译标准"传神达意":以汪榕培译《枫桥夜泊》为例[J].哈尔滨工业大学学报(社会科学版),2010,12(2):109-113.

[14]　向华雄.从以形写神到以神写形[J].艺海,2011(6):65.

[15]　辜正坤.当代翻译学建构理路略论[J].中国翻译,2001,22(1):9-13.

[16]　刘期家.论"信达雅"的历史发展轨迹[J].四川外语学院学报,2000(2):96-101.

　　[文章索引:从以形译神到以神译形:以汪榕培中古诗歌英译为例[J].大连大学学报,2015,36(2):69-75.]

笔下论语译不孤

——汪榕培《诗经》英译"非常论"集萃

汪榕培是中外《诗经》英译当下最新译者。他写的《诗经》译介专题文章计有7篇，撰写时间基本上是在他的《诗经》英译本出版之后。其时，1994、1995年见证了他4篇文章依次发表在主流学术刊物《现代外语》《外语与外语教学》《外国语》，代表着翻译领域与"诗经学"体系之间的交叉与互鉴态势，在多个层面产生了影响。及至他为其《诗经》译本收录到《大中华文库》再度述怀为序，先于图书于2007年发表在《中国翻译》。上述文章书写着汪榕培十余年间翻译思考，体现了他的翻译实践在定位上的笃定与娴熟，在境界上的思辨与开放。

纵观此等撰文，几乎篇篇都不乏中外《诗经》荟萃比读的内容。特别是《漫谈〈诗经〉的英译本》《殊途同归译〈诗经〉——〈桃夭〉英译比读》《说东道西话〈诗经〉——从"关雎"谈起》等篇目中就有整合与比鉴的方法论导向。在分头梳理前，有必要先交代汪榕培关于《诗经》英译的总体视域：自十九世纪中期，西方出现《诗经》英译本以来，其译介形式不断演变，多元共存，而理雅各（James Legge）的散文式直译、詹宁斯（William Jennings）的韵译、韦利（Arthur Waley）无韵体翻译以及庞德（Ezra Pound）的自由译，都是其中主要代表。在汪榕培的《诗经》视域中，中外英译译况一贯比对而出。他在《漫谈〈诗经〉的英译本》一文中，严格区分《诗经》英译类型时，举隅许渊冲、杨宪益为本土佼佼者代表，与西方译者相提并论。

作为前有古人，后有来者的《大中华文库·诗经》版译者，汪榕培本人在研读中外《诗经》译本的过程中，体验经历了诸多观感、判断与反思。它们初散落于汪榕培各处文章中,后集萃于上海外语教育出版社出版的《汪榕培学术研究文集》中,进一步引起相关学界的深度关注。

国外英译中国典籍人士,学者出身者为数众多,这一类译者长于实地调研、汇总创见,其译作往往结晶为"厚"翻译类型的译本。在中国译界,译而言的传统传承中,实践的译者常常译往而言出,形式上从点到为止,到长篇大论,参差不齐。显而易见,这种言论具有描写翻译学的性质,无论是凝练的论述,还是密集的描述,要么是由译而发,要么是举一反三,它们集合一处,与"厚翻译"译介现象分而治之。显然,与附着于译文本、与译文互文关系的"厚翻译"不同,处于译文本之外的译学言论与译文之间则是对象与研究之间派生性质的研究关系。如果说"厚翻译"译者往来无白丁,那么"工夫在诗外"译者则"谈笑有鸿儒"。典籍英译领域的汪榕培就是一位厚积译本、薄发译文的译介鸿儒。观其典籍英译众文本,"洁译"体例是常态的形式。所谓"洁译",即译者专注于译文正文本身,鲜有注解、旁白、补记、附录等任何译文以外的译者表现,与读者谋面的唯有与原文匹配而出的译文呈现。换言之,译者将阅读完全放开,让读者自行其是,这岂不是传播文化、丰富阅读的非常道。

汪榕培始终以"洁译"自治,无意苦争译,然而他撰写与其翻译及翻译对象相关的文章时,罗致中外互鉴,举一反三时毫不吝惜笔墨,属意形影神。在汪榕培著述中,《诗经》是汪榕培翻译撰文中的高频词,多达127例,毕竟《诗经》英译复译的繁密现象是汪榕培英译中古诗歌其他几则对象不能企及的。涉及英国译者理雅各的说法累积几十例,其中一半的措辞语境基于理雅各《诗经》译本而发,这种跨时空的观察与思考所云,理应为《诗经》译本读者所知所议。先从汪榕培最近的《大中华文库》版序言文章倒叙说起。

一、例文1 《诗经》的英译——写在《大中华文库》版《诗经》即将出版之际

汪榕培的这篇文章首次刊登在《中国翻译》。因《大中华文库》具有对外推广的属性,汪榕培文中多次以理雅各经典翻译为译介背景进行对比,这样的"谈译录"扩大了理雅各《诗经》译本在中国的经典性影响,同时,也是一种中国同行存异立译,积极介入中国文化对外传播的态度。

"西方出版的《诗经》译本对于使西方读者了解中国诗歌的悠久传统起了积极的作用,但是由于这些译本出版年代较远,未能体现《诗经》研究的最新成果,加上译者对于中国文化理解的局限、当时诗风的影响,未能完整地体现诗篇的真正内涵。我国译者有责任担当起重新翻译的任务,使英译的《诗经》能反映古代中国人民的生活内容、思想面貌和诗歌特色。"[1] 90

汪榕培坚持发挥本土译者的优越性,在"本位观照"(王宏印用语)的局域中,对比论述在"原汁原味"与"洋腔洋调"之间进行变新的或然性,"传神地达意"适时成为变或然为存在的翻译指南与操作策略。以此为纲的翻译原则与汪榕培的目的读者定位密不可分。与西方学者、汉学家的翻译动机不同,汪榕培自觉转向英语世界大众读者群体,因此,译介不采用考证性质的注释方法,吸引目标读者直接阅读译文。为此,汪榕培始终运用其提倡的基本翻译原则"传神地达意"。对"传神地达意"可以一分为二地展开理解。

在汪榕培看来,"达意"是其典籍诗歌英译的出发点,诗篇的理解和阐释是译出的前提和基础。特别是中国古诗素以"诗无达诂"著称于世,本土译者在译文中担当着民族诗篇的解析与传播使命。于此,汪榕培举例《诗经·国风》首篇《关雎》首联的典型英译译例进行比鉴,体现本土译者的翻译认知特色:

Hark! From the islet in the stream the voice
Of the fish-hawks that o'er their nests rejoice!
From them our thoughts to that young lady go,
Modest and virtuous, loth herself to show.
Where could be found to share our prince's stare,
So fair, so virtuous, and so fit a mate?"[1] 91

汪榕培认为,西方译者,如理雅各,以经书释义"歌颂后妃之德"为会意基点,对比给出本人最新英译,其中原典旨意的坚持,对英诗体制的运用触类旁通。"在他们的译文中,描写的对象都是 'lady'、'prince' 或者 'lord'。我们认为,《诗经·国风》为经文人整理的民间歌谣。这里是一首情诗,用水鸟之间的相互唱和,比喻男子对倩女的爱慕之情,所以,我们的描写对象是

'lad'和'lass',中国古代的结婚年龄一般在十六岁左右,其他的理解区别就不一一列举了,在译诗中都有体现:

> The Waterfowl would coo
> Upon an islet in the brook.
> A lad would like to woo
> A lass with nice and pretty look."[1]91

对比看到,中西方两译的会意截然不同,仅仅诗眼的译词"lady"与"lord"、"lad"与"lass",就集中反映了中外译者"达意"反应方面天然地存在着文化时空差异,理雅各的韵体翻译之差是西方英译出现整体内容偏差的冰山一角。因此,中外"达意"互鉴始终是必要的,以利于《诗经》复译的长译久治。

按照汪榕培个人的理念,"达意"宜是"传神地达意",没有"传神地""达意",也不是理想的翻译。在汪榕培看来,理想化的"传神"是传递外在的形式与内在的意蕴的统一体。从这个规范形态观察汪榕培、理雅各英译《诗经·郑风·将仲子》,区别一目了然。汪榕培之所以举此译例,是因为作为复译者的他看到了前译者的翻译基调与原诗不相符。理雅各起句"I pray you, Mr. Zhong"中,"Mr. Zhong"书面语的腔调和诗中部的重言,使得原来诗文中营造的世风民情特色瞬间遭遇屏蔽。汪榕培在复译中,顺其自然地规避了这一再现误区,直截了当地化解为地道的英语表达"Prithee, my dear sweet heart",借助下文中代词"you"的呼应,原文自在的少男少女青梅竹马的小调,形式与意蕴,瞬间兼而得之。

由此可见,从"传神地达意"的翻译认识与反应角度来看,理雅各与汪榕培个译中反映的中外译者差异,不单单是个别译者的个别现象,其普遍性在历时的典籍英译中是一种客观存在,本土译者在予以修订翻译之际,要注意入乡随俗的分寸感。汪榕培所译的中古诗歌,预示着一种中学西用的趋势与刚需。鉴于诗歌本身,是集语言艺术、审美情趣于一体的表情表意文学体,那么其外在主要形式,如诗节、律动、气韵、隐喻,总会因共情而有所共鸣,此时,因再现诗性而置换甚至补偿,都是值得尝试的翻译诉求。为此,汪榕培精选文人赋诗作品《采薇》(诗经·小雅)中最脍炙人口的联句进行对比分析,前者为理雅各所译,后者为汪榕培本人英译:

At first, when we set out,
The willows were fresh and green;
Now, when we shall be returning,
The snow will be falling. [1] 93

When first we took the field, and northward went,
The millet was in flower; —a prospect sweet.
Now when our weary steps are homeward bent,
The snow falls fast, the mire impedes our feet.
Many the hardships we were called to meet. [1] 93-94

能够将个人英译与经典《诗经》英译并举的译者,绝非意气译事。作为复译者,汪榕培不仅研读理雅各译本,而且通读了几乎所有的《诗经》英译本,因此,他的见解表达可以说是既译出有因,又高屋建瓴。他认为,虽然理雅各译句中显示着斯宾塞诗体ababbcbcc韵式,但仍与原诗每联一唱三叹的婉约风格相去甚远。理雅各译句的声韵传神不仅不尽如人意,而且其毫不留白的填补性翻译,使原诗句不确定诗意的想象空间局促起来,意蕴传神几乎消失殆尽。

也是在这篇专文中,汪榕培在书写与理雅各《诗经》译文互鉴的行文中,笔锋时常接轨"传神地达意"。处于"洁译"主导的译介模式下,汪榕培"传神地达意"的译介原则始终如一。在举凡《诗经·风》《诗经·雅》译例的同时,汪榕培也选取《诗经·颂·清庙》进行例说。原诗主题"清庙"在理雅各与汪榕培对应译诗中都移就到位,但诗歌语境既视感明显不同。理雅各的"the ancestral temple in its pure stillness"与汪榕培的"the sacred temple"相比,一个清雅,一个凝重,前者理译因其be动词的搭配关系,愈发静穆;后者汪译因不及物动词stand的组合,愈加肃穆。"传神"与"达意"对比感更突出的是对句"济济多士,秉文之德"。理雅各译句"Great was the number of the officers/All assiduous followers of the virtue of king Wan."[1] 96 "达意"过度超载(如officers, followers)居高不下,"传神"在其母语的统摄下也不逊色。汪榕培译句A crowd of ministers gather round/For Lord Wen's virtues are profound.[1] 96传递了原文简洁的诗品,但"传神达意"宗旨有得有失。"文王"译词"Lord"比较理雅各"King"更贴合原诗历史原貌,此为偏得;失的是叠词"济济"译语"a crowd of"在语意张力上不及理雅各"great was the number of"的变数。不过,殊途同归的是,中外译者统一译就出"清庙"自带的静谧与神秘特色。总之,与西方《诗经》翻译的代表译,即理雅各的散体译本相比,本土译者汪榕培以《诗经》本义为本,以英诗为媒的演绎方式在保留民俗性优势的同时,也显出了独特的英译媒介态势,惠及双语读者。

显而易见,在这篇文章中,汪榕培时时处处以并置理雅各与其《诗经》译例,据此不断地比附比较译论,质疑国外经典翻译有礼有节,译论翻译推陈出新有理有据,预示着在中国文化"一带一路"走出去进程中,本土学者应有的姿态与风范。汪榕培的这种比较与发现的译介思维不是朝花夕拾的奇思妙想,而是厚积薄发的译介宣言。他在汉译外方面体现的文化自信由来已久,从时间顺序来看,他最先的阐释见诸《说东道西话〈诗经〉——从"关雎"谈起》(《现代外语》1994年第4期58-61页)。

二、例文2 说东道西话《诗经》——从"关雎"谈起

在汪榕培翻译研究的其他撰文中,理雅各其人其诗屡屡跃然纸上。上海外语教育出版社出版的《汪榕培学术研究文集》一书中,出现"理雅各"中文名累计19例,英文名字达25例(包括中英双语名字并置)。当理雅各《诗经》译例出现时,多以其"散体译本"面貌举凡比鉴。显然,在汪榕培看来,理雅各《诗经》首译散体译本比后来韵译本的影响更经典而深远。汪榕培向来认为译者译本的第一首译诗是最经得起翻译推敲的,故在《说东道西话〈诗经〉——从"关雎"谈起》中,他便以《关雎》为例,和盘托出理雅各散体译本的全诗。

于此,汪榕培针对全诗五个诗节,一一细致入微地描述与论述,给出的"忠实至致""逐字的翻译"说法,不仅与理雅各自拟"一分不增译,一分不损减"的翻译标准不违和,而且贴合《中国评论》(*The China Review*, 1872—1901)编辑欧德理盖棺定论的说法,即理雅各对自己《诗经》英译工作"几乎到了挑剔的地步"[2]。汪榕培这样的翻译判断也确实是理雅各《诗经》译文与其他后来英译文本的一个经典的常规性比较视点,甚至也是以理雅各译本为底本的国外《诗经》英译本,如詹宁斯、艾伦、庞德重译本中"译差"考辨的权威性参考底本。

无论汪榕培如何摆渡东、西《诗经》译介实况与个中译理,显而易见,在他的《诗经》英译整合与归纳的视域中,理雅各始终是一位可进行多视角比较的经典译者对象。中国文化以译介为媒介走出去的进程,是依托译语中植入文化阐释的流变过程。这方面,理雅各《诗经》1871年译本的文化阐释、1876年译本的语言移就,既吸引到国外译者频繁复译,也影响到对理雅各《诗经》英译期待的专业读者,还拓展到普通英语读者中间。一句话,东译西译,译者有为,道术未裂,这是《诗经》自身经典性超语言认知的开发结果,也是跨时空不同读者的阅读需求。

三、例文3 殊途同归译《诗经》——《桃夭》英译比读

汪榕培的这篇文章由《外国语》(1995年第2期52-55页)发表。虽然汪榕培认为东西英译《诗经》有别,但他始终认定,彼此之间的翻译并非南辕北辙,背道而驰。当汪榕培再一次与理雅各具体译诗进行对比研究时,《桃夭》成为他选取的译例,成为其梳理立论的论据。他总结道,英诗四行诗(quatrains)与原诗诗体可以对等,因此,理雅各的《桃夭》译诗呈现三节四行诗:

The peach tree is young and elegant;
Brilliant are its flowers.
This young lady is going to her future home,
And will order well her chamber and house.

The peach tree is young and elegant;
Abundant will be its fruit.
This young lady is going to her future home,
And will order well her house and chamber.

The peach tree is young and elegant;
Luxuriant are its leaves.
This young lady is going to her future home,
And will order well her family.[1] 109

  理雅各译诗引起复译者汪榕培的注意，主要是因为"译诗基本上是分行的散文，既没有使用节奏，又没有使用韵脚，但是读来十分流畅自然"[1] 109。此言在界定理雅各极致"忠实"翻译的同时，似乎也在致敬此译别具"传神地达意"气质，如贯穿译诗全部三个诗节的四行译句中，原诗句"桃之夭夭"与"之子于归"的复沓完全再现之余，原诗句"灼灼其华""有蕡其实""其叶蓁蓁"在英译中有所破相，原来的表述句法结构破格地升格为整齐划一的英语倒装句，其间，修饰语与中心词匹配毫不错位凌乱，译入语的文辞特点喧宾却不夺主。此译诗有破有立，为"殊途同归"立论的非典型佐证，值得关注与推敲。所谓"殊途"，理所当然地意指理雅各等不同时空中的外国译者的英译形式各异，而"同归"则指各个译者形式不等，并没有影响到英译内容尽量切向《诗经》原文，当然，切合的重心与程度存在着一定的视差。

  从发表时间上看，该文是汪榕培《说东道西话〈诗经〉——从"关雎"谈起》之后跨年的翻译再认识篇。文中，字译的翻译形式在翻译视域中的阅读维度在扩大，如"读来十分流畅自然"的说法，此外，汪榕培也在重申首个全译本、重译本依据等阅读之外的翻译地位与影响因素。的确，汪榕培视理雅各译本为标准译本的意识正是他时常参照的译介前见。此外，汪榕培细读其他英译者《诗经》译本的目的主要为"推陈出新"进行重译服务，毕竟，汪榕培的英译总体目标在于"反映当代我国学者《诗经》研究的新成果，在中西前辈的基础上有所前进"[1] 116。

四、例文4　传神达意译《诗经》

上文中，笔者将汪榕培《说东道西话〈诗经〉——从"关雎"谈起》与《殊途同归译〈诗经〉——〈桃夭〉英译比读》隔年的两篇文章首尾相接，予以论述，主要基于它们内在的翻译阐释逻辑。回到时间纬度的就是这一篇在《外语与外语教学》（1994年第4期11–15页）上刊登的撰文，这是汪榕培第一次书面化、正式地将其典籍英译的翻译原则与其诗歌正典英译结合起来的专文。文中涉及诗歌英译"传神达意"的讨论。就"以诗译诗""传神地达意"的表征而言，要创造原诗生动逼真的原生态形象，还要最大限度地保持原诗的风格。理想的形式要求诗节的行数、诗行的长短、节奏和韵律都尽可能相同或相似；尽管从具体操作实践来看，形似远不是一蹴而就的事情。《诗经》中《螽斯》一诗由三个诗节组成，每个诗节的一、二、四行是三字句，第三行是四字句，每个诗节的韵式为xaxa。

首先是理雅各的译文：

Ye locusts, winged tribes.
How harmoniously you collect together!
Right is it that your descendants
Should be multitudinous!

Ye locusts, winged tribes.
How sound your wings in flight!
Right is it that your descendants
Should be as in unbroken strings!

Ye locusts, winged tribes.
How you cluster together!
Right is it that your descendants
Should be in swarms! [1] 118

"这个译文是分行的散文,每个诗节的行数跟原诗相同,但既未考虑音步,又未考虑韵律,连自由体诗都算不上,离形似是有很大距离的。"[1] 118 显然,汪榕培不断地从音律两个角度来视察理雅各的散体《诗经》译本,即使理雅各的韵译本在诗体译诗的音律方面有相宜的表现,但不同体式译介的译文,比较之际,注译诗体形式更为直观,更能显现诗中真意。于是,相比之下,汪榕培"传神地达意"原则演绎的译文有的放矢地进化着:"汪榕培的译文中每行末尾音节都有韵脚,其韵律安排是abab,整个诗节结构严谨,音节铿锵,韵味无穷,再现了原诗的美感。如此绝妙的规律说明译者对原诗的深刻理解和透彻的研究及译者深厚的英文功底。"[3]《诗经》依旧在,英译各不同,当下创新译,有待后人说。

对比而言,汪榕培在典籍诗歌英译方面,孜孜以求地以"诗体译诗"为媒介,落实"传神地达意"的翻译主张,而这正是散体译诗体制与践行都无法企及的。

五、例文5 漫谈《诗经》的英译本

顺应时间序列,汪榕培此文在例文4后发表,隔年同见于《外语与外语教学》(1995年第3期40—43页)。该文中,汪榕培最大的贡献是他对于《诗经》前译的梳理与界定,如理雅各是"学者型"译介;William Jennings是"半形似型(韵体)"代表;庞德是"神似型(自由体)"类型;Arthur Waley可为"半形似型(无韵体)"方面的垂范;许渊冲则是"神形皆似型"的佼佼者。汪榕培此等分类已经在典籍诗歌英译领域先声夺人,引起广泛共鸣与相关讨论,同时,该范畴认定对于典籍是复译实践,也成为一种切实可行的翻译指南。

名为"漫谈"透视着学者的儒雅与谦和,行文中,汪榕培丝毫不怠慢《诗经》英译本的专题译论。正是在这篇学术论文中,他严格地区分《诗经》英译者的类型,理雅各名副其实地成为"学者型"代表,而汪榕培此前论述理雅各"忠实"的观点此时更有了有的放矢的立足点。作为主张并实施"洁译"的类型译者,汪榕培感喟于理雅各的"工夫在诗外"的学术态度与作为,其"逐字翻译"的译法不再是理雅各"学者型"译介的唯一昭示所在,更常为人知的是，理雅各《诗经》初译版林立的"副文本项目"彰显着学者大家的译而研翻译惯性铁律。此文中，汪榕培以被东晋谢玄誉为《诗经》中最佳诗句，即《小雅·采薇》第6章中的八句为契机，评议理雅各的散体译文为忠实再现原文字面意义的译介典型，这样的看法在汪榕培书写《大中华文库·诗经》序中旧话重提，应该是作者有心在将其英译走向英语世界之际，与英语读者沟通最好的方式就是与其译介前人典范对话，认定并有所创见的译介态度与表现，译有创译无定译，复译者了然于胸。

汪榕培笔谈《诗经》英译的数篇文章，发表时间分前后两个时段。《大中华文库》序文除外，余者数文时段集中。表面上，前段各文文脉呈现着从《说东道西话〈诗经〉——从"关雎"谈起》到《漫谈〈诗经〉的英译本》的散论路线；实际上，《说东道西话〈诗经〉——从"关雎"谈起》并非无稽之谈，《漫谈〈诗经〉的英译本》亦非闲言碎语；中间时段的《殊途同归译〈诗经〉——〈桃夭〉英译比读》与《传神达意译〈诗经〉》两篇文章之间关乎译道的"互文"现象绝非空穴来风。前文中"从七种译本的表现形式谈起，进而论及其他艺术手法和文本理解上的差异。"[1] 108篇首语与后文中"译诗的标准可以多种多样，但是，从根本上说，'传神达意'四个字就足以概括。"[1] 126此翻译总则在后期撰文，即十余年后的《大中华文库》序言中仍余音不断："我们的基本翻译原则是'传神达意'，更准确地说是'传神地达意'。"[1] 90时段不等、各有题中之意的数文集中起来，不失为汪榕培发散《诗经》英译脉络，指向古典传统到现代研发的译介思维学术共同体。其中，瞬息万变的译介时空因素，随主沉浮的中外译者争鸣等，种种翻译经典问题于无声处听惊雷，而乐在其中的汪榕培，在其翻译主张、翻译对象、翻译标准之间游刃有余，译例举凡频"传神"，说理叙译皆"达意"。综上，各文共享的鲜明特点正是以下"三观"。

其一，中外译文客体比对细读。汪榕培每每提到理雅各《诗经》译本时，主要援引其1871年散体译例进行比读。面对专门运用韵体译方法英译过《诗经》的理雅各，汪榕培此举特别耐人寻味。一贯主张以诗译诗的汪榕培大部分论述中，往往选用理雅各散体译例为比较阐释的媒介，其中原因无外乎凸显彼此翻译立法的大不同。各英译《诗经》为复议者如此重用，这绝对是理雅各译介为本土译界接受层面的专业性体现。作为后来译者，其叙理中明显以"后视性"视域行使着前瞻性判断主体性:"我一直对汉诗和英诗都很感兴趣,涉及汉诗英译却是近年来的事情。翻译理论中的'信、达、雅'到了具体译诗的时候好像显得比任何时候都抽象,Tytler 的翻译三原则白了。倒是 Theodore Savory 的话给了比较明确的方向:'只有以诗译诗,才能更忠实于原作的形式,更好地保留原作的格调、韵律以及各种不同的形式等。'当然,Savory 在这里更多的是在强调形式,形与意的结合是译诗难于其他翻译的关键所在。"[1] 105 如此说来,"传神地达意"此时具有了"以诗译诗"的译介新思维内涵。随着这样的译介导向,汪榕培严格以"转益多师"自律,但显然不似"厚翻译"类型译者那般,困囿于译文内的考据与解析,而是建构了中国典籍英译的洁译"普通读本",其形成的译文直击原文与译文之间的平衡与转换。也因为如此,汪榕培随即笔谈其译其评的做法属于"工夫在诗外"的外副文本(热奈特术语)写作,而译本译者亲笔所作的外副文本内容不失为非译者外副文本作文的第一手考据语料,也自然是业内专业读者不会错过的元文本援用对象。

其二,译者主体译介言说以中外译例为本的比较论述。上文若干例文大体上随汪榕培《诗经》初版译本发行后发表,集中反映着译者对其中古典籍诗歌英译"首译本"采取的翻译与研究并重的译介方式。无论汪榕培如何编选国内外英译对比,理雅各译例是永远在场的国外代表。汪榕培始终以理雅各文化译介来定义其译本形态与功能,身为《诗经》的复译者,他占有"后出转精"翻译资源的同时,坚持自我定位与译为的路线,如其《关雎》前四句诗体译句"The waterfowls would coo/ Upon an islet in the brooks./ A lad would like to woo/ A lass with pretty looks."浓墨重彩之余,汪榕培拓进叙理,以强化其译介之道可道。即使全力译之,汪榕培对其《诗经》英译仍秉持开放的态度,他表示:"有待倾听专家的意见,以便进一步修改完善。"[1] 116 纵观汪榕培五文,汪榕培时时处处以比较的方式架构译论素材。首先从《诗经》译例比读的角度看,《关雎》、《桃夭》与《蟊斯》居高不下,而《关雎》分别从形式"传神"(见《说东道西话〈诗经〉——从"关雎"谈起》)与内容"达意"(见《大中华文库〈诗经〉》序言)在两篇不同文章中复现,足见其译介阐释功能的多样性。其次从译者的层面看,国外的理雅各、韦利与庞德遥遥领先,国内的杨宪益、许渊冲首当其冲,于是,中外"双关"译介对比一方面打破了单向的、一时的翻译事实；另一方面凸显了《诗经》英译复译视域中的多样性与规律性。

其三，上述专文本质上围绕《诗经》复译主题展开，是汪榕培针对《诗经》复译现象的反思与总结表征。据此，复译的意义不再仅仅是理想的、吐故纳新的进化范式，而常常是伦理的、兼听则明的比鉴模式。"中国诗学是一个涵盖极广、蕴含极丰的研究领域。"[4]因此，英译此中的中古诗歌自然是一门蕴含深广的显学。"译而优则论"的汪榕培在《诗经》英译专题文章中，一直运行比鉴的诗话方式来推演、解析其译介观察与思考，译例与译理翔实服人。既能够实地比读有物，又能够归纳总结得法的言说者非资深复译者莫属。汪榕培以《诗经》全译复译者的身份，常年书写着中古典籍诗歌翻译的诗话新知，无疑是后来译者阅读"翻译前见"，引以为鉴的复译箴言。

汪榕培英译之际坚持自律，复译之余坚持自省："国内外探讨诗歌翻译已经有了悠久的历史，但是到目前为止还没有形成一个公认的完整体系，多数有关诗歌翻译的经典名言都是属于诗话的性质，东方和西方都是如此。"[1]427这样的译介思维与表达方式，与本土思维传承的代表，如写作《中诗英译比录》的现代语言学者吕叔湘，提倡"点染法"的翻译家翁显良一脉相承。汪榕培感悟吕叔湘"诗体译诗"之"流弊三端"之说，理解吕叔湘所说的"平实与工巧之别"[5]。汪榕培也感遇翁显良"欣赏才能再现的译介心语"[6]。同理，依托于译例相互之间的种种生发，汪榕培的译介之道"非常论"（1992年提出）乃因同样的因缘契机，势必对中古诗歌英译译论剥茧抽丝，鞭辟入里产生应有的影响。存心的专业读者，自会发现吕叔湘《中诗英译比录》中选取的7首《诗经》诗篇英译比对译例中，每一首诗英译译者群体中，都有理雅各其名其译，其曝光次数与频率不亚于汪榕培专题研究撰文中所列的理雅各译例之密度（汪、吕译例交集篇唯有《关雎》），学者谈译略同的复乐园，吾等闲之辈，得入内，幸哉！

参考文献

［1］ 汪榕培.汪榕培学术研究文集[M].上海:上海外语教育出版社,2017.
［2］ 吉瑞德.朝觐东方:理雅各评传[M].段怀清,周俐玲,译.桂林:广西师范大学

出版社,2011:1.

[3] 岳峰.略论《诗经》英译的韵脚处理:《小雅·采薇》译文的启示[J].集美大学学报(哲学社会科学版),2002(2):51-56.

[4] 王小舒.神韵诗学论稿[M].桂林:广西师范大学出版社,2001:1.

[5] 吕叔湘.中诗英译比录[M].北京:中华书局,2002:13.

[6] 翁显良.意态由来画不成?:文学翻译丛谈[M].北京:中国对外翻译出版公司,1983:69.

[文章索引:笔下论语译不孤:汪榕培《诗经》英译"非常论"集萃[J].大连大学学报,2017,38(5):79-85.]

Less is More: Selected Translations of Wang Rongpei's Reflections on Translating Chinese Classics

Introduction

A translator is what he translates. As the translation proper is basically confined to the original text, the paratextual writings mostly relate to the translator's presentation of his perspectives on the translated composition. Professsor Wang Rongpei has been pursuing the translation of Chinese classics for nearly thirty years, and becomes the prolific figure. Recently, Shanghai Foreign Language Education Press has Wang Rongpei's academic writings compiled, printed and published. The book is inscribed by Chief Zhuang Zhixiang and prefaced by Professor Wang Hongyin, the head of the Association of English Translation of Chinese Classical Works. This very publication is the first collection of Wang Rongpei's pieces regarding his translation principle and practice. This essay is intended to select some representative arguments for English rendering to boost the academic feedback worldwide.

Through close reading via piecemeal perusing and holistic cross-references, Wang Rongpei's papers are fundamentally inferred as the mixed essays of pre-translational insights and post-translational generalization. Since Wang Rongpei asserts and operates his doctrine of TRANSLATION ONLY (洁

译）, his translations are impressively vacant except for the proper versions targeting the general readership. In contrast, his post-script writings are creditably appealing to professionals who are virtually informative and critically concerned.

Theoretically speaking, Wang Rongpei's academic works are of the paratextual nature, the term of Genette, the French theorist. In light of Genette's exposition, equivalent paratexts in translation refer to the writings other than the proper translation texts. As the prefix suggests, they are surrounding the translated text for the ultimate purpose of misunderstanding-proof and complete readings. Evidently, Wang Rongpei's reflective works are generally classified as epitext, the type of paratext that is not available within the text between covers. Actually, epitexts are independent of the translated copies, yet they belong with the translation with reference to the name's sake. Usually, epitexts are primarily post-script writings, which aim to discuss with or shed lights on the privileged reader who are either comfortably completed to varying degrees with reading the translations or those who are peer translators and scholars. Regularly, epitexts are literal domain where the critics claim their say. When the translator steps in and takes over, the value of epitexts reasonably doubled since, first and foremost, they are primary rather other secondary arguments. That partly suffices the justification as to why the author of the paper selects excerpts from Wang Rongpei's special Collection for English rendering. The following highlights translated from Wang Rongpei's work are remarkably informative enough to bring the translated texts closer to the authentic readers who read for refined understandings and scholarly dialogues. Again, if his TRANSLATION ONLY edition is, as evidenced by his repeated confirmation, meant for the average reader. In contrast, once his academic writings are collected and published, the very epitextual nature of "circulating, as it were, freely in a virtually limitless physical and social space"[1] strikes home.

Paratexts of the Comparative Study of Retranslating Tao Yuanming's poems

As a professional translator of Chinese classical works, Wang Rongpei is particularly attached to the pre-Tang poetry. First and foremost, Wang Rongpei is dedicated to the English Translation of the pieces of Tao Yuanming, his most favorite poet. His emotional responses and transportation is so possessive that his responsive paratextual writings turn out to be rewardingly inspiring. Translatorial epitexts by the very translator are understandably more attention-getting than those by others. In Genette's statements, this could be reiterated:

Being an avid reader and lecturer of English literature, Wang Rongpei takes to the scholarly investigation and published some essays. The oft-quoted part from his paper "Two Cultures, Two Culture-specific Pastorals" (see pp. 68-98) in *A Comparative Study of Tao Yuanming's Poetry* (2000) is translated as follows. All the corresponding translations are arranged in the left alignment manner.

Tianyuan Shi (田园诗), a common topic for Chinese and Western poetic practice, is mainly about rural life. When translated into English, the pastoral poem is supposed to be the proper term. Yet, when the word pastoral is to be put into Chinese, Tianyuan Shi or Muge (牧歌) are corresponding genre indicators. Then a puzzle presents itself, i.e. the two terms, Tianyuan Shi and the pastoral, are not significantly identical due to the fundamental differences in implication of meaning, where the shade at the topical level is suggestive of the cultural differences, by way of which, the nature of the distinction is to be revealed.

Naturally, Wang Rongpei's expertise in English literature exerts its very influential tone of authority. Such categorical elaborations appears to be composed of terms intended for insightful peer professionals to fathom in greater scope and depth and mindful regular audience to venture further.

Therefore, the purpose of paratexts are instantly accomplished. Then Wang Rongpei continues to write about Marlowe's Pastoral Poems.

The paper is intended to compare Marlowe's Pastoral Poems with those of Tao Yuanming for the exploration of the poetic similarity and difference with reference to the Sino-western cultural gaps.

Contrary to the common sense of the general readers, Wang Rongpei chooses to start with the western poetic representative as the first section and proceed to discuss our national icon in the second section. The attitude is simply the regular choice of any inclusive scholars. Please see the following attachments of English translations of the first section Marlowe's Pastorals.

Since the third century BC, pastoral has been traditionally the poetic trend in the European literature. The literary talents in the period of Renaissance presents the ideal pastoral life to reflect their aspiration for the long past harmony and romance. *The Passionate Shepherd to His Love*, a piece by Christopher Marlowe, the celebrated British dramatist and poet at the time, is remarkably illustrative of the type.

Marlowe was born to be the son of a cobbler, and finished his university on scholarship. During his stay in London, he associated with people who challenge religion, like politician activist Lorry, playwright Chapman and mathematician Harriot, just to name a few. The group was then known as "Dark Night School", the gathering of atheists. Marlowe was once confided and ended up in jail. In 1593, he had a brawl with two guys in a pub near London and was then stabbed to death. It was assumed that the two might be agents working for the government. Despite his short life, Marlowe left us with seven play scripts and some poems, among which *The Passionate Shepherd to His Love* (Poem Script omitted) is notably popular. The poem features strikingly artistic elements. The apparent sense of a quatrain turns out to be couplets in iambic tetrameter, rhyming in the pattern of aa, bb, cc...nn. Alliteration is recognizable half the poem, totaling 13. While being read, the strong musical rhythm of the poem empowers sensational resonance. If transcribed into modern free verse, the mere reading of the contents is breath taking.

Marlowe has been living in London all the while and almost knew little about the country life. His country carols simply record his "vintage" urban invention and consequentially leads to false portrayal of the natural images. For instance, the birds sing madrigals welcomed by the leisured young men in the age of Elizabeth but rarely accessible to the country birds. More instances are as follows: blooming roses are bright in colors and mellow in fragrance, yet it does not necessarily mean that thorny roses are available for proper sleep. Likewise, the intended straw belt adorned with coral and amber and the slippers with golden ornaments are ridiculously portrayed. What is funny is that the shepherdess appears to be idly indulging in love and romance. Occasionally, she is seen shearing indeed; however, picking one by one is simply bizarre. If so, how pathetic are the lambs!

The shepherd, modified as passionate in the title, actually possesses not that much passion. Nowhere between lines is passion recognizable except for the undue pretense. Instead, the poem sounds as if a wealthy playboy who takes advantage of his identity and attempts to seduce the innocent country lass, or the urban kids just have the house-playing game. Once confronted with Huji in *Linglin, My Love*, Qin Luofu in *Song of the Roadside Mulberry*, they are certain to be refuted and ridiculed. Coincidence happens when a couple of poets express themselves for this particular sake, Walter Raleigh (1552—1618), Marlowe's peer, did so in his verse *The Nymph's Reply to the Shepherd* (Poem Script omitted).

The subjunctive mood is employed by Raleigh in the first stanza and the last as well, suggesting the impossibility of the realization of what the shepherd has conceived: If all the world and love were young...

These pretty pleasures might me move..., But could youth last...Had joy no date...Then these delights my mind might move...As the season rotates, the nature changes its looks, the magic of the gift fades eventually. Holding that the shepherd merely flatters: "A honey tongue, a heart of gall, Is fancy's spring, but sorrow's fall", the fille responded resolutely, never and ever falling in love: "All these in me no means can move to come to thee and be thy love."

In Donne's (John Donne, 1573—1631) The Bait (Poem Script omitted), the fisherman replaces the shepherd, meantime, new milieu sets in when the seaside takes the place of the regular ranch. On the golden beach, by the crystal clear stream, the fisherman poses himself using the silky fishing line and the silver fish bait. Identically situated in the fantasy scenario, what makes the metaphysical poets unusually engaging is their metaphorical contribution, the attractive local girl comes and sits by the fisherman, attracting the fish and the fisherman at the same time.

The fantastic imagination of the poets are noticeably impressive, yet the Chinese readers still holds the opinion that they are more fantasy than reality. The European pastoral is the very literary production in the context of the European culture. The antiquity-friendly Greeks and Romans concluded that the most blissful period was none other than the earliest historic time. Bred in Christianity, the literary writers from the Middle Age and the Renaissance insisted that the happiest days are the bygone days before Paradise was lost. The pastoral poems are medium by which they communicate their aspiration for and pursuit of the long past pre-historic dream world.

Finishing up his remarks about Marlowe, Wang Rongpei then change to comment on Tao Yuanming's Tianyuan Shi, which are designed as the comparative, or to be exact, the contrastive reviews. The following renderings of the second section Tao Yuanming's Tianyuan Shi are meant for close reading and closer observations on the side of either the western readers or the domestic counterpart.

The traditional Chinese pastorals can be traced back to as early as 11 BC or 6 BC when *The Odes of Poetry* and other country poems came into being. Such poems from *Shijing as July, The Vast Land, The Choice Rice and the Large Land* are mainly about farming life. However, Tao Yuanming is considered to be the pioneer pastoral poet in the real sense.

Qian is the given name for Tao Yuanming (365—427), and Yuanliang is his another identity name. Tao Yuanming is also known as Master Jingjie, his stylish name. Tao Yuanming was from Caisang, Xunyang (southwestern of the present Jiujiang City). He was born a descendent of a landowner family. His great grandfather Tao Kan was Commander-in-chief in Eastern Jin Dynasty, and his grandfather was a prefecture chief in his time. When Tao Yuanming was 8, his father died and the family life turned humbler. He spent his youth years in the countryside of Caisang, Xunyang. Those years remains Tao Yuanming's ever lasting memory. Later on, Tao Yuanming grew up to be ambitious. Living in an age when social turmoil was omniscient, reality clashed with ideality time and time again. While Tao Yuanming was recruited to serve in such lower positions as libationer, staff adviser, the subsequent unpleasant experiences amounted to be intensely conflicting with his aspiration. As he turned 41, he gave up his officialdom and took up the hermit way of living by returning to embrace and labor in the natural field. In the days since retirement, Tao Yuanming composed poems to praise the field life positively and passionately. Though his disposition was identified to be elegant and unaffected, deep down, he could not reconcile with disillusion and even indignation.

Generally speaking, the poems of Tao Yuanming could be roughly classified into three major categories, Yonghuai, Tianyuan and philosophical ones. Thirty poems of Tao Yuanming count as the first type. Such poems as

Back to Country Life, Moving Houses, Drinking Wine (*No.5*), *Reading The Book of Mountains and Seas* (*No.1*), etc. are typical and exemplary in elaborating his farming life. Owing to his personal involvement and experience, the quiet regular country life comes alive when transferred to paper. The poet's innermost happiness finds a way into the country living things. Poems like these are symbolic of the poetic effect featuring emotional resonance, spurred by the surrounding scenery yet rationalized in logical reasoning, i.e., the signature components of the pastoral poems. Then the prevalent practice ushers in dawning of one of the most important poetic genre in the history of Chinese classical poetry. For Chinese readers, the pastoral poems of Tao Yuanming are extraordinarily appealing. Xin Qiji, the lyric writer from Song Dynasty, admired Tao Yuanming for the fact that not a single word in more than a hundred poems from a millennium ago is perplexing for people to feel and to ponder. Yuan Haowen from Jin Dynasty praised Tao's poems as models of permanently refreshing expressions that are free from any affectionate ornaments. Doubtlessly, these comments are exactly what Tao Yuanming lives by and remembered by. His serial poems entitled as *Drinking Wine* is a proper case for this sense, and the fifth is acclaimed as the most inviting poem, notably the notion of building the house amid the world of men and feeling the pleasure in the faraway Southern Mount and the chrysanthemums beneath the eastern hedge.

The Drinking Wine Poems were completed when Tao Yuanming was 53. Apparently, they are works of ideological and artistic maturity. The fifth one portrays the autonomous retreat life and the enjoyable fun, the exploration of life's lessons while indulging in the harmonious and peaceful environments. The first four lines open with the introduction of the absence of intimates despite his residing in the country neighbourhood. This is meant as the evident revelation that Tao Yuanming, unlike those who choose to live in isolation in the distant wilderness, prefers to settle down in the community. Tao Yuanming was capable of ignoring the secular customs and withdrawing from socializing with the celebrity people, simply because he practiced what he believed that the distant mind creating distant place and rid himself of the idea of striving for fame and gain. Dedicated to the harmonious coexistence between man and nature, in the following four lines the poet found himself roaming about, plucking chrysanthemum and occasional gazing into the opposite Southern Hill. Looking at the setting sun amid misty clouds and the birds returning to their nestles, Tao Yuanming entertained us with the metaphorical image and pointed out that people are supposed to look for and decide on a resting place. And he did set an example and was the early bird in making the eastern hedge and the silent forest his destination. For this reason, in the end of the poem, the poet concluded that he was fortunate to be inspired in the Great Nature to understand the truth of the life, which is nearly intangible. Only by attaining the realm did Tao Yuanming seek comforts in the simplicity of the rural life.

Impressive resemblances are instantly accessible in the first poem of Tao Yuanming's five poems *Back to the Country Life*. At 41, Tao Yuanming was nominated as the county magistrate. Eighty days into the title, he resigned out of unwillingness to oblige himself for the relatively sustainable pay, immediately afterwards, he left for the country life, the act alone terminated his on and off official involvements. Written right after his retirement, the poem brings to life the beauty of the country surroundings and the pleasures of the pastoral way of living. The fresh, the natural, the unsophisticated images are sheer reflections of his noble state of mind. Wang Rongpei's English translations of Tao Yuanming's two metaphorical lines are quoted as follows:

Birds in the cage would long for wooded hills;
Fish in the pond would yearn for flowing spills. [2]

This poem provides an account of his choice of returning to the country life and abandoning the official career altogether. According to the poet, all are driven by his innate personality of enjoying staying close to nature and not catering to the secular. How regrettable he felt for the past 30 years when he was, much of a caged bird or a besieged fish, mistakenly bewildered by his mindful obsession of the official promotion. If an entrapped bird or fish is not oblivious of where it is due, Tao Yuanming could not forget about his feelings for his farmland, then he eventually freed himself from the fussy official world and settled back to farming in the country life as his modest inner nature directed. Intoxicated in the everyday sights and stuff, the land, the residence shelter, the willow, the peach and plum, the hamlet, the cooking haze, dogs barking, cocks crowing, all natural elements keep defining and highlighting the magic essence of the country life. If it is not what he dreams about Tao Hua Yuan, what else is qualified as Shangri-La? If it is not a Utopian model of what Lao Zi's ideal of the small nation with the reasonably-sized population, what else? Being in the countryside and far from the madding world, Tao Yuanming followed his inner mind and lived a quiet and simple life. Back in the wonderful nature he longs for, freed from the worldly confines and defines, Tao Yuanming enjoys naturalization of his way of living to his heart's content: maturity proposes, nature disposes.

The first poem in *Reading The Book of Mountains and Seas* strikes as another remarkable model of pastorals. *The Book of Mountains and Seas* is the compiling of the ancient legends and tales, the national geographical landmarks and species. Inspired by its writing and upon the completion of its reading, Tao Yuanming composes 13 poems regarding this subject matter. The first one reads as the introductory preface, poised towards the quietude in the country cottage and the pleasure of the general reading once retreating from farming chores.

The first four lines are mere description of the views surrounding the country residence in the early April. Grass and trees are growing dense, attracting the hustling birds to nestle. The poet sees all and loves all. The following four lines are close-knitting illustration of the pleasure of taking time off farming for reading. Owing to the out-of-sight country neighborhood, the social life is consequentially out of way. The third four lines are basically romantic expressions of the idleness in the country life, sipping the spring brewery, savoring the fresh vegetables, then the mild breeze and the soft drizzle make the idle life extremely enjoyable.

The last four lines focus on the poet's intriguing post-drinking spiritual tour across the earth once he is done with skimming *Biography of King Mu*, glancing at *The Picture of the Mounts and the Seas*. In totality, the poetic effect impresses as the carol of the simplicity of the natural beauty, the celebration of the harmonious life free from any hurries and worries.

While Wang Rongpei is completed with both independent and interdependent discussions of the two respective topics, he then commits himself in the conduction of the third section Two Cultures Two Pastorals, for which the equivalent transcriptions are presented as follows.

Similarly identified as pastorals, Marlowe's poems differ greatly from those of Tao Yuanming in terms of poetic institutions. The idealistic representation of the former is evidently recognizable as opposed to the realistic composition of the latter.

For the discussion of the western pastorals, definitions in two dictionaries are to be cited as follows: According to Cudden's *A Dictionary of Literary Terms*, pastorals are defined as "A minor but important mode which, by convention, is concerned with the lives of shepherds. It is of great antiquity and interpenetrates many works in classical and modern European literature. It is doubtful if pastoral ever had much to do with the daily working life of shepherds, though it is not too difficult to find shepherds (in Montenegro, Albania, Greece and Sardina, for instance) who compose poetry, sing songs and while away the hours playing the flute. For the most part pastoral tends to be an idealization of shepherd life, and, by so being, creates an image of a peaceful and uncorrupted existence." (From *The Dictionary of World Poetics* by Yue Daiyun, the definition of pastorals goes like this: the pastoral is basically a poetic way of depicting the life of shepherds. It has been existent since the ancient time on and could be read in European classical and modern poems as well. The word itself is derived from the Latin pastor, which means the shepherd, and the term of the shepherd's lyric is just as popular. The third century BC, the poet Theokritos from Serra of CUSA, Sicily created the poems about the life of the Sicilian shepherds, and for that he was remembered as the father of the pastoral. In other European territories as Greece, Ladiner and Albania, it is nothing rare that shepherds made lyrics and played the flute to entertain themselves. However, further investigation is needed to testify how pastorals are related to the life of the shepherds. Most of the pastorals are absolute euphemism of the general life of the shepherds and therefore mere exaggeration of the modest, peaceful atmosphere of the great nature. Clearly, this very modification mostly reviews what has been discussed in the first definition.)

The second definition that best explains the meaning of pastorals is the quote from the volume of foreign literature in the Great Chinese Bibliography: Pastorals are practiced as the literary genre for the depiction of the life of the shepherds. With this media, poets produce the sharp contrast between the grand nobility of the rural life and the corrupted degeneration of the urban and court life. This genre took its origin in Greece, and Theokritos is said to be the earliest poet of the type. The Roman poet Vergil published his pastorals in 37 BC. In his poem, the modest rural life of Acadia is exemplified through the idealized people and scenery, and metaphorical it is comprehended as the ode of the splendor of the lost Roman Empire in the form of pastorals. In contrast, the pastoral of Vergil is more sophisticatedly artistic than the ones in Greek time; however, its influence upon the later coming literati is profound. In the time of Renaissance, pastorals become so extensively popular that more versions of pastoral writings come into shape, like pastoral novels and plays with the rural life as the dominant theme. *Arcania* by San Naza Lo from Italy, *Diana* by Spanish writer Monte Monjohnny, the comedy *All Is Well That Ends Well* by Shakespeare, just to name a few best pieces. As for Milton's *Comus*, it is the typical pastoral elegy with philosophical and religious questing at issue. What is more, by Milton's *Lycidas* is something of a farce about the playful young men and women. When romanticism is in its heyday, it is through pastorals that man share his evaluation of nature and society. Significantly, Goethe qualifies as an example. Later on, the pastoral finds its way into the melodious presentation of the contemporary music.

From the above definitions, the European Renaissance is a logo carriage of the ancient Greek and Roman Heritage. Under the influence of humanism, the metropolitan poets, who have no exposure to the real life country life busied themselves with inventing pastorals about shepherds to patronize their aspiration of the ideal world and the longing for the noble romance. However, their compositions are more of imagination and the real world are obviously different from what they paint in their pastorals. From Virgil on, the pastoral poets are apparently obsessed with the golden age in the prehistorical time. Empowered by the perspective of Christianity, the golden age is perceived as the Eden. The symbol is nothing but fantasy which is beyond attainment. Therefore, this unrealistic nature contained in pastorals is detached from reality.

Chinese pastorals pioneered by Tao Yuanming is just the opposite. The pastorals are total reflections of the real scenario. China is mainly an agricultural country. Earlier on, some poems in *The Book of Odes* are proper indications of farming stuff. *July* is the typical of the type. Likewise, Tao Yuanming's *Ferns Gathering from Lesser Ode* is a good illustration of interplay between scenes and senses.

Nevertheless, in the following thousand years after the popularity of *The Book of Odes*, the poetic writings about country life is extremely few. Not until the end of Eastern Jin, due to social disorders and political unrests, quite a few literati who admired the philosophy of Lao Zi and Zhuang Zi, turned to entertain themselves with natural wonders and sought after hermit way of living. Some others, who were reluctant to get involved in the official circles, worked out pieces of country life once they were motivated by the agricultural thought to experience the farming life. Tao Yuanming's works are the best of them, and his pieces are vivid depiction of his real country life, reminiscent of the principles of Kong Zi and Meng Zi and the instruction of Lao Zi and Zhuang Zi. Such is the case, Tao Yuanming's poems are in absolute contrast to the European pastorals. In his early schooldays, Tao Yuanming was educated mostly in the Confucian ideology, and later he accommodated some ideas of the Daoist Metaphysics. Truly, both the thoughts found expressions in Tao Yuanming's poetry. Since Tao Yuanming, a lover of the country surroundings in his childhood, returned to inhabit the country life, the farming stuff unmistakably become his affectionate subject matter. Almost all of Tao Yuanming's farming poems are memorable reminders of the real life in the country, which qualifies them to be ascribed as realistic representatives.

For further clarification of the issue, idealistic and realistic are binary terms for the distinction between the Chinese and Western pastorals. Yet, the difference is far from being specified if it is confined to the dictionary definition of the two terms. Similarities between the western enthusiastic idealism and the Chinese realism of sitting back attitude are reasonably concluded. Even when Tao Yuanming finds permanent peace in the farming life, his wishing for Utopian *Peach Blossom* is elaborated in his writings.

In the broad sense, what is noticeable is that the realistic touch is evident in the western pastorals, for instance, *The Deserted Village* by Thomas Gray (1716—1771). Being a frequenter in the Lake Districts in the northwestern Britain, William Wordsworth produces numerous pastorals focusing on the general life of the ordinary countrymen and the wonderful nature, consequentially bearing resemblances of those by Tao Yuanming. All in all, the Chinese and the western pastorals are greatly distinguishable in multi-dimensional aspects, ranging from contents, forms, implications and styles. All these do not necessarily make the coded transferences unattainable. All the quoted English translations of the ancient Chinese poems in this essay prove to be contextually equivalent and culturally comprehensible.

"Genette systematically analyzes all the phenomena of the paratext—the 'thresholds' or the elements that precede, accompany and surround a text, not to mention the 'palimpsests' —in order to illuminate the text itself, obliquely but effectively."[3] From the above selections, when Wang Rongpei sticks with his TRANSLATION ONLY principle, the mindful professional readers might conclude that the translator's personal revelation and justification of his relevant thinking and behavior are the primary source in authorizing his translations. Supplemented by the package writings, Wang Rongpei's TRANSLATIONN ONLY editions are to be approached with some presuppositions and circular interpretations. Simply put, Wang Rongpei's epitexutal publications about key concerns for Tao Yuanming is multi-functional, exploring translation form and content in light of the literary genre to historical contexts. Ultimately, Wang Rongpei's mutually-dependent comparisons are supposed to endow the western readers with competent recognition, without which the western readers might possibly be immersed in the awkward situations of either arbitrary reading or superficial reception.

To sum up, pastorals, like any other literary genres, whenever put in the perspective of the comparative studies, not only the contrastive individualities are generated, but also the mutual understandings are promoted and even ignorance is justified for due exploration. Quantitatively speaking, the epitextual formulation and verbalization of Wang Rongpei prove to be inspirational food for thought for translators, researchers and the audience; qualitatively speaking, Wang Rongpei's signature cross-referential reviews are interwoven with his close reading of foreigners' renderings. In his comments of Bradstreet's (1612—1672) English translations of Tao Yuanming's *The Flesh, the Shadow and the Spirit*, Wang Rongpei's message rings a bell for native and western readers alike. This translated verse offers a comparable transcription from the cross-cultural perspective, which mirror the instrumental implication of the revival and transportation of understanding Tao Yuanming.

Wang Rongpei's Epitextual Commentary on Translating Tang Xianzu's Plays

"While Genette does not deal with paratexts in translated texts, these are increasingly attracting the interest of translation scholars (first by Kowala 1996, latter by, for example Dimitriu 2009, Harvey 2003, Tahir-Gurcaglar 2002 and VoBschmidt 2008)."[4] Oftentimes, Wang Rongpei discusses his translation either in his translation edition in the form of introduction or in his respective academic papers. Due to his innate bonds with both Chinese classical canons and elite English literature, Wang Rongpei rarely fails to exemplify himself as a fair-minded academia who meditate and mediate in the peripheral contexts. The following excerpts about drama translation (also indented as the above layout) suffice as illustrative persuasion.

Excerpt A

In the case of the script of *The Peony Pavilion*, if the lyrical and poetic parts are rendered in the prosaic way, the absence and loss of the feel and the meter unfailingly lead to the listless, even ridiculous translation. So I choose to present them in the classical metrical pattern of English verse, thus producing touches and tones of the original poetic effect and that of alienation and ensuring the easy access to the artistic features of the original on the side of the western readership. In *Romeo and Juliet,* Shakespeare adopts the poetic diction that is exclusively conductive to the representation of the melancholy mood. (Selection from Wang Rongpei's paper of "Post-translational Retrospection on *The Peony Pavilion*")

When Wang Rongpei writes of the earliest English translations of Tang Xianzu's works in 19th century, he mentions that Tang Xianzu is primarily viewed by the westerners as the greatest playwright, and *The Peony Pavilion* is most popular. [5] (translated from the Preface of The Nanke Dream, 2012: Introduction) Just as Wang Rongpei asserts, the reading of *The Peony Pavilion* suggests something unseen in the original once scrutinized in the light of the western peers, say the works of Shakespeare. Consequentially, the priority policy is none other than the doctrine of seeking the dynamic equivalence for engaging the attention and stimulating the competitive reading of the target readership. So translating, the translator's two-way considerations in the process of actual translation are well preserved for the post production of relevant essays, namely epitexts.

Excerpt A (Continued)

When confronted with the English translation of the lyrics and verses, the optimal reservation of the imagery is practiced under the prerequisite for facilitating the reception of the English reader. There is no denying that, oftentimes, the responsive colloquial English is prioritized to take over whenever the original images are untranslatable and then dismissed altogether. Although I set my mind on bringing out the poetic effect of the translated version, I could not each one of them resemble the natural flow of the lovely lyrics in *Romeo and Juliet*. I sometimes venture to write in English merely to mirror the beauty of the original diction. Languages evolve as times change. Even for the current native readers, Tang Xianzu's expressions are no longer conveniently intimate. Similarly, the contemporary English readers also find Shakespeare's language distantly-relevant. The translated version are best accomplished if they poses no violation of the colloquial way of English expression and meanwhile being endowed with the tangible disposition of the far away and the long ago. (Selection from Wang Rongpei's paper of "*Preface to The Peony Pavilion* Edition of the Collection of *The Library of Chinese Classics*")

Wang Rongpei's Tang Xianzu—related epitexts appear to be more theoretically—composed than the rest. Unlike what he put into his epitexutal writings about translating *Shijing* and Tao Yuanming etc. where he prefers to provide and exemplify parallel case studies, Wang Rongpei chooses to focus on general discussion by all round delineation of the thematic arrangements and characterization arguments.

Excerpt B

English translation of all the five of Tang Xianzu's plays are eventually completed. A preface, intended for the proper review of Tang Xianzu's life, writing and the overseas dissemination, is soon to be worked out for the publication of *The Complete Works of Tang Xianzu* in 2016, right before the 400 anniversary of both Tang Xianzu and Shakespeare. From 1996 when I initiated the translation of the first play of Tang Xianzu to the settlement of the publication date, twenty years passed and all of Tang Xianzu's plays have been translated into English. Undoubtedly, this practice is the unprecedentedly time-consuming and therefore significantly rewarding. I tend to pride myself in the actual participation in China's marching to the outside world, the endless joy is simply beyond wordy transcription. (Selection from Wang Rongpei's paper of "*Between The Chinese Classics and I*")

When discussing the translator's project choices, the universally acknowledged assumption that a translator is what he translates could be sensibly refreshed and then inferred as a translation is what a translator is. Being a translator of what he nurtures to his heart's content, Wang Rongpei never fails to endear the source texts by prioritizing the innate intimacy complex, which guarantees the natural generation of the target text. In terms of Wang Rongpei's epitextual writings about Tang Xianzu, his attachments to both Tang Xianzu and Shakespeare do create reflective wonders unattainable by those who do not. For this reason, Wang Rongpei's current epitexts are enormously impressive.

Excerpt C

Tang Xianzu (1550—1616) and Shakespeare (1564—1616) are peer playwrights in the same century, which make it possible and popular for the comparison of the two. As early as 1946, there was Zhao Jingshen's academic paper Tang Xianzu and Shakespeare. Later on, *Winter's Tale and The Peony Pavilion* by Cyril Birch is added to the discussion. (Ibid. Excerpt A)

Excerpt D

The parallel study between Tang Xianzu and Shakespeare has been in existence for nearly a century. *The Peony Pavilion* is constantly analyzed with Shakespeare's *Romeo and Juliet* and *Winter's Tale* as the counterparts of the comparative studies. Recently, Xu Shunsheng delivered an essay where Hugo's *Hemani* is referred to as the comparable perspective for *The Peony Pavilion*. In the larger context of world literature, prominent profundity in the plays and poems of Tang Xianzu is sure to be probed and unveiled while diversified cultures are open to intellectual dialogues, which are constantly involved and evolving. (Ibid. Excerpt A Continued)

Viewing Wang Rongpei's epitextual writings, it seems that there is no such a thing as private epitext at all. Whatever Wang Rongpei composes and comments in his academic papers generally transcend the domains of individual involvement and personal cognition. In other words, Wang Rongpei is rarely overwhelmed by the egoistic and narcissistic complex and then set a classical model of stay open-minded and maintain mutual learning. Instead, wherever his epitexts relate to the translational reflections, the visionary cross-cultural and interlingual perspectives are generously permeating the discourses, hidden or surfacing between lines. This kind of epitextual narrative differs a lot from the regular practice of self-centered highlighting and is conveniently available for instant acceptance as public epitexts, then exerting greater influence on those who are similarly broad-minded and ready to benefit from wide-ranging analysis, especially when the practicing translators conduct the world-wide observation and justification.

Excerpt E

Similar to Shakespeare, Tang Xianzu is accepted as a world-known playwright, mostly for his in-depth and wide-reaching quest for the human nature, the true and the affected as well. The real admirable emotions are the passage to knot-tying, and the affected pretense end up in complete disaster in spite of mindful calculations. It is universally acknowledged that human emotions are generally beyond description. Tang Xianzu's plays are vivid transcription of panoramic human emotions, particularly the contrast of the immortal and nether worlds, the celebrity and the general public, the real world and the time-travelling scenario, are all well presented as the playwright's boundless creativity guides him. (Selection from Wang Rongpei's paper of "Saluting Zou Zizhen's *The Complete Plays of Tang Xianzu*")

Excerpt E (Continued)

The Peony Pavilion by Tang Xianzu is sufficiently comparable to Shakespeare's *Romeo and Juliet* and definitely claim a priority foothold among the internationally celebrated plays. With reference to all the translations and researches, what the translators have contributed to the cross-cultural communications is too significant to slip into oblivion. (Selection from Wang Rongpei's paper of "The English Translation and Communication of *The Peony Pavilion*")

In the year of 2011, at the Changsha Session of AETCC（第七届全国典籍英译长沙研讨会）, my presentation features the prefaces by Wang Rongpei for other books by means of paratextual analysis, which thereby emerges as the pioneer attempt in that aspect. Likewise, Wang Rongpei's academic papers deserve similar attention, particularly his remarkable remarks of the memorial year 2016 is fairly memorable. This year alone is reminiscent of the coincidental celebration of Tang Xianzu and Shakespeare's literary wonders.

Excerpt F

The year 2016 is the 400 anniversary for the three literary masters, Tang Xianzu, Shakespeare and Cervantes. When Shakespeare and Cervantes are more read in China, Tang Xianzu is not similarly well-known. The awkward situation is improving as China is witnessing tremendous advances in opening up to the inter national context. Since the later 20 century, Tang Xianzu has been gaining more reception through the publicity of his masterpiece of *The Peony Pavilion*, the so-termed great epic of an incredibly complex heroin in which literary elements present in Homer's *Odyssey*, Virgil's *The Aeneid*, Dante's *Devine Comedy* and Milton's *Paradise Lost* are united to be justified as the very important access to the traditional Chinese classical plays. (Selection from Wang Rongpei's "Preface to Zhang Ling's *The Peony Pavilion* in the Western World")

Obviously enough, Wang Rongpei aims to present a Sino-western perspective to activate the mutual observation and produce the mutual understanding and even admiration. Over the years, Wang Rongpei means what he proposes. For instance, Wang Rongpei reiterates that Tang Xianzu's plays are to be profoundly analyzed with reference to the parallel study of Shakespearean works. Then Wang Rongpei takes advantage of the bi-directional analysis and identifies a workable norm that is devised to turn the practical straightjacket into the life jacket in most of his translations despite the linguistic and cultural differences. Pairing Wang Rongpei's clean and concise translation with his illustrative and perceptive comments, the intended audience will possibly be more obsessed and contained with dependent reading and purposeful thinking. With Wang Rongpei's paratextual epitexts, in due course and time, the translated Chinese classics are supposed to be more accessible and find their ways into the foreign readers' mindset.

All in all, Wang Rongpei's comprehensive epitextual writings can be analyzed from both the microscopic and macroscopic perspectives. The latter extends the former specific translation process to be a 3 step context, involving consistent behaviors present in pre-translation, in-translation and post translation periods. According to Genette, translation itself is the paratext of the original text. Alongside Genette's point of view, upon publication, Wang Rongpei's reflective writings transform from independent private epitexts to the collective public epitexts, thus making both the translations and the original texts more wide-ranging and far-reaching.

Conclusion

A good translator contributes translated versions, a better translator is consistent with his translation method in all his translations. Those who translate, theorize and proceed to proofread and defend, mobilize and circulate are undoubtedly best of all. As a model of three becoming one, Wang Rongpei, a most popular authority translator of the project of Library of Chinese Classics, unceasingly delights in fulfilling a three-dimensional operation in translation practice, theory and criticism. In contrast to what Wang Rongpei translates extensively, his academic navigations might be associated with the metaphor of the tip of the iceberg. Thanks to the publisher Shanghai Foreign Language Education Press, Wang Rongpei's paratextual group essays tip off more of the translation-related integrations. With reference to his Translations, Wang Rongpei's meditative epitexts are not imposing as the point of departure for imminent reading, yet emerging as Companions to Translations of Chinese Classics, thus disposing of the methodological interpretations which are to assist the chosen readership in achieving authentic reading and reception.

References

[1]　GENETTE G.Paratexts:threshold of interpretation[M].New York:Cambridge University Press,1997:344.

[2]　WANG R P.A comparative study of Tao Yuanming's poetry[M].Beijing: Foreign Language Teaching and Research Press,2003:178.

[3]　BIASIN G.The periphery of literature[M].Baltimore:The Johns Hopkins University Press,1996:980.

[4]　GIL-BARDAJI A,ORERO P.Translation peripheries: paratextual elements in

translation[M].Bern:Peter Lang AG,2012:101.

[5] WANG R P.The nanke dream[M].Shanghai:Shanghai Foreign Language Education Press,2012:Foreword.

[文章索引：Less Is More: Selected Translations of Wang Rongpei's Reflections on Translating Chinese ClassicsProceedings of The 2017 Northeast Asia International Symposium on Linguistics,Literature and Teaching（2017 NALLTS）New Vision Press,CPCI2017（658-670）.]

中编 ｜ 近期选篇

篇首语

"比较文学并不是特别重视作品本身的价值，它所注重的是每个民族、每个作家借鉴其他文学时所作的改造。"

——伽列序马·法·基亚《比较文学》

汪榕培英译中国典籍杰作的成果往往不是本土首例英译全译，就是国内英译首译。在推出典籍英译各译作的过程中，汪榕培关注的是中国古汉语到现当代英语跨时空交际的中庸之道。于此，汪榕培的翻译思考与时俱进，汪榕培的典籍英译实践亦可举一反三。

汪榕培《大中华文库》古典诗歌英译本考察

"在世界民族之林中,中华民族的古代典籍,在量上数第一,在质上也绝非第二。……所以我就想继鲁迅先生之后发明一个新词儿:'送去主义'。"[1]。送出去的过程中,汪榕培英译的中国各类典籍中的8卷本于1999—2009十年间,陆续入选《大中华文库》丛书,在当时出版总百余种中比例突出。

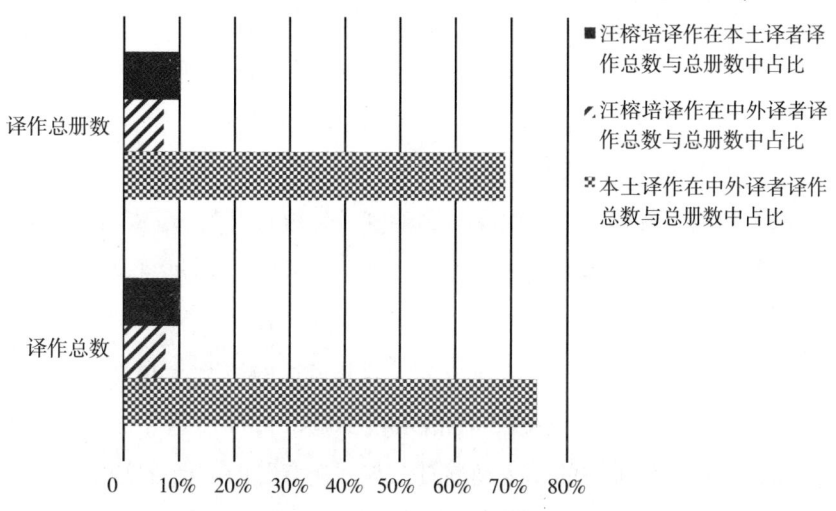

图1 汪榕培《大中华文库》译本的两组数据

图1中数据明显对"国外一些学者坚决主张中国人不能用外文翻译自己的文化典籍"[2]具有反拨意义的视域下,汪榕培英译中国古典文学译本占比的突出现象具有显在的研究价值,这价值就在于汪榕培入选《大中华文库》的3种诗歌英译本几乎占其《大中华文库》8种译本的半数,在于汪榕培论述国内外诗歌翻译时有针对性地指出"我自己就提出过'传神达意'的最简方案理论框

97

架"[3] 427，并不止一次地在诗歌译评中从该视角进行命题与阐释，这两方面充分地说明古典诗歌英译不仅是译者汪榕培选译"更具有艺术性的文本"[4] 296的实践对象，更是译者传达"传神达意"译介面貌的文本类型。

虽然《陶渊明集》《汉魏六朝诗三百首》《诗经》分别于21世纪第一个十年期间，具体是2003年、2006年与2008年次第入选《大中华文库》系列丛书，但它们均系汪榕培提出"传神达意"翻译标准后（1995年、1998年、2000年）的译作，都出版于译者"传神达意"（1994年）调整为"传神地达意"（2009年）之前。"传神地达意"内在因素关系的表更反过来默认了"传神达意"这一表达两个组成要素之间的平行关系。鉴于此，本文挖掘"传神"与"达意"的两种并置性合译形式，并通过译文细读的方式进一步彰显"中国文化译出去"的实践观。

一、"达意"以"传神"

1994年，已出版了《英译老子》《英译易经》的汪榕培，在其《诗经》英译本未付印前，就以"传神达意译《诗经》"为题撰文。在他看来，诗歌翻译标准不可一概而论，而他首次提出的"传神达意"可以说是一种有效的极简原则，总体上归结为形神逼真与内涵再现的翻译宗旨。总览《汪榕培学术研究文集》，"传神达意"这一表述出现了26次（"传神达意"22次，"传神地达意"4次），类似的表达，如"传神又达意"与"传神到达意"及"传神是达意"三种说法各出现1次。文集中"传神达意"分开表达的情况计46次（"传神"18次，"达意"28次）。比较而言，汪榕培很少就"传神达意"进行整体阐释，而他分而论之的"传神"的"生动逼真"与"达意"的"精神实质"等核心表述显然是该原则能够简化有效的立论基础，也成为本文梳理"传神"与"达意"间"境与意会"动态组合的论述依据。《陶渊明集》融合了译者汪榕培英译《诗经》的经验和酷爱陶渊明其人其诗的双重语境，称得上是汪榕培英译古典诗歌的类型化典范，仅四言诗诗名译名就略见一斑，详见表1。

表1 陶渊明9首四言诗4种译名对比

原诗名	汪榕培译名	谭时霖译名	海陶玮译名	戴维斯译名
《命子》	Naming My Son	Naming My Son	On Naming My Son	CHARGE TO MY SON
《劝农》	Exhortation to Farming	Exhortation to Rural Labour	An Exhortation Farmers	TO ENCOURAGE FARMING
《酬丁柴桑》	To Magistrate Ding of Chaisang	To Magistrate Ding	A Reply to Prefect Ting of Ch'ai-sang	IN RETURN FOR A POEM FROM TING CH'AI-SANG
《停云并序》	The Pending Clouds	Motionless Clouds	Hovering Clouds	HANGING CLOUDS
《时运并序》	The Course of Nature	The Flow of Time	Progression of the Seasons	THE REVOLUTION OF THE SEASONS
《荣木并序》	The Hibiscus Shrubs	The Hibiscus	Tress in Bloom	THE TREE IN BLOSSOM
《归鸟》	Returning Birds	The Returning Birds	Homing Birds	THE BIRD WHICH HAS COME HOME
《答庞参军并序》	In Reply to Military Counselor Pang	In Reply to a Poem by the Protector-General's Adviser Pang	A Reply to Adviser P'ang	IN REPLY TO AIDE P'ANG
《赠长沙公并序》	To the Duke of Changsha	To the Duke of Changsha	For the Lord of Changsha	TO MY GRANDFATHER'S COUSIN THE DUKE OF CH'ANG-SHA

"诗与散文之别,则诗人能运用语言文字之直接的传感力,使于意义之外,读者能得一种之暗示,受一种之冲动。"[5]500《大中华文库》中古诗歌译本总计11例。与其他中国(许渊冲5例、吴伏生1例、卓振英1例)、外国(Watson 1例)译者相比,汪榕培运用"传神达意"翻译策略一再地"传达原诗的神韵,表达原诗的意义。"[6] 表1中,原诗名中浮现着或明或暗、或静或动性质的"神""意",且大体上呈现出一致的结构,然而与各述宾短语的译名中的汉语动词对应的英译则形态多样,即译名在原作意义整体"达意"的基础上,译例中"字词达意"的多种译词方法中"传神"有迹可循。循迹对象之一是独特译词。冯庆华将"独特词"界定为"在一个文本中词频达到一定水准而在另一个类似文本或其他多个类似文本中词频为零的词语"[7]。比较汪榕培与同时代的国内外陶渊明诗文全译本的英译者谭时霖、海陶玮(J. R. Hightower)与

戴维斯（A. R. Davis）的译名，汪译中的独特译词虽只余有"pending"与"course"两例，但均在"达意"以"传神"的译介追求上体现出了译者赋予译词"字神"的独特性。前者通过单字"pend"的进行时词形瞬间营造了被修饰词"云"的双重境遇——物象姿态与内涵属性；后者一词以蔽之地将"时运"之"运"延展为一种有序的历程维度，"字神"、"传意"与"传神"的功能突出。"'字神'是什么？就是一字之逻辑意义以外所夹带的情感上之色彩，即一字之暗示力。凡字必有神（即'传神达意''神'字之义），……语言之用处实不只所以表示意象，亦所以互通情感：不但只求一意之明达，亦必求使读者有动于中。"[5] 553循迹对象之二是译词多类型趋势。

总体上看，上述译例有3种译词法：分词类3例（谓语动词1例、分词形容词2例）、名词化3例、介词与介词短语惯用套语3例。显而易见，动词与述宾结构形态均保留的译例只有1例，即"Naming My Son"；其他译名在意义复制达旨的同时，"传神"效果因变通方式不同而在题意表现上的程度有别。综上，"传神达意""通过译文的语言表现力和形式的经营来实现"[8]是共性。比较而言，3个同义动词"酬"、"答"与"赠"的英译为介词"to"，也适切地促成了诗题所表达的题旨与译名所呈现的内容"达意"以"传神"的"诗眼"态势，其成因显然与"'传神'既包括传递外在的形式，也与包括传递内在的意蕴"[9]的既定内涵一拍即合。

在诗歌翻译领域，不少探讨都观照到"诗经不得翻译"（Poetry is what gets lost in translation）的经典说法。中英语言之间与其说是语际翻译，不如说是符际翻译。中国古典诗歌形式与内容上的种种契合和形形色色的情感与审美效应，在翻译成英语时难免会遭遇不可译或差译的问题。对此，汪榕培的思考即"译诗的标准可以多种多样，但是，从根本上说，'传神达意'四个字就足以概括，其余的细节都是操作上的具体问题了。"[10]这相当于是说践行"传神达意"的译介宗旨需要具体细节具体操作。《汉魏六朝诗三百首》中，汪榕培选译了曹操《观沧海》等四首四言诗，它们的结句统一为"幸甚至哉，歌以咏志。"对应的原文与译者译文如表2所列。

表2 汪榕培英译曹操四首选诗结句汇总

诗名	原文	译文
《观沧海》 Viewing the Sea	幸甚至哉,歌以咏志。	In such a **happy mood** I am That I sing it as an epigram [11] 137-139
《冬十月》 October	幸甚至哉!歌以咏志。	In such a **happy mood** I am That I sing it as an epigram [11] 139
《土不同》 A Different Land	幸甚至哉!歌以咏志。	In such a **pondering mood** I am That I sing it as an epigram [11] 141
《龟虽寿》 Longevity	幸甚至哉,歌以咏志。	In such a **pondering mood** I am That I sing it as an epigram [11] 51-53

"幸甚至哉"英译中"达意"维度上出现情感分化为"happy"与"pondering"的变译情况。比较而言,前者的高亢情境让后者显得有些低落,直接影响到"歌以咏志"的"达意"效果。根据书中弘征、熊治祁的现代汉语释意,四首诗的最后一句解释不同,依次为:将自己的感情歌唱/歌唱我心中的欢喜/歌唱我忧虑的心情/歌唱我心中的信念。汪榕培以动态的、差异化的英译词促成了文学翻译"意足神完,不在乎词句一一对应"[12]的效果,演绎了"传神达意"在曹操选诗英译中达同等诗意,传差额神会的"达意"以"传神"译态,为目的视域中的英语读者适度地创译出同"志"异质的多元"神似"译境。

叠词是《诗经》的古典诗艺之一,审美浓郁。《小雅·鹿鸣之什·采薇》作为《诗经》最广为吟诵的诗篇,其3处叠词"杨柳依依"、"雨雪霏霏"与"行道迟迟"形神兼备,诗意盎然。并置杨译"The willows were softly swaying/Snowflakes fly/Our road is a long one"[13]与汪译"Fresh and green was the willow/There is a heavy snow/The homeward march is slow"[14] 301,即看到两者均以简明扼要的描述性措辞传达原句叠词,且修辞上的"传神"方式都不统一的翻译情况。然而,从"达意"上看,前者3处译词(sway, fly, long)侧重表达诗句的物象,后者译词(fresh and green, heavy, slow)烘托的是原句的情境。两位译者一静一动的"达意"再现方式均促成了译语浸入式修辞"生动"的"传神"交际效果。

上述字词"达意",诗行"达意"译例一一呈现了译者凝神于"达意"的会意性。汪榕培提纲挈领地总结自身诗歌英译实践的心得,他的译诗形式也为译界学者王宏印界定为"古诗英译的新格律派"[15]序1。王宏印系统地归纳了汪榕培"传神达意"的4条特征:"双行体式"韵式、"形式工整"句法、"典故淡化"译法与"主题革新"译介。"在理解和处理上向现代诗歌意义的理解过渡;或者在表达方面,也吸收和借鉴英文诗歌的词语和意象,使得译诗的感觉具有一些英文的和现代的味道。"[15]序3-4汪榕培古典诗歌英译本中,从王宏印提出的"典故淡化"与"主题革新"两个视角进行辨析,"达意"以"传神"的"逼真"效果可圈可点。

首先是"典故淡化"的"达意"译事。陶渊明诗文中的表达如"南山""五柳""东篱""菊""琴书""停云""三径""归去来""桃花源"等用语系作者原创,汪榕培对应的英译分为"原封不动"与"取而代之"两种"浅化"方式。前者指译者基本上贴合着原用语的本意而译,后者指译文疏通原语的情况,如"停云""三径""桃花源"。这3例的部分译词 pending clouds/courtyard paths/Peach-Blossom Springs,以"浅化"与"模糊化"的转译方式与另外几例"浅化"显示为直译的译词不同,两者分别从如实地传达原作者精神的物象与相应地转化为英语语境的角度,维护了陶渊明开创的"田隐"意境。陶渊明全部作品中5例"隐"字的英译分别是"While most of hermits are distressed on earth/The phoenix hid in forest tress/This wonder, hidden for five hundred years/The fox with rich furs hides in a cave/Retire to lead a secluded life in difficult times."首例与末例中的"hermit"与"seclude"译词并未因译损意,体现了译者从隐逸与隐匿的不同"达意"层面上增益"田隐"者身心双重状态的"传神"程度。

其次是"主题革新"的译事。汪榕培在《诗经》英译本中就诗说诗的"题解"显示了译者自行识解《诗经》的"译者之意"[17]86。一般而言,各部分第一首诗往往是译者经得起时间检验与读者推敲的译例。《诗经》3种类型4例中,"译者之意"温故纳新,是汪榕培1995年辽宁教育出版社《诗经》版本中"译者的声音"的回音壁,也成为随后《大中华文库·诗经》英译本主题"达意"的译外音。

表3　汪榕培《诗经》"风、雅、颂"四首"头诗"题解汇编

诗篇	题解
《国风·周南·关雎》 The Cooing	这是一首情诗，用水鸟之间的相互唱和，比喻男子对倩女的爱慕之情。 This is a love lyric. The cooing of the water fowl is compared to the love between a lad and a pretty lass. [14] 2
《小雅·鹿鸣之什》 The Deer and Other Odes	本诗描写国王宴请宾客。 This poem is written in the tone of the king of the Zhou Dynasty to feast the guests. [14] 650
《大雅·文王之什》 Lord Wen and Other Odes	这是一首歌颂文王业绩的诗歌。 This is a poem to laud the grand feats of Lord Wen. [14] 1122
《颂·清庙之什》 The Sacred Temple and Other Hymns	这是周朝祭祀文王的乐歌。 This is a hymn to pay tribute to Lord Wen. [14] 1418

"题解"作为译者诠释每首译诗题旨的译介场域，充分展示着"我们对该诗的理解"[14]前言2之道。表3中"题解"解诗内容呈现的关键词可以看作三组对象——lyric/poem/hymn，love/feast/feats/tribute 与 lad/lass/King/Dynasty/Lord——整体上传达了"风、雅、颂"在《诗经》中的形式、主题与人物的特点。"题解"是汪榕培1995版《诗经》首译本译介副文本的一种，2008版《大中华文库·诗经》英译本在《大中华文库》体例统筹下，副文本项目唯双语前言一项。统计《大中华文库》版英语前言（Preface）前30例高频词，与"题解"关键词比较如表4所列。

表4　汪榕培2008版《大中华文库·诗经》前言中英语高频词前30例序列

序号	英语高频词	序号	英语高频词	序号	英语高频词
1	the	11	Poems	21	from
2	of	12	were	22	Odes
3	and	13	Songs	23	time
4	to	14	Dynasty	24	songs
5	The	15	Mao	25	which
6	in	16	Han	26	Hymns
7	Book	17	by	27	Lu
8	Poetry	18	Zhou	28	people
9	poems	19	was	29	scholars
10	Shi	20	as	30	on

综合英语前言中主要的名词性关键词，如"Book""Poetry""poems""Songs""Dynasty""Mao""Han""Zhou""Odes""Hymns""scholars"，即发现它们与"题解"中的关键词有一定的互文交集，彰显出"诗的国度"的"诗意"本色。这说明不同版本体例上的变化没有改变译者主体传播中国传统文化主题的跨文化交际视域。

中国历史上的经典诗歌创作凝聚着古典诗人的诗情画意，其翻译也吁请"集思广译"的集大成者。汪榕培英译中国古典诗歌译作共4种，近千首的译诗成为译者"儒雅"（王宏印于第三届"传神达意"翻译理论研讨会开幕式发言用语）翻译风格的媒介。此中的"雅"包含着"达意"以"传神"的合译意向及其流动性，于此，"达意"借助字眼的"字词达意"与语篇整合的"主题性达意"的方式，来丰富"传神"的语境特点的模式，在微观上对推进"传神达意"译介思维的新认知，中观上对减少古典诗歌英译在题旨层面上的翻译损失，宏观上对中古诗学意境在英语语境中"诗意地栖居"的传播渠道，乃至对中国古典诗歌"诗神远游"的译介时空，都产生着不同程度的影响。

二、"传神"即"达意"

"传神达意"整体译介功能因"传神"即"达意"的操作而有所简约与强化，而"传神"形式完善"传意"意旨的情况在汪榕培译诗中十分直观，因为英诗"双行体式"成为汪榕培赋予译诗特定"神"采的维度之一。"从通过外在形式来'传神'的角度来看，只有以诗歌的形式来译诗才能达到最佳的效果，因为诗歌跟一般的叙事作品的最大区别在于它的主要功能不是表意的交际功能，而是表情的美学功能。"[9]尽管王宏印在其选译的中国《古诗十九首》英译中，制订并实施的是"不谐韵脚，只是白描"[18] 19的译介方案，但王宏印的问题意识十分明晰："如何对待中国古典诗词的格律化的传统，这是诗歌翻译的一个基本问题，也是一个持续不衰的问题，至今没有统一的解决办法和一致的认识。"[4] 295《汉魏六朝诗三百首》两例汪译与王译的英译差异如表5所列。

表5　汪榕培、王宏印《古诗十九首》两首英译比读

《青青河畔草》 青青河畔草，郁郁园中柳。 盈盈楼上女，皎皎当窗牖。 娥娥红粉妆，纤纤出素手。 昔为倡家女，今为荡子妇。 荡子行不归，空床难独守。	《涉江采芙蓉》 涉江采芙蓉，兰泽多芳草。 采之欲遗谁，所思在远道。 还顾望旧乡，长路漫浩浩。 同心而离居，忧伤以终老。
Green, Green Spreads Green, green spreads the bank.-side grass; Lush, lush grow the garden willows. Fine, fine stands upstairs the lass, Fair, fair her shape behind the windows. Bright, bright beams her rouged face; Soft, soft are her pale-skinned hands. Once **a singing-girl with poise and grace**, Now she's **wife to one who roves the lands**. As he wanders in an unknown zone, It's hard for her to go to bed alone. [11] 57	**I Wade the River** I wade the stream to pluck lotus flowers; The orchid marsh abounds in scented grass. To whom shall I present the grass and flowers? Close in heart but **far apart** is my lass. When I look back upon **my homeward** way, The way that lies ahead is long and cold. We're **heart to heart** but distance holds its sway; Grief is mine until **my heart grows old**. [11] 57
The Green Grasses Grow by the Riverside The green grasses grow by the riverside Wait, beyond the willow in the garden, A lady shows herself up by the window High on the top floor of the house. Slim is she, who dresses herself in red, And puts forth her slender hands, slender hands. Was she once **a singsong girl**, I wonder? Is now **her husband away from home**. Away for so long and, perhaps forever? And she is now all alone in the room. [18] 18	**Across the River for Lotus** I wade across the river for Lotus, To where the flowers grow. But the one I should present flowers to, He is now in a **far-away place**. I turn back for **my home**, And see only a long long road. **We** live apart, but really **in love**. And my sorrow is **so endless**. [18] 21

就"形似"而言，译诗的面貌不同，但两位译者的译介取向体现了"翻译中的传神或神似必以译入语为依归"[19]的趋同性追求。王宏印的译文不同于汪榕培古典诗歌英译"双行体式"的韵体形态，其原因在于译者为其古代民歌预设的翻译策略为："在原则上，做大体对应的诗化翻译，即大写意的翻译，或曰表现手法，不斤斤于个别细节。"[18] 16-17运用译者这一策略评估的结果是，译者重视译诗关乎"情"的译入语"陌生化"的译介表现十分娴熟，译语精当地传递了原诗的整体精神。汪榕培两例译诗置于"传神达意"的格律模式下，译

行中"达意"信息的密度明显增加,导致"传神"的翻译效果也亦步亦趋。具体而言,汪译两例中归入英语语境的译文有两种典型的倾向:其一是以诗译诗的诗体模式,而"双行体式"气韵贯通,传达了形似特点的"传神"效果;其二是地道的英语表达。第一个特点往往覆盖全诗,形式规范,诚如汪榕培所提倡的:"传神包含着'传形'。……文体、结构和音韵三项应是'形'的概念的细分。"[17] 89第二个特点在于点染诗篇,如"倡家女""荡子妇""远道""旧乡""同心""终老"等英译词均产生了以"神"驭形的意似效果。至此,上述两译例中,"传神达意"整体观所追求的生动易记性与准确可读性,皆因"传神"即"达意"的译介用功兼收并蓄。

汪榕培《汉魏六朝诗三百首》英译本中的330首译诗包括22首陶渊明译诗,它们与《大中华文库·陶渊明集》译本中的英译有所不同,所反映的复译更新意识中不乏"传神"即"达意"的译介表现,译者的阐释即该说法的核心依据:"关于内在意蕴方面的'传神',自然是从整个篇章出发,涉及的内容是很广泛的,包括诗篇的背景、内涵……,等等。"[9]该阐释强调了"传神"事实上从功能上发挥着深化诗篇"精神实质上的相似"[10]的作用,该属性在本译例具体体现在两个方面:第一、措辞调整。《和郭主簿》第六句"卧起弄书琴"的译文中,汪榕培彼(《陶渊明集》)译词"the zither"[16] 19非此(《汉魏六朝诗三百首》译词"lutes"[11] 297可比,因为后者乃中古乐器专名,对英语读者而言具有异化翻译的"传神"兼"达意"的双重功能具体而明确。李健吾说"一个译本好由于传神。不是另外有神,神就在一字一句的巧妙运用上。"[5]再如,《和刘柴桑》"挈杖还西庐"中的"庐"字在两版中分别是"huts"[11] 295与"home"[16] 87,后者升华为抽象概念,藉此传达的移情与共情特点比前者在"传神"层面进行"达意"的效果更佳。类似"调动"的译例还包括《移居二首》其二的译句"登高赋新诗"的译笔"**write** new lays"[16] 73与"**sing** new lays"[11] 303,修订后的译语激活并再现了中古诗歌吟唱的传统特色,丰富了"赋诗"的层次与形式。同诗中的另一句"闲暇则相思"的译语"**miss** each other men"[16] 73与"**think of** other men"[11] 303前后情感律动也有变动,后者似更贴合原文"相思"的泛化情境。目睹两译本中这些字眼的英译,汪榕培要使专题译中的陶渊明与合辑中的陶渊明有所不同时隐时现。第二、译句变动,分为微调、局部、大体与整体调整四种类型。第一类例见《癸卯岁始春怀古田舍二首》其二的第二句"忧道不忧贫"。《陶渊明集》中，汪译为"It's learning, not poverty, that man cares about."[16] 25《汉魏六朝诗三百首》中，汪译为"It's Tao, not poverty, that man should care about."[11] 305 两相比读，后出转精的译词"Tao"与新增的情态词"should"一道将原诗诗人的诗化精神和盘托出之际，译句终成"传神"即"达意"之范例。第二类例见《乞食》第五句"主人解余意"的译文"The host know why I come and what I need."[16] 207 变译为"The master is aware of what I need."[11] 301 可见，针对"what I need"的语境，后译"aware of"与原诗"解"字善解人意的内涵与过程更接洽，因此，该"传神"性质的译笔也意味着"达意"形散神不散。第三类例见《庚戌岁九月中于西田获早稻》中的诗句"田家岂不苦？弗获辞此难。"前、后两译分别为"Although the farmer's life is really hard, From this hardship they can ne'er be freed."[16] 69 // "Although the farmer's life is hard indeed, This hardship will not make me change my creed."[11] 307 比较即发现，后译通过启用"not make me change my creed"巧妙地解构了前译中对应部分的被动译句，更新译句中的主动句式不逾矩地表达了"有我"之境的"田隐"选择，因而展示出"传神"融通"达意"的统一效果。《饮酒组诗》其九"问子为谁欤，田父有好怀。"属于第四类译例。《陶渊明集》译句是"When I tired to find out what he meant/I saw a farmer with a good intent"[16] 115，《汉魏六朝诗三百首》译成"I asked him who he was and why he came/The farmer came because he knew my name"[11] 309。这一组句中的两行诗句从句形到句意的调整可归纳为塑造酷似原诗主客体问答效果的翻译进化表现，"隔水呼渡"的陶渊明"复得返自然"的气象跃然纸上，甚至陶诗"超脱时间的空明"[20] 感也似乎呼之欲出。综上，活跃的"传神"即"达意"的翻译过程与翻译结果显示："从传神到达意都有译者的主观能动性在起作用"[3] 420，译者"达意"的能动性因其深谙原诗与熟稔英文的"传神"能动性而"意"象万千。

《诗经》是汪榕培诗歌英译本入选《大中华文库》（2008年）的最后一部，却是重译自他英译中古诗歌首译本的初版（1995年）。在《说东道西话〈诗经〉——从"关雎"谈起》文中，作者汪榕培提到《诗经》的"头诗"地位,后在《大中华文库》序中再提。从《关雎》作为《诗经》开篇所具有的发轫功能来看,阐释其英译中"传神"与"达意"的合成模式具有代表性价值。以首句为例,汪榕培指出,理雅各的译句"Kwan-kwan go the ospreys"、韦利的译词"Fair, fair, cry the osprey"等不仅"没有把原文的全部信息传给读者"[21],且"关关"的对应重复性英译词在"传神"上似乎徒有叠词其表,"达意"上显出些许的茫然与空洞。作为以"不会给英美读者带来多少理解上的困难"[21]为动机的复译者,汪译"The waterfowls would coo"[13]显然超越了直译的呆板,监控了意译的延异,形成了"传神"即"达意"的模态。《关雎》中的译句更能体现译者这一译介指向。

表6　汪榕培《关雎》译句节录

诗节序	原文	英译
第一诗节	窈窕淑女, 君子好逑。	A lad would like to woo A lass with pretty looks.
第二诗节	窈窕淑女, 寤寐求之。	There lives the pretty lass For whom the lad is sick.
第三诗节	窈窕淑女, 琴瑟友之。	There lives the pretty lass Whom the lad pursues.
第四诗节	窈窕淑女, 钟鼓乐之。	There lives the pretty lass The lad would entertain.[14] 前言2-5

表6中,汪榕培多重译象的翻译面貌往往直接关系到"传神达意"传播本土文化的宗旨。从译词来看,关键译词"woo""pursues""entertain"精妙地再现了原诗确凿的内涵之际,这几个译词又在一般现在时与现在将来时的时差中往复交替,促使男主角情感心路的外延意义也一并到位,同时,译者有机地调动"窈窕淑女"英译的语序与句序,使之灵动地穿插在"君子""好、求、友、乐"四个诗节中的英译操作大有"传神"入国问俗即契合"达意"的运程。

古诗中的对句往往具有音韵抑扬、意蕴高度凝练的形合与意合性质。"中国诗中最多最特殊的是超脱语法的所谓罗列句式。"[22]从诗行形式上看,原诗5个诗节中的第3个小节的内容和结构与前后诗节不同,其功能在于承上启下的过渡作用。其前、后各2个诗节的形式如出一辙,内容层叠迭进,显示出

"格律酣畅，情感充沛，形至神出的诗情画意。"（译自原文"it has more rapid movement of measures for the more direct and brilliant emotional expression, and forever aspires after infinite riches and perfect beauty in its artistic form."[23]）由此可见，《关雎》诗篇诗节中"传神"即"达意"的译境浑然一体。

上述种种译例阐释都围绕探究诗歌翻译的实质问题展开，即"形式是诗歌之所以为诗的表面特征，没有这一表面特征，中国古典诗歌的体裁特征便不复存在；而意义是诗歌之所以让人感到愉悦的根本所在，……是读者获取美感和艺术享受的源泉。"[24] 鉴于此，汪榕培坦言，"形与意的结合是译诗难于其他翻译的关键所在"[21]。为此，把握"传神"与"达意"理解度与表达感，不断地协调二者之间的译文话语互为性译介关系是直面译诗复杂特性难题的实践性译为，如本文梳理的"达意"以"传神'"与"传神"即"达意"的交互性组合层面，属于"通过一些灵活的或变通的方法，在整体上达到了'传神达意'的目标"[25]的译语操作行为。这表明汪榕培"传神达意"的翻译实践并非规约的、单一的逻辑次第。虽然支撑上述两种倾向阐释的诗歌类型译例、译本源自2009年汪榕培将其"传神达意"界定为"传神地达意"偏正从属关系之前，但这并不等于说"传神达意"的翻译宗旨在2009年变更后就终止了译介思辨的探讨，其译介范式就封闭了"机变"（strategic maneuvering）范·埃默伦（语出自 van Eemeren）的空间。简言之，无论是"传神达意"体现在遣词的诗学内涵与"达意"以"传神"上，还是反映在诗体形态视觉"传神"即"达意"上，无论"传神"与"达意"孰为本、孰为标，它们彼此总是相辅相成的合译关系，总是生动与准确的统一关系。小而言之，"传神"与"达意"之间的动态交互实践也取决于"译者之'神'"与"译者之'意'"植入的变通性，对此，译界看法与译者译法都直言不讳，如"传神除了传原作之神，对颇得神气的译者之'神'也有所表现，……故译事之妙，当以神会，把译者的解悟也曲达以出。"[26] 再如"我们在译文中就是要表现我们对诗篇内容的解读思路。"[9] 大而观之，"传神达意"翻译观蕴含着准确与可读协调的创造性趋势，这既预示着翻译阐释藉由整合而精简的再现动态，也揭示着"善译"与"译无定译"往复升华的进化轨迹。

三、结语

汪榕培入选《大中华文库》的3种中国古典诗歌英译本初始于个人喜好,"这样翻译出来的文学作品才能既传神又达意。"[27] 1999年《大中华文库》系列丛书启动后不久,这3种英译本先后入选《大中华文库》。"对于历史上的翻译事实,我们不仅仅看它翻译质量的高低,更要看它在文化交流上发生的作用和影响。"[28] 汪榕培自发的译介行为与众多自觉摆渡"文化"的本土译者一道,汇入"国家政府需要对翻译进行一个全局性的掌握以便使文化资本的积累更加顺利"[29] 的国家输出的交际渠道后,译者专业化面貌及其诗歌英译系统化双轨制影响由此结盟。译者付诸翻译的行为与国家推广翻译的规划始终伴随着译者的实践论与国家的自主观。当汪榕培诗歌译本收录到《大中华文库》系统时,在《大中华文库》作为国家翻译实践权威"深化已有的翻译理论"[30] 的作用下,译者的声音定格为译出的身份。汪榕培在《大中华文库》诗歌英译本前言中,提纲挈领地论述了"传神达意"的理论参数与实践趋势,以此协同本土译论中的"原创理论在国际理论争鸣中发出强有力的声音"[31]。此时,"传神达意"之"传"、之"神"、之"达"、之"意",与"传真"(余光中)、"神似"(陈西滢、傅雷)、练"达"(严复)、去'讹'趋"化"(钱钟书)等经典译论传承有加。

"传神达意"作为立足中国古典画论与美学底蕴的"中国传统译论自然而然的一个发展结果"[17] 41,初始时反映着一种倾向性技巧的翻译过程,当下发展为代表一种创新性思维的译介体系。无疑,"以流畅的当代英语表达原作的精神实质,再现原作的艺术风采"[32] 的"传神达意"目标与实践,不仅对于"立足翻译过程与翻译主体的译者行为批评无疑是一种可贵的探索和有力的突破"[33],而且对于英语读者"走近和触摸到厚重、悠远的古代中国"[34] 意义重大。自然地,汪榕培的翻译人生已非他自己所说的"自娱自乐"所能局限,"平淡无奇"所能隐含。

参考文献

[1] 季羡林.从《大中华文库》谈起[J].群言,1995(8):34-35.

[2] 王宏印.文学翻译批评概论[M].北京:中国人民大学出版社,2009:155.

[3] 汪榕培.汪榕培学术研究文集[M].上海:上海外语教育出版社,2017.

[4] 王宏印.译苑以鸿,桃李荫翳:翻译学论著序言选集[M].天津:南开大学出版社,2018.

[5] 罗新璋,陈应年.翻译论集[M].修订本.北京:商务印书馆,2009.

[6] 汪榕培.今人译古诗:英译《古诗十九首》札记[J].解放军外国语学院学报,1996(6):46-51.

[7] 冯庆华.汉英翻译基础教程[M].北京:高等教育出版社,2008,269.

[8] 傅雷.傅雷文集·傅雷致友人书信[M].增订本.南京:江苏文艺出版社,2010:128.

[9] 汪榕培.《诗经》的英译:写在"大中华文库"版《诗经》即将出版之际[J].中国翻译,2007(6):33-35.

[10] 汪榕培.传神达意译《诗经》[J].外语与外语教学,1994(4):11-15.

[11] 汪榕培.大中华文库·汉魏六朝诗三百首[M].长沙:湖南人民出版社,2006.

[12] 翁显良.意态由来画不成:文学风格可译性问题初探[J].中国翻译,1981(2):1-7.

[13] 戴乃迭,杨宪益.古诗苑汉英译丛:诗经[M].北京:外文出版社,2001:253.

[14] 汪榕培,任秀桦.诗经:中英文版[M].沈阳:辽宁教育出版社,1995.

[15] 蔡华.译逝水而任幽兰:汪榕培诗歌翻译纵横谈[M].北京:北京师范大学出版社,2010.

[16] 汪榕培.大中华文库·陶渊明集:汉英对照[M].长沙:湖南人民出版社,2003.

[17] 门顺德."传神达意"翻译理论研究[M].上海:上海外语教育出版社,2012.

[18] 王宏印.中国古今民歌选译[M].北京:商务印书馆,2014.

[19] 冯建文.神似翻译学[M].兰州:敦煌文艺出版社,2001:32.

[20] 叶维廉.叶维廉文集·比较诗学/现象·经验·表现:第一卷[M].合肥:安徽教

育出版社,2002:5.
- [21] 汪榕培.说东道西话《诗经》:从"关雎"谈起[J].现代外语,1994,(4):58-61.
- [22] 叶维廉.叶维廉文集·秩序的生长:第三卷[M].合肥:安徽教育出版社,2003:90.
- [23] 王宝童.金域行:英诗教程[M].开封:河南大学出版社,2001:35.
- [24] 陈顺意.译者归来与诗魂远游:蔡廷干汉诗英译之《唐诗英韵》研究[J].外国语文研究,2019(3):104-112.
- [25] 郭著章.谈汪译《牡丹亭》[J].外语与外语教学,2002(8):56-59.
- [26] 杨自俭,刘学云.翻译新论[M].武汉:湖北教育出版社,2003:367.
- [27] 汪榕培.我和中国典籍英译[J].当代外语研究,2012(5):1-4.
- [28] 王克非.论翻译文化史研究[J].外语教学与研究,1994(4):57-61.
- [29] 罗选民,李婕.典籍翻译的内涵研究[J].外语教学,2020,41(6):83-88.
- [30] 任东升,高玉霞.国家翻译实践初探[J].中国外语,2015(3):92-97.
- [31] 蓝红军.国家翻译实践:从现实需求到理论建构[J].外国语文,2020(5):112-118.
- [32] 汪榕培.契合之路程:庄子和《庄子》的英译本下[J].外语与外语教学,1997(6):38-41.
- [33] 刘云虹.译者行为与翻译批评研究:《译者行为批评:理论框架》评析[J].中国翻译,2015,36(5):65-70.
- [34] 许钧.译者的自信:评《杨宪益翻译研究》[N].光明日报,2018-10-28(12).

[文献索引:汪榕培《大中华文库》古典诗歌英译本考察[J].外国语文研究,2021,7(1):78-92.]

汪榕培《牡丹亭》"集唐诗"英译实务解读

汤显祖是明代戏曲流派的杰出代表,他的戏剧作品散发着一种古典浪漫主义的韵味,他的代表作"《牡丹亭》演绎了一出优美动人的爱情故事,是中国古代文学经典中感人至深的诗体剧目。"(译自原文"The Peony Pavilion, a touching and beautiful love story, is the most moving poetic drama among the Chinese classics."[1]封底)自1980年《牡丹亭》第一个英译全译本出版以来,目前《牡丹亭》英译已经有了4种全译本。作为《牡丹亭》第一个韵译全译本的译者,汪榕培《牡丹亭》英译本具有继往开来的译介作用。

汪榕培《牡丹亭》韵译本别开生面,这一点在《牡丹亭》"集唐诗"的英译实务中独树一帜。在《牡丹亭》中,汤显祖采撷的"集唐诗"尽显其"雅致"[2]之兴,也成为《牡丹亭》典雅风格的显要内容与情感载体,通篇烘托着《牡丹亭》全剧唯美般的"至情"传奇故事。顾名思义,"集唐诗"是一种综合唐诗的特定诗歌类型。《牡丹亭》中,汤显祖寻章摘句了唐代逾百位诗人的众多诗句,聚合了69首"集唐诗",首首映现着汤显祖卓然的文人气质与卓越的创作禀赋,也"恰当地揭示了整出戏的主要内容"[3],从而成为全剧剧情环环相接的推手。汪榕培尊重"集唐诗"的诗歌抒情与戏剧程式特点,而他制定的诗体英译的策略也实至名归。从汪榕培《牡丹亭》"集唐诗"英译实务来看,译者注重再现汤显祖蓄意通过"集唐诗"刻画《牡丹亭》人物情感的笔触以及渲染《牡丹亭》主题脉络的笔法之际,拓展性地延续了他韵译中国古典诗歌的"新格律派"译法,这一英译方法一如既往地体现了汪榕培不断输出中国古典文学到目标语视域的英译追求。

一、汪榕培"集唐诗"英译韵体形似

从《牡丹亭》"集唐诗"的诗歌形式上看,这些"七言律绝,形式整饬,而且讲究平仄,故而显得朗朗上口,富于韵律美。"[4]曾节译过《牡丹亭》的杨宪益说过,"我本人也曾多次尝试用英诗格律译中国作品,结果总是吃力不讨好。"[5]作为第一次实地介入到唐、宋七言律绝的英译实务中的《牡丹亭》英译复译者,汪榕培知难而上,制订了"格律诗"的翻译方案:"对于原文的诗体部分及唱词部分,我在一定程度上采用了英语传统格律诗的若干形式。由于汤显祖的《牡丹亭》的唱词是有严格的曲调的,诗体的部分也是采用了格律诗的形式,所以,我在翻译唱词和诗句的时候,以抑扬格为基本格式。"[6]可见,汪榕培英译《牡丹亭》"集唐诗"的总体翻译纲领是"格律诗",具体翻译方案是"抑扬格",而"双行体式"集中体现为汪榕培英译《牡丹亭》"集唐诗"的统一形式,并与"形式整一"一道成为汪榕培落实其翻译宗旨"为最终出现一个真正传神达意的译本"[7] 850。

"文本形式是作者为了保持意图唯一性而作出的努力。"[8]本着扩大《牡丹亭》戏剧文学"译出"规模的翻译意图,汪榕培《牡丹亭》"集唐诗"译诗"形式整一"的特点主要体现在译者从建行立句到音韵和谐的视听效果。整体比较白之(Cyril Birch)与汪榕培"集唐诗"译诗即看到,白之跨行的长短译句自由洒脱,与汪榕培独句单译且音韵协同的译句形成了直观性差异,例见表1。

表1 汪榕培与白之英译《牡丹亭》第二十七出"集唐诗"译例比读

第二十七出 魂游	Scene Twenty-seven The Roaming Soul	SCENE TWENTY-SEVEN: Spirit Roaming
心知不敢辄形相,	It's hard to show her genuine stuff,	Realizing she dared not make manifest her presence
欲话因缘恐断肠。	Because to tell the truth will make her wail.	She would relate her history but feared the bowels' torture.
若使春风会人意,	If the vernal breeze is wise enough,	If the spring breeze could be taught to know of mortal longings
也应知有杜兰香。	It should have known the fairy tale. [7] 338	Surely it would recognize the fairy maid Orchid Fragrance. [9] 155

从翻译对象原型的形式上看，汤显祖所组"集唐诗"中不存在整齐划一的韵式；从翻译对象对应的目标语格律诗形式上看，"汉语的绝句在英语里虽然没完全对应的形式，但是英语里有类似的四行诗（quatrain）形式"[3]。践行"格律体"英译原则的汪榕培始终运用英诗的形式演绎着《牡丹亭》"集唐诗"的诗性属性，同时也兼顾着"集唐诗"在《牡丹亭》剧情中的应有功用。汪榕培英译的69首"集唐诗"全部入韵，而abab（19例）、aaba（18例）、aabb（17例）等主要韵式成为汪榕培促使其译进入目标语读者审美视域的形式手段，其中显在的双行换韵的格律诗句53例，为王宏印教授统称为"双行体式"，最常用的韵音为/ei/；其中，5例为全诗4句通韵的译例，分别落实为/a:/、/ai/、/i:/、/ou/韵音。可见，以咏叹音质见长的双元音与长元音两种韵式成为汪榕培传达原诗情境与译诗情感的主要韵式。

"在翻译《牡丹亭》的时候，唱词和原文的诗体部分一律采用英语押韵的传统格律诗形式，这样做不仅可以使译文跟原文的风格相接近，而且所产生的间离效果反而会使西方的读者或观众更好地领略原著的风貌和感受原著的艺术魅力。"[10] 371《牡丹亭》第七出《闺塾》中的"集唐诗"原诗韵式不一，汪榕培则采用了一韵到底的音韵，其译诗因而就具有了一定的间离效果。虽然这种韵式"在本质上和英诗里的英雄双行体并不相同，但由于韵律的相似，也有一定的心理接受的基础。"[11] 序3 汪榕培英译"集唐诗"韵式整齐划一的译笔即译者旨在依托英语读者既定的审美心理，倾注《牡丹亭》"集唐诗"中戏剧情感的英译产物，典型译例见表2。

表2　汪榕培与白之英译《牡丹亭》第七出"集唐诗"译例比读

第七出　闺塾	Scene seven　*Studying at Home*	SCENE SEVEN: *The Schoolroom*
也曾飞絮谢家庭，	I can sing poems just as a lark;	Catkins floated on the breeze in the Xie family court
欲化西园蝶未成。	A pity that we miss the park.	Thwarted is my desire to become a butterfly in the western garden.
无限春愁莫相问，	With boundless sorrows in my heart,	Ask not what sorrows follow spring for they are limitless.
绿阴终借暂时行。	We'll walk on lawns before it's dark. [7] 64	Take for a while this loan of green shade for your strolling. [9] 30

"忧郁情结从《诗经》开始在中国文学中反复出现、不断加深,《牡丹亭》则是在我国戏曲中表现这一忧郁情节以及表现如何冲破这一忧郁情结的一个高峰。"[10] 812 上例诗中,汤显祖将中国古典文学母题伤春、思春的传统审美程式嵌入杜丽娘和春香游园情境中主仆间一唱一和的对话中,忧郁而适意。汪榕培确信"诗体比散体更有利于表现忧郁情结"[7] 818,为此,他多次运用一韵到底的格律诗形式,以期从形似呈现这一首原诗的愁绪格调与忧郁气质,"一首诗歌选择的韵脚奠定诗歌的感情基调。"[12] 汪榕培英译"集唐诗"亦如此。针对四言、五言、七言,汪榕培"格律体"译诗的主张与实务有始有终。汪榕培《牡丹亭》"集唐诗"译诗中,"双行体式"韵译与"形式整一"语篇的英译现象都成为汪榕培投射情感的媒介与载体,反映的是译者"传神地"写意着《牡丹亭》中两重世界奇异情愫的题旨与意趣的用心与结果,这样的格律诗英译模式也提供了一种从形似的层面直面中国古典诗歌英译难题的探索性途径,是为得之。

二、汪榕培"集唐诗"英译选词合意

"我翻译中国古典诗歌从《诗经》开始到魏晋南北朝为止,唐朝以后的诗歌就基本不翻译了,原因很简单,唐代以后的诗歌讲究炼字,如果要把一首七言诗的内容翻译出来的话,英语要控制在五音步以内很困难,对我来说难度很大,有可能吃力不讨好,也就知难而退了。"[13] 及至汪榕培英译《牡丹亭》时,他转而知难而上,这意味着译者不仅突破其前期诗、文英译文本类型的文体范畴,也预示着译者突破了其前期诗歌英译的诗体类型,进入到中、晚唐七言诗句更加饱满的情感视界。"情系牡丹亭"的汪榕培心系"集唐诗",他追求英诗格律诗的译法体现译者着意传达汤显祖内化于"集唐诗"的戏剧人物情态的写意情趣,而他厘定的译词措辞精准达观,一方面反映的是译者有效地调度英语词汇贯通"集唐诗"源诗句的诗意与汤显祖结句"集唐诗"的剧情,落实其诗篇主题翻译实务的认知与素养;另一方面彰显的是译者有机地建构"韵""词"和合共生的"集唐诗"英译实务的创新意识与驾驭能力。

韵、意都是中国古典诗歌审美的核心概念,如果说汪榕培英译"集唐诗"

诗体的形式具有写意传情功能，那么汪榕培押韵的选词集中地呈现出字词合意移情的特点。"剧中的'集唐诗'和以'集唐诗'形式出现的下场诗一样，以比较朦胧的诗句讲述具体的情节，使剧情平添了几分诗意，增加了剧本的文学色彩。"[7] 832《牡丹亭》五十五出《圆驾》剧中的"集唐诗"就笼罩在一种恢宏神秘的朦胧气氛中，成为全剧剧情高潮到来的伏笔。对此，汪榕培依旧以其特有的格律形似的方式来演绎汤显祖这一首"集唐诗"浩大的声势氛围，同时，深谙"格律体虽也重选词"[14]的汪榕培也借助押韵词的推敲强化剧中原诗情节与主题，以表3为例。

表3 汪榕培与白之《牡丹亭》第五十五出剧中诗"集唐诗"译例比读

第五十五出 圆驾	Scene Fifty-five Happy Reunion at Court	SCENE FIFTY-FIVE: Reunion at Court
鸾凤旌旗拂晓陈，	When phoenix banners flap in the morning breeze,	Phoenix pennants wave at first touch of dawn
传闻阙下降丝纶。	His Majesty issues his decrees.	now be the royal wisdom conferred on all his subjects.
兴王会净妖氛气，	In order to sweep away the monstrous airs,	A beneficent prince has power to cleanse all impure vapors
不问苍生问鬼神。	He relies on gods and ghosts to appease. [7] 734-735	ask not after mortals but after ghosts and spirits. [9] 324

此例中，汪榕培的4个押韵词兼集铺陈与叙事的功用，特别是最后一行最后的译词"appease"具有显在的现代英语的表意性。该词本身两个音节轻重读之际，原诗中"不问……问……"的隐含性意蕴错落有致地呈现，这表明：汪榕培属意于调度英语实词，再现原诗句"诗境"与"义理"的英文措辞恰如其分地切合着"主题革新"的意旨，即"在表达方面，也吸收和借鉴英文诗歌的词语和意向，使得译诗的感觉具有一些英文的和现代的味道。"[11] 序4与此同时，汪榕培选用"appease"的示例也表明，译者善于在融通诗篇主题基础上，适意地运用诗篇融通后表意精简的方式操作"主题革新"实务同样行之有效。全面复核"集唐诗"原句检索与译句推敲之余，汪榕培运用"appease"的创意手法使该词具有了为全诗主题画龙点睛的诗眼属性。相形之下，白之的诗行内以及诗行间存在着言意语焉不详，甚至语篇脱节的现象，前者如"impure vapors"的搭配，后者如第2行、第3行跨行间诗意的贯通都未必取得

了主题"达意"的效果，不同程度上局限甚至模糊了诗篇主题的呈现。

"在一个诗节之内，押韵的词比其他词更为突出。因此，如果诗人能把他要表达的意义集中在押韵的词上，则意义的光辉能传播得更远。"[15]一韵到底的"集唐诗"中，汪榕培调配名词押韵的译句占绝对突出的地位，它们传达诗篇意义的角色化功能尤其突出，典型译例如《牡丹亭》第二十七出《魂游》中"集唐诗"第四句"半垂檀袖学通参"的译句"A worldly nun recites a Taoist line"[7] 328、《牡丹亭》第四十四出"急难"中"集唐诗"第四句"两地各伤无限神"的译句"Both man and wife are filled with woe"[7] 559以及《牡丹亭》第五十四出《闻喜》"集唐诗"第四句"淡扫蛾眉朝至尊"的译句"I'll see His Majesty in all his might"[7] 724。这3例中，汪榕培选用韵词的共性在于从原句动词性搭配转换生成的名词性措辞都蕴含着"主题革新"的内涵，它们一一地契合着各"集唐诗"在《牡丹亭》不同情节中的剧情。"对于这种词汇变化在翻译应用中的把握，不是一般地把握概念，或者是一些特殊技巧就能够达到的一种认识和翻译操作技能。而且在把握不同词汇在语境中细微的变化，并将这种语用的变化准确地反映在译文语境之中，是很多译者做不到或者难以达到的一种状态。但是，在汪先生的译文中，我们却发现已经是一种常态。"[16]这样的常态在汪榕培精选译词以合于主题题旨与适于典故含义的"集唐诗"英译实务中有目共睹，这些事实充分证明：译者译之得法，译之有道。

汪榕培英译《牡丹亭》"集唐诗"韵词协同，形意相衬，这在一定程度上反映了译者对汤显祖"集唐诗"流露出一种近乎"宗教般虔诚的崇敬之情"[6]。汪榕培作为非本族语使用者，"对于译语遣词造句的能力不禁令人赞叹"[17]，汪榕培的这种能力也通过英译"集唐诗"中"典故淡化"的方式呈现，汪榕培《牡丹亭》第十五出"集唐诗"译例如下：

第十五出 虏谍　　　　　　　Scene Fifteen　*Brooding on an Invasion*
线大长江扇大天，　　　　　　　Narrow is the river, small the sky;
旌旗遥拂雁行偏。　　　　　How our military flags float high!
可胜饮尽江南酒？　　　　Can we drink up all the southern wine.
交割山川直到燕。　　　When all the southern land is mine? [7] 851

"集唐诗"词汇方面的译介表达相对韵式的面貌显得复杂一些,汪榕培"集唐诗"英译措辞呈现出面向普通英语读者、灵活定位的措辞特点,总体上兼顾到了中文本身意在言外与中英文语序与文法结构转换等关键问题。上例"集唐诗"英译中,汪榕培一韵到底韵式中押韵的译词一律附和了原诗每一行的原字,包括"天、偏、酒"三个字,最后一行押韵的词却另辟蹊径地译为"mine",反映了译者吃透原诗句意蕴后运用"典故淡化"增益"主题革新"的翻译方式实现其化繁为简地再现原"集唐诗"诗意与剧情的翻译目标。

"淡化或透明化处理"[18]的典故英译方法是汪榕培从简英译的思维所致。汪榕培认为,文化概念是翻译的难点,而他化解古诗中文化类词语英译难题的方式之一即去形象存意蕴的译法,如同上例"直到燕"的韵译词"mine",《牡丹亭》第三十出《欢挠》定场诗"集唐诗"中的"月夫人"也为译者直接转换为"YOU"[7] 164来表达,助力目标读者零距离地应邀到诗中"对白"的交互话轮;而《牡丹亭》第三出《训女》下场诗"集唐诗"第四句的"卫夫人"、第五十二出《索元》下场诗"集唐诗"第四句的"汴梁"则分别解释性地译为"a genuine sage"[7] 376 "the capital town"[7] 19,使目标英语读者规避了潜在的阅读障碍,"集唐诗""输出"的效果也得到特定的保障。此四例译词表明,汪榕培将《牡丹亭》"集唐诗"中直陈式文化色彩词间接地转译的做法有的放矢,"虚实程度……把握准确,便于英语读者理解"[3]与保留原诗词汇字、形、意的白之译词"the Lady of Wei"[9] 11 "the lady of the moonlight"[9] 171 "old Kaifeng"[9] 302、张光前译词"Madame Wei"[1] 15 "Luna"[1] 242 "Bianliang"[1] 422相比,汪译"汴梁"的现代化通俗英译意味着地域文化负载词专名转型为跨文化交际的统称,结果诗句之间的语义呼应一览无余,全诗题旨更加呼之欲出。需要强调的是,上述具有"典故淡化"英译特点的押韵词的个体表意功能突出,但如果脱离其所在诗行语境的达意内容,它们也难以自圆其说,这也就是说"典故淡化"译法无疑是汪榕培合于诗句语意、融于诗篇题中之意、切合现实交际翻译用心的产物。

汪榕培"典故淡化"是为了规避译诗中沟通不畅的现象,为此汪榕培也深度调动"用英语进行再创作,以体现原著文字的优美"[10] 361的英译方式,以此融洽"集唐诗"中典故等文化负载词的语篇功能。在第三出《训女》下场诗

"集唐诗"中,第一句"西宾"与第四句"卫夫人"两个表达的英译方式有所不同,前者移位的间接性淡化形式与后者直接性的淡化方式先后与全诗其他押韵词韵、意相契,且四个押韵词"house/spouse/old age/a genuine sage"[7] 682的名词化译法整齐划一,它们彼此在音韵与文字两层面互文的优雅属性自然贴切,整体地显示了汪榕培"典故淡化"的当下英译意向性与英语名词化创意的现代性。

如果说《牡丹亭》"是理解中国古典戏剧传统的一个重要的切入点"[10] 407,那么"集唐诗"就可以说是理解《牡丹亭》的一个有机的渠道。汪榕培英译《牡丹亭》的总纲旨在复归、重塑经典,融通、建构交际视域,因此,汪榕培英译《牡丹亭》"集唐诗"方面的建树与该译本一道,创造了当下解读《牡丹亭》的一个"韵和情高""形合意动"[11] 210的新视域。

三、汪榕培"新格律派""集唐诗"实务输出

汪榕培英译中国文学典籍的实践活动历久弥新,他也成为自觉承担"铸就中国译学话语体系"[19]重任的本土"译出"专家。"任何一个文化大国,在建设具有民族特色的翻译理论体系时,均以本土翻译现象和本国翻译经验,作为最基本的例证材料,这是产生原创性译学原理的最珍贵资源。中国的文化材料和文学现象是典籍翻译理论建设的依托。"[20]汪榕培英译《牡丹亭》"集唐诗"实务是其《牡丹亭》英译本的译介特区。

中国古典诗歌翻译领域中,诗体译诗与散体译诗的两种实践方式各行其是,各有千秋。中国古典诗歌翻译历程中,"以韵体翻译的格律派"实践时隐时现,在译界也受到广泛关注,甚至不同阶段上趋同的翻译说法,如"诗体译诗"[21]与"韵体翻译"[22]却蕴含着截然不同的翻译判断,如"流弊重生"[21]与"'格律派'的译法也提到了'三美'的高度。"[23]时至当下,"格律派"翻译实践仍屡有建树,如汪榕培四言、五言、七言等典籍诗歌英译实务十年磨一剑,适时地为王宏印教授定义为"新格律派",即"汪先生始终是古诗英译的新格律派的践行者"[11] 2,这一定位专名进一步明确了汪榕培"格律体"译诗宗旨与实务推陈出新的实质。

"海德格尔说:'每个伟大的诗人都只出于一首独一的诗来作诗',这就暗示了每一个人都有以自己的诗歌观念,即对于诗的本质和价值的认识——来评价一切诗作的可能性。"[24] 翻译亦然。英译了逾千首中国古典诗歌的汪榕培历来都只立足于"格律派"这一独一的诗体来译诗,《牡丹亭》"集唐诗"也不例外,甚至汪榕培"集唐诗"英译的"翻译度"[23]不同凡响。一方面,"新格律派"内部的"双行体式"与"形式统一"的韵式章法优化了"集唐诗"语篇形合层面的衔接,渲染了"集唐诗"乃至《牡丹亭》难以名状的情境;另一方面,"新格律派"视域内"主题革新"与"典故淡化"的措辞模式强化了"集唐诗"语篇逻辑层面的连贯,彰显了"集唐诗"乃至《牡丹亭》跌宕起伏的意境。译者在这两方面的英译操作及其具体实务表明,汪榕培"努力在本土作家的理解方面注入一些全球化的印迹"[10]407的英译意念顺势进入译入语形式到内容的再现层面,并在"新格律派"始于韵、意融通、止于文质统一的原创性主张与实务中不断地付诸现实,也顺应了"译出"简明英译的去向与交际释义的宗旨,自然地影响到《牡丹亭》输出到英语视界的传播力度和进程。

英译《牡丹亭》的过程中,汪榕培一再地感慨道,"世间只有情难述"。的确,文学情感在跨语际间转述移情有得有失。"我们或可以大胆断言,汉诗英译最大的困难其实并非诗歌的形式,而是语言背后的真性情和深感情。对后者的强调或许可以解释诗歌翻译得失之辩证。"[25]《牡丹亭》"集唐诗"分布在全剧不同的空间,大部分为下场诗,对每一幕的剧情起到承上启下的作用。《牡丹亭》第五十五出《圆寂》下场诗全诗8句寄寓着汤显祖尽情渲染"人鬼情未了"情结的创作深情,前4句诗句系女主人公杜丽娘的独白内容,汤显祖"有一个明确的思想准则或情感基调"[26]并将其倾注在后两句诗句"魂"与"亭"字眼中。首先,"更恨香魂不相遇"中"魂"字阴阳两隔,既暗合着此剧"传奇"剧情的离奇性,也契合此剧原名《〈牡丹亭〉还魂记》剧目的聚焦点。为了烘托出汤显祖此例"集唐诗"中以女主人公的深感情牵发全剧高潮的真性情,汪榕培紧扣"更恨香魂不相遇,春肠遥断牡丹亭。"中"恨"与"断"的情感线索,巧妙地将"soul"与"mate"分别安置在"yearning"起句的译句搭配中。汪榕培这一译句具有沟通字词达意到比喻达意的优势,令人感喟于两词汇总没有联结为soulmate译词的两隔困境,失神于"mate"译词所点明的

"圆寂"情节中的浪漫的"至"情氛围中。其次,"亭"字使全剧结束于情景交融中。显然,作者独具匠心地运笔于《全唐诗》的异文,即"春肠遥断牡丹亭"原作"春肠遥断牡丹庭"[3]。如此诗法恰恰是汤显祖不落俗套,自主地将古时私我性居处的"庭"外延为古代男女社交性区域的"亭",一字之差便使得全剧终场于特定的公共区域,而男女主人公的私情也演变为某种官方事件。鉴于此,汪榕培跳脱原诗句法,调动译入语主谓宾结构"The Peony Pavilion sees her woeful trait"[7] 760 "是灵活的"[27],与《牡丹亭》最后一出中人物的命运归宿、情节的叙事尾声遥相呼应,特别是句末译词"woeful trait"同样传达了萦绕全剧的婉约情愫,"更好地吻合全剧风格,达到了诗与意会,言随意转的艺术效果。"[4] 可谓音、字、意协同统一地点化《牡丹亭》物我守望境界的诗性译笔。比读白之的这一首译诗中相关的两处译句"Ah sorrow, when our fragrant souls yearned but failed to meet/and springtime heart was tortured by peony pavilion."[9] 339,汪榕培确信他的现代革新性与传统淡化性的《牡丹亭》译文"比白之靠谱,至少是'有所云'的。"[28] 汪榕培也明确地指出,本土《牡丹亭》第一个全译英译本译者张光前所译,如"when sweet souls find no mate; At the Peony Pavilion spring woes end."[1] "比伯奇(Birch另一通用音译名)的译文更准确、更精练。"[6],这恰恰是母语译者英译质地异于国外译者的共通之处。与此同时,从张光前与汪榕培共同选择的归化性表达的英译词 soul/mate/woe 来看,它们可谓是"成则'诗眼'"[译自原文"And the ONE word may become the key to success of the whole poem ('shiyan')."[10] 333] 性质的译词,它们在目标语中显示出音、貌交融即时触发情感交际的优势,如"woe这一例词中的双元音音素令人的情绪跌入到诸如sorrow, throes等缠绵不休的音频中"(译自原文"The choice of 'woe'... The sound 'o' gives the sound symbolism of woe, sorrow, throe, you may feel low, you may moan, groan, rove, roam..."[10] 331)。正是出于深入解读翻译对象的真性情、赋能翻译对象异语移情的深感情,中国文学典籍国内译者的英译实务在情感互动方面亦"有所云",总会适时地输出到期待阅读"靠谱的"中国古典文学译本的、有共情愿望的英语读者的视域,世间尚有情相通。那时,汪榕培等中国译者所译当然就得大于失。

《牡丹亭》主题新颖、形式多样，是汤显祖古典戏曲创作的集大成者，其中的"集唐诗"内容丰富，穿插有序，其"写意性"[29]在戏剧传情达旨层面自成一体，影响着汤显祖戏剧经典传播的广泛性与接受度。作为《牡丹亭》的专业读者，为了进一步融通《牡丹亭》多维时空的"情"缘，积极发挥译者"创造性"作用，在"穿上了紧身衣（要把集唐诗跟剧情结合起来）和戴上了紧箍咒（韵译）"[13]的三年半的时间内，汤显祖《牡丹亭》剧本所有内容无一遗漏地在汪榕培砥砺英译本中一一就绪。汪榕培的《牡丹亭》诗体译本开宗明义，以其新颖而独特的"足译"方式开创了汪榕培全面译汤的典籍英译新局面。经年后，汪榕培英译《汤显祖戏剧全集》（中英文版）于2014年推出。2017年，汪榕培《汤显祖戏剧全集》（英文版）授权给英国布鲁姆斯伯里出版集团（Bloomsbury），彼时，汪榕培输出"中国的莎士比亚"精品的翻译实务与英语读者"不隔"的期待视域一蹴而就，而汪榕培致敬汤显祖与莎翁相提并论学术活动百年之举、献礼汤显祖、莎士比亚逝世400周年（2016年）的翻译初心也心想事成。

参考文献

[1]　张光前.牡丹亭[M].北京:外文出版社,2001.

[2]　赵艳喜.试论明清传奇中的下场集唐诗[J].艺术百家,2006(5):21-24.

[3]　汪榕培.《牡丹亭》的"集唐诗"及其英译:《牡丹亭》译后感之二[J].外语与外语教学,1999(11):36-40.

[4]　黄斌.略论《牡丹亭》中的集唐诗[J].哈尔滨学院学报,2006,27(1):99-102.

[5]　杨宪益.杨宪益自传[M].薛洪时,译.北京:人民日报出版社,2010:349.

[6]　汪榕培.《牡丹亭》的英译及传播[J].外国语,1999,(6):48-52.

[7]　汪榕培.The Peony Pavilion《牡丹亭》[M].上海:上海外语教育出版社,2000.

[8]　戴维·斯科特·卡斯顿.理论之后的莎士比亚[M].陈星,译.杭州:浙江大学出版社,2022:53.

[9]　BIRCH C.The Peony Pavilion[M].2nd ed.Bloomington: Indiana University Press,2002.

[10]　汪榕培.汪榕培学术研究文集[M].上海:上海外语教育出版社,2017.

[11] 蔡华.译逝水而任幽兰:汪榕培诗歌翻译纵横谈[M].北京:北京师范大学出版社,2010.

[12] 申小龙.汉语与中国文化[M].上海:复旦大学出版社,2003:354.

[13] 汪榕培.我和中国典籍英译[J].当代外语研究,2012(5):1-4.

[14] 董杰.汉语古诗的内在韵律与英译标准[J].上海大学学报(社会科学版),2006(2):146-151.

[15] 吴翔林.英诗格律及自由诗[M].北京:商务印书馆,1993:103.

[16] 门顺德."传神达意"翻译理论研究[M].上海:上海外语教育出版社,2012:74.

[17] 陈建生,刘刚.基于语料库的译者风格研究:以《牡丹亭》的两个英译本为例[J].天津外国语大学学报,2013,20(6):45-51.

[18] 蒋骁华.译者的选择性适应与适应性选择:评《牡丹亭》的三个英译本[J].上海翻译,2009(4):11-15.

[19] 方梦之.建设中国译学话语:认知与方法[J].上海翻译,2019(4):3-7.

[20] 张柏然,许钧.典籍翻译:立足本土融合中西[N].中国社会科学报,2017-05-26.

[21] 吕叔湘.中诗英译比录[M].北京:中华书局,2002:序10.

[22] 林煌天.中国翻译词典[M].武汉:湖北教育出版社,1997:603.

[23] 许渊冲.诗词英译漫谈[J].中国翻译,1988(3):40-41.

[24] 王宏印.文学翻译批评论稿[M].上海:上海外语教育出版社,2005:32.

[25] 耿强.副文本视角下16至19世纪古典汉诗英译翻译话语研究[J].外国语,2018,41(5):104-112.

[26] 包晓鹏.《牡丹亭》下场诗初探[J].文学史话,2010(5):86-91.

[27] 孙法理.评汪译《牡丹亭》[J].外语与外语教学,2001(12):44-46.

[28] 汪榕培.中国典籍英译的几点认识[J].燕山大学学报(哲学社会科学版),2013,14(3):7-8.

[29] 汪榕培.大中华文库·邯郸记[M].北京:外语教学与研究出版社,2003:前言32.

[文献索引:蔡华.汪榕培《牡丹亭》"集唐诗"英译实务解读[J].南京工程学院学报(社会科学版),2022,22(4):7-12.]

新格律派视角下的汪榕培《诗经》英译探析

古今中外英译实务表明，以诗译诗的中国古诗翻译方法由来已久，这也是汪榕培英译中国典籍诗歌的方法。从汪榕培英译的中国古典诗歌译作悉数入选《大中华文库》的译介实况来看，汪榕培诗体译法已经成为国家翻译对外传播的输出实践方式之一，而且他的译诗行为也为王宏印界定为"新格律派"创新型译者行为。基于汪榕培英译中国古典诗歌的实践论与翻译观，以及他在结合原诗诗艺的核心要素即诗的语境与诗的情境方面下的功夫，王宏印指出了汪榕培"新格律派"风格的四种相关参数，其中具有内容属性的"典故淡化""主题革新"并非"格律派"翻译方法中典型的研究对象，但却是汪榕培"以诗译诗"翻译诗学的构意依据与"达意"方式。

中国古典诗歌英译实践成果丰富，虽然众多译者的翻译方法不一，"格律体"英译实务只是其中的一种方法。中国古典诗歌"格律派"英译方式已经存在数百年之久，在国外产生影响的时间也接近百年，如蔡廷干20世纪30年代就已经在美国发行了这一译介类型的译本。当下，"格律体"仍与自由体、散体等翻译方法各领风骚，活跃在国内外译介领域，吕叔湘研究所得亦然："《比录》旧本中的译者大致可以分为三派：第一派是'以诗体翻译'的……可以说是'格律派'。"[2] 在国内，古典诗歌"格律派"英译的当代代表是许渊冲、吴钧陶等，他们践行以诗译诗的实践与理论共同呈现出韵律与措辞的审美特质，而许渊冲的英译主张自成体系。许渊冲诗体译诗章程的主要核心思维为"美化之"理论，其译介核心始终以"美感"为英译的最优效果。在尊重与呈现原诗文学"诗"性元素方面与"格律体"译法一脉的前提下，汪榕培"新格律派"

历久弥新。与"格律体"译者首先切中原诗本体文学审美层面的操作相比，汪榕培创新视角的"新"意在于译者迫近的是译诗的交际功能，总体反映在译者借助"革新主题"为诗篇正名的"求是"理念总纲中；具体落实在"典故淡化"为诗意化境的"务实"操作过程中，这样的英译行为促成了汪榕培《诗经》译作意简言赅的翻译面貌，这是让读者读懂的翻译交际目的使然，是为得之。

一、诗话维的"主题革新"

作为文学的桂冠，诗歌总是诗话的经典对象，而《诗经》的诗话核心总关乎诗经的题旨。作为"诗经学"的重要文献，"诗小序"对《诗经》各诗篇主题的聚焦与阐释由来已久。作为《诗经》的复译者，汪榕培潜心研究《诗经》之际，亦"'兴'感发志气"[3] 72，因而其《诗经》复译"标志着我国新一代译者的成熟"[2]。汪榕培的成熟首先体现在一个现代译者在阐释上的担当，这一点优先体现在译者对《诗经》"经学"与"诗学"两大经典议题的权衡上，最直观的表态即译者附在每一首译诗后的"题解"。作为汪榕培英译《诗经》英译本中唯一的一项译介副文本，其翻译价值就在于所有"题解"逐一地呈现着《诗经》古代歌谣的面貌，反映着译者在操作翻译实务过程中取向《诗经》原典母题的文学译介属性。

《诗经·国风·周南》是《诗经》第一种类型《国风》的第一部分内容，以《关雎》为首的11篇诗作率先成为走近《诗经》民俗风貌的路径。表1是对这部分各诗篇"题解"的汇总，以"主题革新"的姿态一一展现。

表1 汪榕培《诗经·国风·周南》11首诗篇双语"题解"

序号	诗名	题解	页码
1	《关雎》 The Cooing	这是一首情诗，用水鸟之间的相互唱和，比喻男子对情女的爱慕之情。	4
		This is a love lyric. The cooing of the water fowl is compared to the love between a lad and a pretty lass. [4] 4-5	5

表1（续）

序号	诗名	题解	页码
2	《葛覃》 The Ramee	这首诗写一女仆收割葛藤，收工后准备告假回家，看望母亲。她在行前又洗又涮，心情非常愉快。 This poem describes in the first person a maid servant working at ramee vines and expecting a leave to see her parents. [4] 8-9	8 9
3	《卷耳》 The Cocklebur	这首诗写一采摘卷耳的女子魂牵梦绕，思念远征的丈夫。想象他途中种种困顿情况，以寄离思。第二段起为妇人代行人自称。 The lady in the poem is thinking of her husband who is far away. From the second stanza on, her husband is supposed to be speaking of his hardship on the journey. [4] 12-13	12 13
4	《樛木》 A Bending Tree	这是一首祝福诗，反复咏唱以祝愿亲人幸福快乐。 This is a poem of well-wishing. The gentleman is blessed with wealth and fortune. [4] 16-17	16 17
5	《螽斯》 The Locust	这首诗通过描写蝗虫信宿群飞、辛辛众多来比喻子孙绵延繁衍，人丁兴旺。 The proliferation of the locusts is mentioned in the poem as an image of the everlasting heirs of the prosperous family. [4] 20-21	20 21
6	《桃夭》 The Beautiful Peach	该诗以桃树起兴，用桃树的花繁叶茂来比喻新娘的美貌，并祝福她婚姻美满。 In this poem, the beautiful peach is compared to the pretty bride and her happy marriage. [4] 24-25	24 25
7	《兔罝》 The Hunting Net	该诗赞美武士昂昂勇猛之气概，写他们深得公侯的信任。 The poem is in praise of the tiger hunter for his bravery and fitness and his loyalty to his lord. [4] 28-29	28 29
8	《芣苢》 The Plantain Seeds	这是一首劳动妇女采摘车前子时所唱的歌。她们边采边唱，衣裹袋装，满载而归，欢乐之情溢于言表。 It is a working song of a group of women who are busy collecting plantain seeds. They sing merry tunes while they work. [4] 32-33	32 33
9	《汉广》 The Wide Han	这是一首男子追求汉水游女而失望的恋歌。写男子遥望江汉，欲渡无方感叹佳人难求。 This love lyric is about a young man deeply in love with a fair maid by the Han River. She is near at hand but hard to get. [4] 38-39	38 39
10	《汝坟》 The Ford	这首是反映当时统治阶级对劳动人民的残害，以及人们对救世主的盼望。 In their misery, the working people are eager to have a saviour. [4] 42-43	42 43
11	《麟之趾》 The Kylin	这首是赞美公侯子孙繁衍，且以麟趾美喻子孙的贤能、诚实、仁厚与温和。 The kylin, a legendary animal of high nobility, provides a metaphor for the men of high standing. [4] 44-45	44 45

127

"整体把握原文作者想要表达的确切意义更为重要。"[5] 表中11篇《国风》"题解"中,汪榕培不断地切合各诗主题情境,体现了译者回到各诗的"诗心"[3]99本义,追求"以意逆志"的古典思维。虽然"今日的'我'作今日的批评自然是不可避免的欣赏过程。"[6]汪榕培英译《诗经》中各篇"题解"仍体现着规范得体的学术研究思维,即译者提纲挈领地"吸收一些新的研究成果,从而在理解与处理上向现代诗歌意义的理解过渡。"[1]序1 最明确的译介吸收体现为上述"题解"宣示的三类诗歌题旨,《桃夭》代表的欢情,《葛覃》表达的亲情,《麟之趾》呈现的民情题材不一,和而不同。最明显的过渡则体现在《汉广》与《汝坟》两种"题解"中,前者失落中的孤独与后者困境中的寄托都是诗歌现代性的典型意义所在。作为本土《诗经》复译者,汪榕培有感而发:"西方出版的《诗经》译本对于使西方读者了解中国诗歌的悠久传统起了积极的作用,但是由于这些译本出版年代较远,未能体现《诗经》研究的最新成果,加上译者对于中国文化理解的局限、当时诗风的影响,未能完整地体现诗篇的真正内涵。"[7]

《诗经》诗篇素来有首行语汇首选为题的诗话惯习。《诗经》首篇《关雎》相当于观察"诗三百"的一个切入点,"通过观诗,可以观礼,可以观政,可以观志,也可以观美。"[8]25汪榕培英译实务中,译者观赏到的《关雎》展示的是远古时代情爱的语境。基于此,从开篇中译者选择使用的日常性译词"lass""lad"到该诗最后两行译者推敲的韵词"gain""entertain"韵同的译介现象,逐一地与理雅各经学属性的译词"lady""prince"以及相应的具象直译语"bells and drums"迥然不同。显而易见,汪榕培《关雎》译诗选用词汇的意蕴具有英国语言学家利奇(Geoffrey Leech)提出的词意七类最后一类主题意义(thematic meaning)词汇的显在特质,其主题意义决定着译词所在诗行的意蕴,并与译者"题解"所涵指的"情诗"主题彼此呼应,表达层次上的连贯与统一清晰流畅。因此,汪榕培"题解"取《诗经》自身文脉作为翻译之本的翻译选择与行为为王宏印界定为"新格律派"首要的属性,即"主题革新"。无疑,在汪榕培各篇《诗经》"题解"定论与各译诗识解的连续统译介操作下,译者《诗经》英译彰显着当下"求是"的诗话观与可译性。

在其《大中华文库·诗经》前言中比读《诗经·颂》的"头诗"《周颂·

清庙》英译文的阐释中,汪榕培再一次指明了诗话"诗学"与诗教"经学"不同取向形成的翻译差异,它们覆盖了王宏印"新格律派"视角指涉的、从理解到表达的翻译全程,特此引为鉴:

> 以"清庙"一诗为例,"于穆清庙,肃雍显相,济济多士,秉文之德。"理雅各的散体译文是:
> Oh! Solemn is the ancestral temple in its pure stillness.
> Reverent and harmonious were the distinguished assistants;
> Great was the number of the officers,
> All assiduous followers of the virtue of king Wan.
> 我们的译文……:
> Ah! Solemn stands the sacred temple,
> Where many reverent knights assemble.
> A crowd of ministers gather round,
> For Lord Wen's virtues are profound.
> 我们的译文……照传神达意的原则进行翻译,通过英诗的形式对《诗经》进行再创作。在过去几年中,我们感到许多其他的解读也有合理之处,不过第一印象也许是最有道理的。[7]

汪榕培英译《诗经》复译本中,《关雎》揭示的"不学诗,无以言"的文思作用于译者的复译意识,决定着汪榕培英译其他"头诗"以及其他诗篇当下的译介生态。汪榕培英译《清庙》的译笔,从诗题 The Sacred Temple 及至全诗译文诗行,亦创造性地运用"形与意的结合"[9]方式突破了相应的翻译困境,这表明译者典籍诗歌英译的文学观从根本上决定了其翻译观及其翻译操作方法。

《诗经》复译层出不穷,不同译者所持有的不同诗学观念影响着他们翻译《诗经》的面貌。作为推陈出新的复译者,汪榕培所践行的栖息于"诗"的诗话路线不同于理雅各"创下新标准十五种"[10]的学者型译介形态。"译诗重要的是表达意境,不是传达每一个细节,逐字逐句地翻译诗歌绝对不会产生好的译本。我的译本不是'学术翻译',而是文学翻译。"[11]归根结底,汪榕培承继的是"五四"以降学界"观"、"看《诗经》纯粹的文学性、文学美"[12]的诗性抒怀情境。汪榕培的译"'观'不是寻常的查看,而是盛大的非同一般的"[8]24一种文学"译出"思维。在此视域下,《诗经》诗题主旨的意会理念与框架、《诗经》诗意表达的转换观念与方式两个层面的英译革新现象颇为突出,呈现了汪榕培凸显诗篇诗话的译介策略。正是汪榕培同步地将《诗经》各篇的主题意义附注在各译诗后,译者求是式的交际性操作为潜在英语读者提供了一种即时完成既定阅读的氛围感。

二、诗化维的"典故淡化"

汪榕培的翻译追求不仅仅见诸译者"题解"中概括性的表述,更付诸译者具体译诗的翻译操作细节中。《诗经》之"诗"的命名,一词以蔽之,全面呈现了诗集本身的文学文本类型及其美学。"许多人在谈文化时,更多关注的是'文',而忽略了'化',即'转化和突破'的过程。"[13]就《诗经》的"诗"字而言,它代表的"诗"体在诗集相关诗行中等同于"歌"与"诵"两种涵指,它们代表着《诗经》本初的缘情言志的面貌,它们本身也就是《诗经》传统的诗化模式。与理雅各学者气象的多重译词 poem/verse/ode/She 相比,汪榕培整齐地将《诗经》诗行中的"诗"英译为"song"之余,将《诗经》诗集的名字译为 The Book of Poetry,汪榕培总、分两方面的译词都"使得译诗的感觉具有一些英文的和现代的味道"[1]序3,这种同义词英译协同的简明气质不失为现代英诗诗意的题中之意,具体比读如表 2 所列。

表2 汪榕培、理雅各《诗经》诗篇3种译词汇总

《诗经》原文	汪榕培	理雅各
寺人孟子, 作为此诗。 凡百君子, 敬而听之。 (《巷伯》)	I, a eunuch, Mengzi by name, Have written this sad song of blame. Respected gentlemen, please stay, And listen to what I have to say. [14]415	I, the eunuch Măng-tsze, Have made this poem. All ye officers, Reverently hearken to it. [15]349

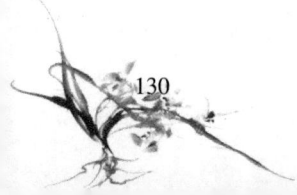

表2（续）

诗经原文	汪榕培	理雅各
君子之马， 既闲且驰。 矢诗不多， 维以遂歌。 （《卷阿》）	The king provides the stalwart steeds, Well-trained and running at great speeds. So many songs we gladly sing, In praise of our respected king. [14] 579	Your horses, O sovereign, Are well trained and fleet. I have made my few verses, In prolongation of your song. [15] 495
吉甫作诵， 其诗孔硕。 其风肆好， 以赠申伯。 （《崧高》）	Jifu composes this sweet song, Which tells the truth all along. This good song will be sung by men, For my reverent Earl Shen. [14] 629	[I], Keih-foo, made this song. An ode of great excellence, Of influence good, To present to the chief of Shin. [15] 540

中国古典文学的美感与其"诗化"的特质不可或分，《诗经》的诗化品质在其字词层面表现不俗，这一点在《诗经》典故方面的表现十分独特。"典故"，顾名思义，普遍指有渊源、有说法、通用的习惯性表达。《现代汉语词典》（第7版）的定义为："诗文等所引用的古书中的故事或词句。"[16] "典故"在《辞海》中的释义也大同小异。《诗经》是中国古典文学的重要源头，其中的经典性诗句已经成为《诗经》文学性的一种典型的古典表达方式。翻译时，内容主旨与形式属性在译诗语境中的传达并非轻而易举。"中国诗词英译除了难在格律之再现，此外还难在含有文化差异的典故、意象、中文字的联想力、双关语等修辞格之再现。"[17] 对此，汪榕培主张"对古典典籍的某些内容即古代词语的理解不能固守陈见，翻译时必须采取能动、积极、进取和开放的文本处理手法和文本观，翻译就是选择，允许有不同的理解。"[18] 在选择英译《诗经》之际，汪榕培选择以淡化《诗经》典故性质的经典诗句的方法来达成《诗经》跨文化交际的普及性效果。

《诗经》中很多诗行虽不涉及出处、来历，但它们本身亦成为自《诗经》始约定俗成的汉语特色表达，它们的文学价值在于以成语式文学"典故"的传世性。《诗经》"十五国风"总160首诗篇中，延续到当下仍然活跃如初的成语式表达百余例，总体上具有内涵丰富、蕴意凝练的特点。基于《诗经·国风》在《诗经》中的地位与民俗文化特色，汪榕培对《国风》中成语英译采取了"典故淡化"的化境方式，其属性与译入语词典中"典故"的释义吻合"an indirect reference; casual mention"（见 *Webster's New World Dictionary*），其结果有效地融通了中英文化视域差异，选列如下：

①窈窕淑女，君子好逑（《周南·关雎》）A lad would like to woo/A lass with nice and pretty look.

②有女怀春（《召南·野有死麕》）A lass her heart now yield*s*.

③如有隐忧（《邶风·柏舟》）My heart full of *plight*.

④畜我不卒（《邶风·日月》）**Why don't you help me here!**

⑤中心是悼（《邶风·终风》）How can my heart be *still*!

⑥德音莫违（《邶风·谷风》）Your sweet words fill*ed* my ears.

⑦忧心殷殷（《邶风·北门》）My *grief* returns anew.（对比：With my heart full of sorrow.）

⑧星言夙驾（《鄘风·定之方中》）**By starlight he plans to start.**

⑨载驰载驱（《鄘风·载驰》）I gallop homeward all the way.

⑩永矢弗谖（《卫风·考槃》）Always kee*p*ing joy in his mind.

⑪夙兴夜寐（《卫风·氓》）I start to work at dawn/Until night I lie down.

⑫信誓旦旦（《卫风·氓》）I still recall his vow.（对比：Clearly were we sworn to good faith.）

⑬中心摇摇（《王风·黍离》）My heart is filled with *doubts*.（对比：In my heart all-agitated.）

⑭有如皦日（《王风·大车》）**The bright sun will prove what it's heard.**

⑮风雨凄凄（《郑风·风雨》）The storm is bringing chill.（对比：Cold are the wind and the rain.）

⑯颠倒衣裳（《齐风·东方未明》）He hustles into coat and skirt.

⑰岁聿其莫（《唐风·蟋蟀》）Severe winter will soon befall.

⑱日月其除（《唐风·蟋蟀》）Our golden days will pass anyhow.

⑲春日载阳（《豳风·七月》）When the weather turns warm in spring

⑳万寿无疆（《豳风·七月》）Wishin*g* a long life to our lord.

"典故的出现，是古典诗词对外翻译的一个难点，但在格律派的理论和实践中,由于古典诗词典故的累赘、晦涩或不可译的性质等考虑,一般采用淡化或浅化的翻译策略,将典故隐去,将句子意译,这样,原始文化的意义就有淡化或消解的趋势了。"[1]序4《诗经》既定诗句表达的基本特点在于结构简约,形象突出,表意凝练,赏心悦目。从汪榕培英译实况来看,尽管原典表达整齐的结构(如平行结构)不再,原语修辞类型(如叠词)遁迹,然而原语诗句浑然天成的成语从结构到修辞所具有的灵动与寓意在汪榕培英译形式、内容"明确化、简略化"[19]的意译过程中得以保留,这基本上归因于英语译入语语法多模态表达方式的优先性。上述译例中,⑦、⑫、⑬、⑮四例成语原文具有主谓搭配趋同结构中,谓语同为叠词的共性。与理雅各对应译词在句法中有所烘托的英译格局相比,汪榕培英译措辞中,叠词形式完全隐含于句法语意中。更准确地说,这样淡化原文意合的方式使《诗经》相应的成语入乡随俗,随遇而安。藉此,原典好读易记、搭配巧妙的审美形式特点在英语译入语形合功能的调节下有序地转化,确保了"典故淡化"译介方法的操作与效果。这样的英译效果也是旅美译者任治稷实践的心得:"诗意犹在,诗境犹在,诗思不减。"(译自原文"the meaning conveyed faithfully, cultural milieu kept intact, and the poetic ethos enriched."[20])综上,《诗经》成语言简意赅的核心内容在汪榕培英译译文中平铺直叙,言到意出,其诗化的英译文法特点总体归纳为以下3点。

①句式/句法多样化,典型的英译句式变化包括单句、复句交叉,主从句合句语序置换,并列句拆句法;句法变化包括陈述、疑问、感叹、倒装随译而安;

②时态/语态(下画线)多样化,其中现在时、过去时、将来时不一而论;

③措辞(斜体)多样化,英译同义词随语境而在的语用选词和而不同。

《诗经》英译复译的诗化境界源自译者依托自身文化基因与传统记忆的审美优势,得之于汪译《诗经·国风》成语类"典故"志不在考古,而在"朝向人生与语言境域深处的投入,以此来摆脱任何现成者、可定义者"[21]的境界。为此,汪榕培调动并统筹艺术审美逻辑与文化交际构式互动协同的革新英译方法,旨将中国文字所承载的文化意蕴艺术地传达,以期"西洋人读了,会觉得既有趣,又能得益。"[22]233届时,英语目标语普通读者关注与观察,考量与识解中国文化认知的价值体系与语符系统的意识与能力都会发生变化。归根结底,《诗经》中古老诗句原典意义的呈现模态也取决于目标读者的阅读语境与认知能力。

汪榕培英译了逾千首中国古典诗歌,他始终如一地以普及中国古典诗歌为纲,以读者看懂为怀。当王宏印指出汪榕培《诗经》等中国古典诗歌英译在主题、典故方面具有"平实"[23]的译介表现时,这就相当于说,汪榕培此等"妙译"[24]明显地利于目标语读者"去陌生化"地识解《诗经》的现代化进程。在译界,译者应以其母语为译入语的观念不胫而走,"我却有信心把中国典籍译成英语。"[25]汪榕培的自信展示了本土输出的主动性,这样的主动型与本土译者的译介素养不可或缺,其中源自母语背景下译者解读原典主题的"准确达旨"的优势地位,源自译者将古诗"典故"朴素地转为英语表达的驾驭能力相辅相成。

自《诗经》英译伊始,国内外译者各有所译。比较而言,国内译者倾向于"以诗译诗"的传播方式,这一翻译观念在本土典籍诗歌英译领域广结良缘,不少现当代翻译家深以为然,现代翻译家成仿吾就曾写道,"理想的译诗……第一条件的'是诗',要看译者的天分;第二的情绪,要看他的感受力与表现力;第三的内容,要看他的悟性与表现力;第四的诗形,要看他的手腕。"[26]从汪榕培英译《诗经》实务来看,译者践行的"主题革新""典故淡化"英译路线突出地体现了译者的审美悟性与文学共情的才智。身处王佐良总结的中国翻译家担当与作为的伟大传统中,汪榕培英译《诗经》所成就的"新格律派"切合"译出"简明英译的去向与释义明确的交际宗旨,由此形成的译文主题简约达旨,文化习语译词精练达意的英译特质恰如其分地彰显着译者"'传神达意'译《诗经》"所观照的诗关乎主题切题得体、关乎诗句意蕴得法的"从'洁'"[22] 167复译精神,因"新格律派"的界定而"美得刚好",更为《诗经》目标语读者现有的"外部视角"[27]创造了未来可期的跨文化交际新视界。

参考文献

[1] 蔡华.译逝水而任幽兰:汪榕培诗歌翻译纵横谈[M].北京:北京师范大学出版社,2010.

[2] 许渊冲.诗词英译漫谈[J].中国翻译,1988(3):40-43.

[3] 顾随.顾随讲《诗经》[M].石家庄:河北教育出版社,2012.

[4] 汪榕培,任秀桦.诗经:中英文版[M].沈阳:辽宁教育出版社,1995.

[5] 耿幼壮,贾斯柏.翻译的诗学[M].北京:中国人民大学出版社,2017:6-7.

[6] 高友工.美典:中国文学研究论集[M].北京:生活·读书·新知三联书店,2008:17.

[7] 汪榕培.《诗经》的英译:写在"大中华文库"版《诗经》即将出版之际[J].中国翻译,2007,28(6):33-35.

[8] 傅道彬.诗可以观:礼乐文化与周代诗学精神[M].北京:中华书局,2010:24-25.

[9] 汪榕培.说东道西话《诗经》:从"关雎"谈起[J].现代外语,1994(4):58-61.

[10] 费乐仁.传教士汉学家的中国经典出版的比较:理雅各、顾赛芬、卫礼贤[J].衷鑫恣,译.国际汉学,2013(1):100-119.

[11] 汪榕培.英译陶诗[M].北京:外语教学与研究出版社,1999:自序Ⅴ.

[12] 木心.文学回忆录:上册[M].桂林:广西师范大学出版社,2013:139.

[13] 可凡,姚珺玲.费乐仁谈典籍翻译与中西文化交流[J].国际汉学,2012(1):11-15.

[14] 汪榕培.大中华文库·诗经[M].长沙:湖南人民出版社,2008.

[15] LEGGE J.The Chinese classics with a translation, critical and exegetical notes, prolegomena, and copious indexes[M].Taipei: SMC Publishing Inc.,1871.

[16] 中国社会科学院语言研究所词典编辑室.现代汉语词典[M].北京:商务印书馆,2002:280.

[17] 蒋洪新.赵甄陶英译诗词述评[J].外语与外语教学,2003(12):36-38.

[18] 汪榕培.大中华文库·墨经[M].长沙:湖南人民出版社,2006:33.

[19] 霍跃红.典籍英译译者文体分析与文本的译者识别[D].大连:大连理工大学,2010.

[20] 任治稷,余正.从诗到诗:中国古诗词英译[M].北京:外语教学与研究出版社,2006:1.

［21］ 张祥龙.思想避难:全球化中的中国古代思想哲理[M].北京:北京大学出版社,2007:154.

［22］ 汪榕培.比较与翻译[M].上海:上海外语教育出版社,1997.

［23］ 吕叔湘.中诗英译比录[M].北京:中华书局,2002,序13.

［24］ 王宏印.文学翻译批评概论:从文学批评到翻译教学[M].北京:中国人民大学出版社,2008:117.

［25］ 汪榕培.我和中国典籍英译[J].当代外语研究,2012(5):1-4.

［26］ 罗新璋,陈应年.翻译论集[M].北京:商务印书馆,2009:457.

［27］ 柯马丁,米奥兰,邝彦陶.超越本土主义:早期中国研究的方法与伦理[J].学术月刊,2017,49(12):112-121.

［文章索引：新格律派视角下的汪榕培《诗经》英译探析[J].大连大学学报,2023,44(4):31-37.］

《诗经》英译复译的译者副文本行为
——以汪榕培与理雅各为例

一、引言

《诗经》是中国古典文学的肇始与高度，其英译成果是《诗经》全球化推广与传播的重要载体与渠道。《诗经》英译自初始至复译的历史进程见证着中外译者的杰出成就。19世纪英国汉学家理雅各与20世纪本土典籍翻译家汪榕培的全译本一直是《诗经》英译复译研究中的代表性译作，两者的英译地位和译介价值与两译者译、介行为不无关系。作为辅助翻译的媒介，译介副文本显然是复译批评的一类重要内容。理雅各散体译诗与汪榕培以诗译诗的翻译行为导致各自译文周边的副文本构成与内容不等，这种现象已成为《诗经》译者、研究者关注的范畴，有些研究成果已成为"文化转向"以来《诗经》翻译由静态的语言维度进入到动态的文化维度视域的类型化实证方式。鉴于此，本文以特定《诗经》复译译者行为为视域，考量译者"求真"动机与"务实"目的。

在"他者"文化比鉴、散体译诗策略与学者素养的多重因素作用下，理雅各在全译本 The Chinese Classics: The She King or the Book of Poetry（1871年）、节译本 The Shih King and the Hisâo King, Sacred Books of the East（1879年）两个版本的《诗经》英译复译本副文本所至之处，一直是《诗经》翻译领域鲜有人至的。鉴于学界对理雅各英译中国译介方式的学术考察结果，国外专家吉拉德（Norman J. Girardot）[著有《朝觐东方——理雅各评传》（The Victorian Translation of China, 2002）]与费乐仁（L.Pfister）[著有《争求"人当尽的本分"——理雅各及苏格兰新教与中国之相遇》(*Striving for "the Whole Duty Of Man": James Legge and The Scottish Protestant Encounter with China, 2003*)]先后在各自著作中认定理雅各是汉学特色的学者型译者。与理雅各《诗经》两译本副文本的宏观现象相比,汪榕培的《〈诗经〉(中英文版)》(1995年)初译本和《大中华文库·诗经(全2卷)》(2008)版译本在译介策略与方式不同的基础上,其"译文比理雅各简朴"[1],"简朴"的确也是汪榕培两版译文的"伴随文本"副文本的具体面貌,显然,一方面这由译者取向"理想的译诗"[2]的翻译宗旨"达到了相似的格律诗的程度"[2];另一方面,这也是译者不将其译介意图贸然地指派给潜在读者的翻译考虑所及。

学术翻译与文学翻译是译界认定的两种译介类型,它们与译介副文本的关联因译而异。理雅各《中国经典》译作成书频繁地"通过副文本……较有系统地开展"[3]。副文本(paratext)是法国文艺理论家热奈特(Gérard Genette)的学术概念,具体指译文正文周边的译介附属项目及其内容,它成为21世纪翻译批评的一种视角与工具。鉴于18世纪欧洲"诗经学"的核心是针对《诗经》进行文化解读,且在19世纪中叶时《诗经》仍然是"不可争辩的文献",置身欧洲汉学传统的理雅各的上述两版《诗经》英译本(尤其是1871年全译初版本)中,关注《诗经》文化与研究文献的副文本译介成分复杂而有序,此即理雅各被赋予学者型译者"厚翻译"的肇始与前提。理雅各《诗经》副文本系统地演绎着译者对于"他者"文化的"求真"性译为。汪榕培与理雅各译介方向和路径不同,他的译介副文本设置与操作简明扼要,显示为变通中的"务实"性译为。因此,两位译者的《诗经》英译本副文本体现着"求真"与"务实"不同翻译方式的不同功能。

二、理雅各、汪榕培《诗经》英译本"绪论"文献"求真-务实"连续统

理雅各初译《诗经》本是其个人选择的产物。在理雅各的翻译行为中,马礼逊提倡的"入国而问俗"(1815年)的个人惯习作用其中,考察这方面实况的最佳途径即译本"内副文本"(peritext)。"内副文本"指副文本包含的部分

内容，如"标题、副标题、互联型标题；前言、跋、告读者、前边的话等；插图；请予刊登类插页、磁带、护封以及其他许多附属标志……。"[4] 于理雅各而言，他的译者行为和译文之间的关系在其1871版《诗经》全译本与1879版复译节译本中的"内副文本"设置中十分独特。译文内"注释"副文本与译文外"绪论"副文本这两项内副文本中，译者的"求真"行为最集中、最细致、最系统，"知性读者"（译自原文"the intelligent reader"[5]）的翻译遗产极其丰厚。"注释"与"绪论"中典型的"经文辩解"（ure reasoning）学理现象离不开贯穿其中的"文献"，体现了学术翻译"结合了学术研究的翻译"[6] 的定义涵指，以至于理雅各1871版《诗经》英译初译本出版即成为具有《诗经》学辩"经"意义的经典范本，理雅各"做了一件实实在在的事"[7]。

当理雅各1871版《诗经》英译本及其1879版节译本构成复译视域时，虽然两版"绪论"内容、形式与体例有所变化，然而，理雅各对待"他者"文化的态度前后基本一致，故相应的变化并没有改变理雅各"求真"性译为的"精深"的"思辨性质"[3]，这一点在采用AntConc软件所得的调研数据中体现如图1所示。

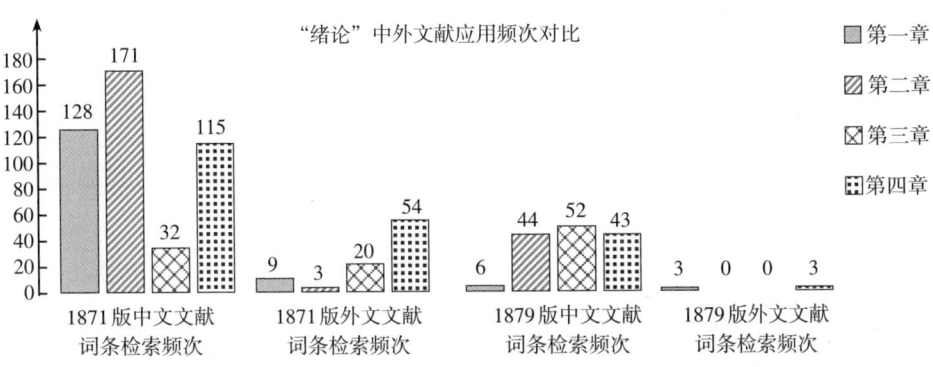

图1　理雅各1871、1879版《诗经》英译本"绪论"中外文献运用频次对比视图

针对上图，两点说明如下：

（1）关于内容：理雅各"绪论"文献加载的方式（一类为明确列出，另一类为潜在引用）不同；理雅各1871版"绪论"自带"附录"6则，严格地讲，"附录"关涉的文献应该归类为理雅各"绪论"的二级文献。

（2）关于统计：理想的文献检索是分门别类地提取"绪论"正文与"附录"（总6则）不同结构成分中的文献应用数据，同时兼顾列出与非列出两类文献的基础上，进一步描述文献行为的形式与功能。然而，由于未列入"主要文献书目"的文献检索受限，本文"绪论"设定为整体导入统计而生成的文献数据反映的是译者文献行为的整体性特征。特此说明。

图1表明，1871、1879版《诗经》英译本"绪论"内，中文文献运用密集与频次远高于外文文献，主要的中外文献应用在总体"绪论"中与"绪论"章节内两个层面上的文献行为基本特点汇总如下。

首先是1871版"绪论"文献特点：从其中外文献综合运用的语境来看，第二章的中外文献运用比例差最大，而第三章中外文献运用比例差最小；从中外文献各自情况看，第二章中文文献最密集，第四章外文文献运用则最集中。无疑，相对于理雅各《诗经》"绪论"中的其他章节，1871版"绪论"第二章是梳理《诗经》渊源（"the sources"）的内容，可见，"理氏'以史证《诗》'策略所传递的中西史学观差异有助于文化互照、互释，促进深度文化对话与多元文化共存。这就提示：在中国经典跨文化传播中，译释者需对中外文化差异高度敏感，需研究不同国家的语言、文化、宗教、哲学、历史、政治等，深谙其话语体系，探求融通中西的话语路径。"[8] 的确，"绪论"主体四章的中外文献应用不等，归根结底，"绪论"各章节内容与体例与具体文献运用频次之间存在着一定的关联逻辑与互鉴视域，两版"绪论"各自目录内章节标题为印鉴之始。

其次是1879版"绪论"文献特点：比较而言，1879版"绪论"中文文献数目同样远远高于外文文献，说明理雅各《诗经》复译版同样具有"学术翻译"的面貌。第一章中外文献运用比例差最小，第四章中外文献运用比例差最大，而第二、三章中文文献数目在四章中数一数二，而这两章外文文献为零的事实突出了中文文献的主体性价值。总之，两版"绪论"中外文献差异进一步表明：译者理雅各英译《诗经》的宗旨趋向于"求真"翻译对象原文的"历史意义、学术价值与典范地位"含义，而具有这三点特征的文本构成"'学术翻译'"[6] 特色。

理雅各1879版《诗经》英译本"绪论"由其1871版"绪论"简化、变通而成。与理雅各1871版《诗经》"绪论"文献的学术规范性相比，复译版"绪论"也同样显示着规范译为的学术"求真"特质。同时，因1879版《诗经》

复译本从属于总编缪勒（Fredrich Max Muller）策划的《东方圣书》系列（*The Sacred Books of the East*）侧重的是比较宗教的新题旨，1879版"绪论"中译者的文献可以归结为新选文献与文献交互（与1871版"绪论"文献）的"泛文献"状态。复译版中外文献书目与原版"绪论"交集与变化的具体数目统计如表1所列。

表1　理雅各1871、1879两版《诗经》"绪论"中文文献运用统计

1871版《诗经》"绪论"中文参考文献数据	1879版《诗经》"绪论"中文参考文献数据
①中文参考文献统计达100部，检索计35部。 ②引用频次前十部文献依次为：（宋）朱熹《诗集传》>《论语》>The Shoo《书经》>（汉）毛公传、（清）段玉裁编校《毛诗故训传》（包括其他毛诗著作，因检索词条相同）>《孟子》>《左传》《周礼》《礼记》>（清）段玉裁《六书音均表》>《史记·卷四十七·孔子世家第十七》>《春秋》。 ③各章文献引用频次由高到低排序依次为：第二章、第一章、第四章、第三章。 ④引用文献多样性由高到低排序依次为：第一章、第二章、第四章、第三章。	①中文参考文献统计达30部（与1871版《诗经》中文文献重合计29部文献，新增1项检索词，为 Minor and Major Odes of the Kingdom (Legge,1879:Introduction:278:CHAPTERI:THE NAME AND CONTENTS OF THE CLASSIC: 278)。 ②引用频次前十部文献为：《论语》>《毛诗》>《书经》(Ku Hsi's Works)>*An Explanation of the Text*, Han Ying>《孟子》>《史记》《周礼》《礼记》>*Han Catalogue*。 ③各章文献引用频次由高到低排序依次为：第三章、第二章、第四章、第一章。 ④引用文献多样性从高到低排序依次为：第三章、第四章、第二章、第一章

深入分析上述统计数据，即发现以下译者文献行为的基本特点。

（1）显而易见，"理雅各的参考系统十分广博，几乎囊括了《诗经》汉、宋、清学的主要成就……以《诗经》清学为主要参考系统。"[9]综合两版中对应文献的频次，上述各文献根据应用频次由高到低排序依次为：《论语》（1871：86/1879：47），朱熹《诗集传》（1871：87/1879：9），《毛诗》（1871：44/1879：26），《书经》（1871：49/1879：9），《孟子》（1871：24/1879：5），《周礼》（1871：25/1879：4），《礼记》（1871：20/1879：4），《史记》（1871：12/1879：4）。

（2）从文献本身说，1871版"绪论"援用《诗集传》和《论语》较多，其次是《书经》和《毛诗》；1879版中，《论语》和《毛诗》引用较多，其次是《书经》和《诗集传》。也就是说，两版中《毛诗》与《诗集传》的运用频次发生了主、次调动。"根据理雅各《诗经》无韵体译本前言所述，他的直接

底本是依据当时最新和最权威的《清经解》中阮元校刻的《十三经注疏》中的《毛诗正义》。"[9] 理雅各英译《诗经》主要依赖朱熹著作践行其"求真"译为,《毛诗》与《诗集传》高频度出现与译介题中之意相符。不过,1879版"绪论"中《毛诗》与《论语》居前的文献序列更接近于两版"绪论"对应文献相加后的总次序。可见,1879版《诗经》节译本运用的文献沿袭其《诗经》初译本原典之所本,及《诗经》研究之所及,这样的译者文献行为既适合1879版节译本译介宗旨潜在的制约,也符合译者英译《诗经》的基调。

(3)从文献内容看,1871版"绪论"中的文献以具体引用为主,内容呈现更细致;1879版"绪论"中的文献常常是仅提及某句话,或仅仅提及著作名称。

(4)从"绪论"各章运用文献数目以及文献类型多样化实况的角度看,理雅各两版《诗经》英译本章节内容时序大幅度调整,如因1879版"绪论"的第二、三章与第四章分别对应着1871版"绪论"第一章与第二章的内容,前后两版"绪论"文献序列与文献多样化数列对应关系随之改变,先后文献重置的译者行为揭示了复译中"文献"数目总体缩减,文献应用的译理不变的现状。

"征引者阅读文献的广泛性、文献时间跨度、文献学术层次,也注释了征引者消化征引文献的能力,以及将文献资源转化为创新动能的智性,征引文献的学术分量越重,文献资源越丰富,值得反思、发掘的问题越多,解释的路径越开放,也越有重新认知的可能。"[10] 与两版"绪论"中的中文文献的不同与变化相比,"绪论"中的外文文献显得相对明确、稳定。明确指理雅各1871版《诗经》"绪论"文献列表中的外文文献全部到位;稳定指理雅各1879版《诗经》"绪论"沿用其1871版《诗经》所用文献,没有新增文献。具体数据如表2所列。

表2　理雅各1871、1879两版《诗经》"绪论"外文文献运用统计

1871版《诗经》"绪论"外文参考文献数据	1879版《诗经》"绪论"外文参考文献数据
①统计到18部外文参考文献。 ②"绪论"中可检索到16部。 ③出现频次较高的5部英文文献是Biot的 *Translation of the Official Book*，P. Lacharme 的 *Confucii She-King, sive Liber Carminum*，Sir John Francis Davis 的 *The Poetry of Chinese*、*Japanese Cyclopedia* 以及 *Conversation on Government*	①统计到3部外文参考文献，分别是：Andrew Fletcher 的 *Conversation on Government*；John Francis Davis 的 *The Poetry of Chinese*；Lacharme 的著作，其中2例等同于理雅各初版"绪论"中的高频文献。 ②与1871版相比，1879版"绪论"无新增文献

理雅各1871、1879两版《诗经》"绪论"文献运用上的同异情况明显归结为译者始终"求真"的译介行为。译者自主性译为主导下，理雅各1871版《诗经》"绪论"独立成文，优先成为致力于"标准译本"的学者型译者"求真"的首选方式，毕竟"可信"与"完美"（译自原文"The author hopes that the work which he now offers will be deemed by competent scholars a **reliable** translation of the original poems. He has certainly spared no labor on a translation, or on the accompanying notes and the prologueoma, to make it as **perfect** as he could attain to."[11]Preface V）是理雅各践行其英译宗旨的重要途径之一。它学术体例全面，译者在各章节、附录与参考文献之间运筹帷幄，"经"学宏大叙事格局一蹴而就。译者1879版《诗经》"绪论"只有章目结构与内容两种组成成分，译者的复译行为从"绪论"结构到"章目内容"细节都有相应的调整。作为丛书译者之一，理雅各表现出得体的英译新思维："克制自我的译介张力，以《东方圣书》呈现'原文的译文'的译介主题为重。"（译自原文 "...the object of '*the Sacred Texts of the Religions of the East*', as I understand it, is to give translations of those texts without any colouring in the first place from the views of the translators."[12]）由此可见，理雅各1879版《诗经》"绪论"副文本中"文献"方面的辩"经"变化事出有因。首先，译者自我设置与"他者"策划的"比较的意义"的翻译语境有不同，故《诗经》节译本中文献的使用频次不及其1871版"理雅各标识"（Leggism）属性的《诗经》全译本文献丰富。后出节译版本可视为"汉学——东方学的专门领域和比较宗教科学在西方学术界才获得了学科上的认同"[13]的变通性译本。

其次，推出《东方圣书·诗经》英译复译本的理雅各已成为牛津大学汉学教授，正如费乐仁撰文（*The Dynamic and Multi-cultural Disciplinary Crucible in which Chinese Philosophy was Formed*）总结的那样，理雅各开始思考多元文化思维背景酝酿而生成的中国哲学，这种新思维遂成为1879版《诗经》问世的伏笔。理雅各英译《诗经》不同版本中动态的"文献翻译"的检索与分析将直接沉淀为吉拉德总结的东方汉学副文本阐释行为以及费乐仁提出的"标准译本"境界的翻译实务。此中，理雅各《诗经》英译复译"求真"于文献的译法与费乐仁提出的理雅各"翻译经典"的其他"厚翻译"（19世纪中叶前盛行的汉学研究方式）行为（译本的评注、术语、书目参考、索引等）同道，它们依托各自"求真"路径，一道推动理雅各《诗经》英译本升华为汉学译介的一种极致，即"本身可成为学术研究对象的翻译"[6]。理雅各"长期有意识地坚持将中国经典当作……重要的文献来对待"[14]的译者行为铁肩担道义。总体上讲，理雅各1871初版本《诗经》到1879复译版主体副文本中，理雅各相继协调同一文献与不同翻译环境相契翻译的方式同中见异，这方面的变化揭示了理雅各先后分别与儒家文化相契、与比较宗教哲学相切的翻译思路，从而实现了译者在文化上全面建构《诗经》本来面貌的翻译本意。理雅各的这些方式无疑都显示着"译者以学术解析演绎深度识解"（译自原文"a translator understands through interpretation"[15]）的译介共性，它们一并结缔为西方追溯元典特色的译介"求真"模式。

《诗经》是译者汪榕培典籍英译早期的译作，他前期译过散文（《道德经》《易经》）后提出"传神地达意"的翻译实践心得与"摆渡"目标。在此译介策略格局中，汪榕培《诗经》英译一如既往地简约经济。作为复译者，虽然汪榕培非常肯定前译理雅各"学者型"的《诗经》英译做法，也坚持"从海外的视角和多种维度反观时代，把握世情，主动寻求、移植不同文明的精神资源，这是我们不断升华自我认知，界清自身方位，探索现实主动性的内在基点。"[16]但汪榕培更关注的是尝试运用"传神达意"的翻译方式突破理雅各英译《诗经》"散文式的直译"[17]"分行的散文"[18]的翻译先例，以此"为文本提供了一种（变化的）氛围"[4]。最直观的"氛围"是汪榕培为《大中华文库·诗经》撰写的双语前言，其中英两种文字高频关键词的表意"氛围"存在着变化,也就是说,中英两种表达分别切中的英译《诗经》与"诗经学"不同的层面。从其中的前50例关键词来看,中文版前言高频词中的"译本""研究""学派""文学""翻译""比喻""译者""西方""民歌"关键词整体上与英语前言高频词中,如"Book""Poetry""poems""Dynasty""Mao""Han""Zhou""scholars"组合体现的学术焦点就在于上述中文词组合呈现了《诗经》作为中国民俗文学范本,在翻译与研究过程中形成学派,并传播到西方的"氛围";而英文组合而成的"氛围"语境则切中《诗经》本身及其历史背景。究其根本,这样的双重"氛围"可以归结为译者尊重《诗经》文学本质的结果。

汪榕培《诗经》复译观既尊重个人的翻译认知,又不悖译界的翻译常规。20世纪鲁迅曾说过,"凡是翻译,必须兼顾着两面,一当然力求其易解,一则保存着原作的风姿。"[19] 21世纪南开大学王宏印教授生前著述中有一段论述:"当我们把诗词作为文化典籍来翻译的时候,应当更加注重它的文化内涵和文化特征尤其是其中所包含的中国文化因素的保持和传达。当然,这种保持和传达不应当是机械的、勉强的,而是要讲究条件和注重效果。"[20]这一番言说恰恰揭示了汪榕培《诗经》初版首译单行册译本,《大中华文库·诗经》复译版中应用"文献"实务的"务实"理念及其效果。汪榕培1995年《诗经》英译初译本文献目录中列出了20项中外文献,总体上具有工具书属性,可分为词典、《诗经》研究著作、《诗经》今译与前英译本4类。12项中文文献中,10项为《诗经》学文献,出版年份集中于1983—1993年。"这个时期的《诗经》学研究……研究者对《诗经》多持文学观点……对译者的翻译策略有较大的影响作用。"[9]另外2项为同期出版的译作。其余8项英文文献为《诗经》单行英译本(6项)以及合刊诗集(2项),出版时段在1891—1991年,可见,跨越百年的英译本是汪榕培复译《诗经》过程中最常见的外文文献,诚如刘重德所言:"根据书后所附的'参考书目',可以看到译者在着手翻译之前,对别人的白话译本和英文译本进行了充分研究,掌握了大量资料,……绝不人云亦云。"[2]

汪榕培英译《诗经》中的译者建构作用不仅反映在译者初译、复译《诗经》行为本身,不仅体现在译者文献意识与能力方面,而且还见证于译者"译论与译评"的学术影响力上。汪榕培写作的6篇外副文本类型的文章整体地探讨《诗经》英译本《诗经》英译的翻译观与实践论，在中国知网选中对应的6篇文章后，其分别的引证文献数量如图2所示。

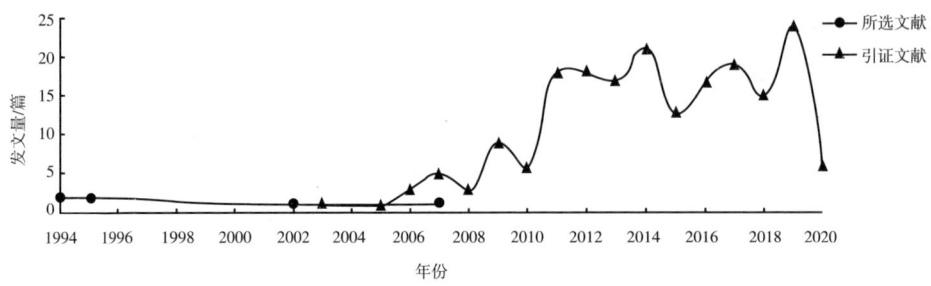

图2 汪榕培6篇撰文的引证文献导示图

从汪榕培这6篇撰文的文献看，3篇零文献，其余3篇附有"参考书目"的文章均在汪榕培《诗经》1995版英译本出版前后。这种《诗经》译、研同步的，内、外副文本的呼应延展了汪榕培1995版《诗经》英译本的参考文献范围，译文本内中文文献工具性为重，英文文献中比读复译具体译本为主的译者文献行为在译者相关翻译研究撰文中没有变化。比较汪榕培《诗经》译、研中的文献行为，撰文中的"参考书目"与1995版《诗经》英译本参考文献相比，具有2增1减的倾向，如表3所列。

表3 汪榕培《诗经》翻译相关撰文文献变化

增	减
文5：余冠英.《诗经选》. 人民文学出版社, 1978.	金启华.《诗经全译》. 江苏古籍出版社, 1984.
文6：Lu Shuxiang, Xu Yuanchong. *Gems of Classical Poetry*. Joint Publishing Co. Ltd, 1988.	金启华等.《诗经鉴赏辞典》. 安徽人民出版社, 1990.
文6：Hu Patricia Pih-ching. *Random Talk on Classical Poetry*. John Sun Publishing Co. Ltd, 1990.	任自斌.《诗经鉴赏辞典》. 河海大学出版社, 1989.
文6：Ding Zuxin, et al. *Gems of Chinese Poetry*. Liaoning University Press, 1992.	袁宝泉等.《诗经探微》. 花城出版社, 1987.
文6：Deeney John. *A Golden Treasury of Chinese Poetry*. The Chinese University of Hong Kong, 1976.	陈宏天等.《诗经索引》. 书目文献出版社, 1984.
文6：伍蠡甫.《现代西方文论》. 上海译文出版社, 1983.	

汪榕培撰文文献添加项包括：一方面增加了本土英译本（丁祖鑫等）文献，丰富了"译出"视域；一方面增加了西方诗论文论类型以增益译评活动；一减是《诗经》辞书数目减半，淡化了本土诗经话语的绝对存在与文献的单纯性，淡化举动还可以从汪榕培撰文文献中没有出现对应文章发表区间（1994—2007年）的新文献。综合汪榕培《诗经》译本中文献内副文本与外副文本性质的撰文中参考文献的重合与变化情况，可以更清楚地认识到译者兼作者的译者译介与译论行为互动状态中的文献增补现象。无论如何，译作内、外两个渠道中，内副文本文献与外副文本文献视域内，汪榕培审时度势，兼顾翻译与研究，成就了其典籍文学翻译"求似"向度上的"务实"性操作。

本质上讲，复译的目的在于调和不同时空读者的阅读期待视域，复译的功能在于取前译长处之际修订旧译的不足。实践中看，理雅各、汪榕培两位译者在各自《诗经》复译本中"求真"与"务实"的文献更新行为时隔百年，可视为《诗经》英译领域译者"求真-务实"译介连续统中各执一端的代表性英译本。

三、理雅各、汪榕培《诗经》英译本"题解""求真-务实"连续统

复译因其会话性、开放性、未完成性而成为翻译的一种进化机制。《诗经》英译复译的代表汪榕培、理雅各通过各自复译的理念和行为，借助副文本译介方法，极大地活跃了《诗经》"复译更要突出原创性"[21]的英译视域，而"力求使文本再现作者意图"（译自原文"to ensure for the text a destiny consistent with the author's purpose"[22]）的译介副文本显然就是复译者造就"融创与译"复译本的一种有效的方式。这一属性在汪榕培《诗经》英译初译本中比较突出。

理雅各、汪榕培《诗经》译本中，两位译者都运用到"题解"这一译介副文本形式。汪榕培1995版《诗经》英译本出版时，有关方面的介绍文字中有"译注的"字样的描述，这就定性了该版本"题解"副文本的译介价值。作为具有划时代里程碑意义的《诗经》英译本译者，理雅各设置"题解"来引导其具体译诗的英译模式如其所愿地一一就绪。总体而言，这两位译者"题解"均有英语表达的形式，但他们的"题解"内容不同，所在译诗的位置不同，译介

作用因此不同。理雅各操作的"题解"以《诗经》学研究内容为主,且在各例《诗经》译诗中开宗明义,因此,各例"题解"与各译诗之间形成概括性到具体化的研—译形态。汪榕培操作的"题解"以译者本人的解读为主,设置于每首译诗的最后,因此,汪榕培英译《诗经》通篇"个译"成为译—思的翻译类型。比较汪榕培、理雅各特定译本"题解"的前20条高频词,两位译者"题解"不同的基本特征略见一斑,如表4所列。

表4 汪榕培、理雅各《诗经》译本(1995版、1871版)"题解"高频词

高频词序	汪榕培(1995版)英语主题词	汪榕培(1995版)汉语主题词	理雅各(1879版)主题词
1~10	her, poem	女子、丈夫、男子、贵族	ode
11~20	love, people, girl	妻子、自己、情人、诗人、母亲	Chow, time, duke, piece, narrative

理雅各"题解"实务中,译者学术"求真"的姿态恰如其分地体现在"题解"中密集的、语旨趋同的高频词,如 interpretation/interpreters//views//commentators//argument//summary//old schools//critics/opinion/meaning 中。与理雅各"题解"中"注释"高频关键词侧重诗歌体裁与背景的本体实况不同,汪榕培"题解"高频词则反映诗歌主题与题材的审美交流。汪榕培概括每一首诗核心题旨的"题解"型译为明显是译者"务实"于文学自主式阅读与期待目标读者同样进行自主式阅读双重目标的结果。汪榕培2008版《诗经》英译本中不再设置"题解"等内副文本,让完全"传神达意"的译本完全"务实"于释放《诗经》文学潜质,开放潜在读者审美体验的译介新实务。

"'求真'是指译者为实现'务实'目标而全部或部分求取原文语言所负载意义真相的行为;'务实'是指译者在对原文语言所负载的意义全部或部分'求真'的基础上为满足务实性需要所采取的态度和方法。"[23]汪榕培、理雅各各自的"题解"行为"技而进乎道",两译者分别凭借各自"求真"(偏文献辨识)–"务实"(重诗歌意境)的翻译章程而各司其职地框定着各自译本的结构与旨意,他们的翻译实务进一步表明:"副文本是精心预设的、通向文本的门槛,潜在地影响着人们阅读文本的方式。"(译自原文"A paratext is a consciously crafted threshold for a text which has the potential to influence the way(s) in which the text is received."[24])如果说理雅各英译《诗经》

中繁复的文献、题解等译介门槛的总体作用在于引导目标读者由外而内地完成从英译本文外部"采真"性研究语境过渡到"译文本文"内部"传真"性上下文语境的专门化阅读活动,那么汪榕培《诗经》英译本中精简的同类型副文本取向则是推动潜在读者直面"译文本文",生成阅读张力的译介意图。尽管两位译者运用译介副文本的规划不同,两位译者英译《诗经》文献、题解副文本实况本身却共同体现出中外译者共同尊重的、自外而内的阅读时序连续统规则。至此,他们的文献与题解副文本自身各自形成的阐释的循环并行不悖。

四、结语

复译者角色的"求真"行为虽然始终是翻译之本,但复译者"务实"行为乃是促成译本流通的"识时务"的合理保障。鉴于汪榕培以副文本为其《诗经》英译翻译阐释手段的译介行为,鉴于理雅各以副文本为"透视翻译"工具的译介行为,两位译者的副文本实务互为观照,从不同的复译层面呈现了《诗经》"求真"性治学到异语摆渡性"务实"的国别"代际变化"[25]脉络。"求真-务实"译者行为连续统是"走向译者"[26]的评价模式。如果说理雅各《诗经》英译本副文本行为作用下,其"译本实际上已经是'另一个原本'(another original)",对比而言,汪榕培的《诗经》英译本在其翻译传播译理主导下,相当于与《诗经》原典功能对等的英文本。

21世纪初,副文本持续不断地融入翻译研究领域。"届时,在中外互为镜像的新视野中,去中国'迷思'并使中国古典审美成为人类共有、共享文化传统有机成分的愿景不再是远景。"(大意译自原文"For in the fusion of horizons we are able to transcend the boundaries of language and culture so that there is no longer the isolation of East or West, no longer the exotic, mystifying, inexplicable Other, but something to be learned and assimilated until it becomes part of our knowledge and experience of the world. Thus, in demythologizing China as the myth of the Other, the myth disappears but not the beauty, for the real differences between China and the West will be clearly recognized. China's true Otherness will be appreciated as contributing to the variety of our world and the totality of what we may proudly call the heritage of human culture."[27]）汪榕培、理雅各英译《诗经》的复译者副文本译为可为创建世界文化和平共处的一种对视方式与交流际遇。"尽管读者进入译文正文之际，有些副文本旋即复原其'第二性'本文阅读属性，千帆过尽但开卷有益。"[28]

参考文献

[1] 汪榕培,任秀桦.《诗经》:中英文版[M].沈阳:辽宁教育出版社,1995:序3.

[2] 刘重德.阅读汪、任译注《诗经》后记[J].外语与外语教学,1996(5):1-5.

[3] 陈韦缙.西文参考资料对理雅各英译《诗经》之影响研究[D].北京:清华大学,2010.

[4] 热奈特.热奈特论文集[M].史忠义,译.天津:百花文艺出版社,2001:71.

[5] BASSMETT S.Translation Studies[M].New York: Routledge Press,2002:74.

[6] 单德兴.我来·我译·我追忆:《格理弗游记》背后的"游记"[J].外语与翻译,2007(3):9.

[7] LEGGE H E.James Legge:missionary and scholar[M].London:The Religious Tract Society,1905:39.

[8] 胡美馨.理雅各"以史证《诗》"话语特征及其对中国经典"走出去"的启示:以《中国经典·诗经·关雎》注疏为例[J].中国翻译,2017,38(6):68-74.

[9] 李玉良.《诗经》译本的底本及参考系统考析[J].外语学刊,2009(3):101-104.

[10] 谭学纯.基于正、副文本互文性的学位论文:呈现形式及安全边际[J].当代修辞学,2019(3):25-37.

[11] LEGGE J.The Chinese classics with a translation,critical and exegetical notes, prolegomena,and copious indexes[M].Taipei:SMC Publishing Inc.,1871.

[12] LEGGE J.The Shih King and the Hisâo King,Sacred Books of the East: VOL.3[M].London:The Clarendon Press,1879:Preface xxiii-xxiv.

[13] 吉瑞德.朝觐东方:理雅各评传[M].段怀清,周俐玲,译.桂林:广西师范大学出版社,2011:121.

[14] 何立芳.传教士理雅各中国经典英译策略解析[J].外国语文,2011,27(2):89-91.

[15] CHANG S K.The lost horizon:a study of English translations of the Shijing[D].Austin: The University of Texas,1991.

[16] 魏海生.海外中国学研究的对象、方式和向度[J].北京联合大学学报(人文社会科学版),2013,11(4):67.

[17] 汪榕培.说东道西话《诗经》:从"关雎"谈起[J].现代外语,1994(4):58-61.

[18] 汪榕培.殊途同归译《诗经》:《桃夭》英译比读[J].外国语,1995(2):52-55.

[19] 鲁迅.且介亭杂文二集[M].北京:人民文学出版社,1973:112.

[20] 杨成虎.中国诗歌典籍英译散论[M].北京:国防工业出版社,2012:序4-5.

[21] 许渊冲.中国学派的古典诗词翻译理论[J].外语与外语教学,2005(11):45-48.

[22] GENETTE H G. Paratexts: threshold of interpretation[M].Cambridge: Cambridge University Press,1997:407.

[23] 周领顺.译者行为批评:理论框架[M].北京:商务印书馆,2014:76-77.

[24] BATCHELOR K.Translation and paratexts[M].New York: Routledge Press,2018:142.

[25] 邓联健.委曲求传:早期来华新教传教士汉英翻译史论(1807—1850)[M].北京:清华大学出版社,2015:213.

[26] 周领顺."求真-务实"译者行为连续统评价模式的相关概念辨析:译者行为研究(其七)[J].江苏大学学报(社会科学版),2011,13(6):42-49.

[27] ZHANG L X.The myth of the other: China in the eyes of the West[J].Critical inquiry,1988,15(1):108-131.

[28] 蔡华.理雅各《诗经》译介副文本的变化探究[J].西安外国语大学学报,2019,27(2):81-85.

汪榕培典籍英译副文本类型与潜质

汪榕培"情系幽兰",贯穿其中国诗、文、曲经典英译成果的翻译原则,反映汪榕培既注重普通读者阅读潜能,又尊重典籍作品意蕴潜质的翻译用心与翻译造诣。然而,在中国文化不断输出、译者不断涌现的语境下,汪榕培典籍英译本中的副文本也自然地成为汪榕培典籍英译治学的一种途径。汪榕培典籍英译译作中,副文本始终在场,多则三五项,少则就一种。本文从汪榕培典籍英译译作单行册、《大中华文库》版两种不同的出版实况出发,阐释个中副文本实务的动态特点。

一、汪榕培古典诗歌英译副文本概况

中国古典诗歌英译不仅是汪榕培英译中国典籍实践的肇始性译作之一,且是译者早期的英译标志性译作。鱼贯而出的《诗经》(1995年)、《汉魏六朝诗三百首》(1998年)、《英译陶诗》(1999年)均入选《大中华文库》系列,收录次第为《陶渊明集》(2003年)、《汉魏六朝诗三百首》(2006年)、《诗经》(2008年)。从单行册译本到《大中华文库》版译本,两种发行本内容方面的变化集中体现在副文本上,其变化主要归因于译者翻译追求与出版方统筹两种主导因素不同的操作宗旨。

就汪榕培典籍诗歌3种英译本单行册而言,其中的副文本基本上是译者主体的翻译惯习所为。从《诗经》到《汉魏六朝诗三百首》与《英译乐府诗》再到《英译陶诗》,汪榕培依次通过"Preface"(英语)、"前言"(双语)、"卷前语"（汉语）和"自序"（汉语）这一副文本渠道与潜在读者交流。从内容上看，贯穿汪榕培英译典籍诗歌4种译本"前言"的共性包括4种诗歌各自的历时性英译译本目录梳理、代表性译本译例比读和译者英译原则阐释三方面。在阐释译者英译路线的层面上，汪榕培就"传神达意"侃侃而谈的言论面面俱到，如表1所列：

表1　汪榕培古典诗歌英译本单行册"序言"引语示例

外语	文献出处
"按照'传神达意'的原则进行翻译，通过英诗的形式对《诗经》进行再创作。"[1]35	汪榕培，2008，前言：35
"要说我自己的翻译标准，我在几年前的一篇文章里写过，只有四个字——更确切地说是一条四字成语——'传神达意'。"[2]	汪榕培，1998，前言：12
"英语的译文力求传神达意，以流畅的当代英语艺术地再现乐府诗的风采。"[3]	汪榕培，2008，卷前语：II
"我的翻译原则还是那四个字：传神达意。"[4]	汪榕培，1999，自序：IV

表1中引语表明：在不断重申"传神达意"翻译主张的过程中，汪榕培不断细化着"传神达意"的翻译作用，于此，翻译方法、翻译标准、翻译原则、翻译目的的言说次第而生，标志着汪榕培英译典籍诗歌思维阶段性演变谱系的形成。需要指出的是："传神达意"在内涵不变的前提下，不断地为译者演绎为作用于翻译过程中不同向度与环节上的统筹性翻译宗旨，于是，"传神达意"具有了涵指汪榕培典籍英译诗歌特质的整合性建构功能。同样也需要注意的是：汪榕培在其典籍诗歌英译单行册"序言"中构建的"传神达意"的翻译系统逻辑及其复合型"大叙述"并没有再现于汪榕培典籍诗歌英译《大中华文库》版"前言"中，最直观的客观原因在于除了《诗经》"前言"作者与译者都是汪榕培本人（署名一致，写作时间相同），《陶渊明集》与《汉魏六朝诗三百首》的《大中华文库》版"前言"作者发生变动，汪榕培则成为"前言"的英文译者，这就使得《大中华文库》版"前言"孤例无续，难成其说。

与汪榕培典籍诗歌英译单行册副文本相比，汪榕培典籍诗歌3种《大中华文库》版英译本的译介副文本虽有所增加，但也往往只限于两项内容，即杨牧之的双语"总序"，学者与译者的双语"前言"。尽管《大中华文库》系列众译本副文本"总序"与"前言"的分布大同小异，但汪榕培《大中华文库》版

3种英译本"前言"副文本作者的变化自然地影响到"前言"的内容和结构，其中的不同，如表2所列：

表2　汪榕培古典诗歌英译《大中华文库》版"前言"内容要项汇总与比较

《陶渊明集》	《汉魏六朝诗三百首》	《诗经》
今译：熊治祁	今译：弘征，熊治祁	今译：程俊英，蒋见元
前言（汉语）：熊治祁 一、陶渊明的生平及其思想 二、陶渊明作品的艺术风格 三、陶渊明作品的流传及其影响（最后部分提到国外日俄法德英译节译等，没有提及国内英译与汪译。）	前言（汉语）：熊治祁 汉乐府和"建安风骨"的光辉 七言诗的肇始和逐渐成熟 田园山水诗的出现和发展 格律诗的前奏——声律和对仗的讲究（最后部分提出此译是"精品走向世界"之举。）	前言（汉英）：汪榕培 一、《诗经》概述 二、《诗经》的英译（主体内容中，译者明确地提出"传神地达意"的英译标准与"达意"基础与"传神地"升华的英译方法）。显然，该译本是译者根据诗经学著述、翻译前译以及自己的判断和选择的译介成果。

汪榕培古典诗歌英译《大中华文库》版3种译本"前言"副文本同中存异的实务，即三例"前言"并不是汪榕培一人所作，这一变化在汪榕培最后入选《大中华文库》的《诗经》英译本"前言"副文本中有所表示，即汪榕培使用"Introduction"来界定其"前言"，以此区别于前2种英译本他人写作的"Preface"。在《大中华文库》版《诗经》"前言"中，译者单行册中频频可见的"传神达意"主体作用的翻译言论转型为译者细化"传神达意"内涵的本体阐释，即"传神达意"两个要素的具体构成层面，代表性表述选录如下：

我们的译文不是以西方的学者或研究者为主要对象，而是以当代西方普通读者为对象，所以没有任何考证和注释，以便读者能够顺利地阅读。我们的基本翻译原则是"传神达意"，更准确地说是"传神地达意"。

首先，"达意"是翻译的出发点，我们试图准确地体现自己对于诗篇的理解和阐释。……其次，单纯的"达意"还不够，必须是"传神地达意"，因为"传神"是翻译文学作品，尤其是翻译诗歌的精髓。"传神"既包括传递外在的形式，也包括传递内在的意蕴。关于内在意蕴方面的"传神"，自然是从整个篇章出发，涉及的内容是很广泛的，包括诗篇的背景、内涵、语气乃至关联和衔接等等。

……

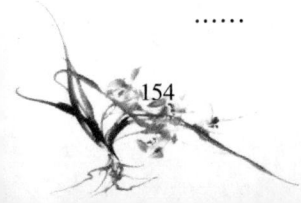

我们的译文最初完成于12年前，当时阅读了国内可见的《诗经》各种版本并参照了多种注解、今译和阐释，没有依照某一个特定的版本或某派阐释，而是做了自己的判断和选择，但是篇章和诗行的大意均有所循，按照传神达意的原则进行翻译，通过英诗的形式对《诗经》进行再创作。[1] 28-29

由此可见，就"传神达意"翻译主张而言，汪榕培在其典籍英译单行册、《大中华文库》版"前言"中的阐述倾向明显不同，其变化具体表现为由外而内、内外兼顾的系统化翻译识解路径渐成气候。为了进一步建构"传神达意"这一系统，汪榕培在"前言"中汇聚中外（理雅各、韦利、詹宁斯、庞德英译《诗经》等）复译进行互鉴，其中，与理雅各比较的举凡居多，而《诗经》"前言"就在汪榕培与理雅各《周颂·清庙》英译个译的比较中进行到了尾声。

至于《诗经》中的颂诗，本是庙堂祭祀之用，理应庄严肃穆，西方的译者大致都做到了。以《清庙》一诗为例，"于穆清庙，肃雍显相，济济多士，秉文之德。"理雅各的散体译文是：

Oh! Solemn is the ancestral temple in its pure stillness.
Reverent and harmonious were the distinguished assistants;
Great was the number of the officers:
All assiduous followers of the virtue of king Wan.

我们的译文也是以庄严肃穆为基调，造词造句均比较正式，跟翻译"国风"的风格有明显的区别：

Ah! Solemn stands the sacred temple,
Where many reverent knights assemble.
A crowd of ministers gather round,
For Lord Wen's virtues are profound. [1] 34-35

比鉴之余，汪榕培以本土译出为追求的翻译之法与国外译者以发现东方为逻辑的译入之理此起彼伏之际，不仅汪榕培"传神达意"的翻译原则演绎为外延—内涵—实务三体一面的翻译范式，而且汪榕培英译《诗经》复译本与国外英译本互补的国际化局面渐入佳境，中国诗歌典籍历久弥新。

依汪榕培典籍英译惯习，他一向主张只在译文本身下功夫，不在译文周边做文章。汪榕培典籍英译外在于译文正文的副文本虽非洋洋大观，但比例上还是多于内在于译文正文的副文本。汪榕培典籍英译译文正文内部的副文本屈指可数，仅有《诗经》《英译陶诗》两种单行册中的"题解"2例。然而，当汪榕培古典诗歌英译本入选《大中华文库》之际，他删减了这两处"题解"，于是汪榕培《大中华文库》版古典诗歌英译本译文正文一律统一为译者高蹈远举、隐身于译文本身的"洁译"状态，这从一个侧面表明汪榕培古典诗歌英译实务因译者基于不同传播语境与流通媒介调整其前、后两阶段译介定位而赋予其单行册、《大中华文库》版英译本"求真-务实"复式形态的翻译连续统。比较而言，在单行册阶段上，汪榕培操作译者副文本的范畴空间相对放宽，方式相对灵活多样，反映了译者双重"求真"的译介融通模式，即译者倾向于综合个人习得与研究来求解《诗经》本真的自主性翻译举措，这种张扬译者风度的副文本实务，无论是项目本身完全删减，还是部分内容淡出《大中华文库》版译本，都表明汪榕培依据《大中华文库》版英译本新渠道性质重置其副文本的行动与译者协同其翻译新身份进行变通的实务都不失为译者转入"务实"性英译的产物与标识。

二、汪榕培古典散文英译副文本趋势

汪榕培英译古典散文中，老庄哲学著作一体化翻译成果卓然，但两译本的出版类型不同。《英译老子》只有单行册，而《庄子》英译本存在着单行册与《大中华文库》版两种版本。鉴于汪榕培《庄子》单行册与其《大中华文库》版译本变化不大，本文仅针对老庄单行册英译本副文本展开辨识。

首先，汪榕培《英译老子》共有两版。1996年再版与1991年初版的译文正文基本一致，副文本方面两处微调：其一在PREFACE结尾处，译者填写了一句"拼音标注"（译自原文"we have put pinyin under the Chinese characters"[5]）；其二在译文原文下方配置了汉语拼音，因此两种变化实际上是同一件事言行之间的呼应，这一副文本更进一步呈现出译者顾及目标读者阅读所需的英译方针。事实上,汪榕培《英译老子》初版中英语写作的"序言"就反映了译者对读者进行定位并直接对话读者的明确意识,同样的"序言"内容再现于再版译本。汪榕培《英译老子》初版到再版中,译文到副文本共同开宗明义,积累沉淀为译者操作英译典籍方法论与读者观的既定之规,不断地见诸汪榕培典籍英译后继译本中。

其次,汪榕培英译《庄子》时,将当初《英译老子》时采用的"非常译"思维推进到"契合"的翻译新阶段。比较而言,汪榕培只是在《英译老子》相关撰文中指出了国外英译者翻译失真的问题,因此汪榕培英译《道德经》的"非常译"可以解读为利在纠偏的一种复译范本;而从汪榕培《庄子》英译副文本中直接加载进来的、译者点评国外英译者的内容来看,汪榕培维护了他鉴别国外老子英译者误译的鉴定视角,如巴尔弗(Frederic Henry Balfour)英译庄子的误译问题,并开辟了省视国外译者英译《庄子》的学术解释与风格演绎等多重视域,如翟理思(Herbert A. Giles)英译《庄子》译本中译者的主观臆断问题以及威厄(James R. Ware)英译《庄子》译本中译者独出心裁地解释问题等。列举国外译意不切、解释不妥、表达不当等种种现象之后,汪榕培顺势阐明其复译庄子著作的三个动因,其中第三点即翻译原则。此时,汪榕培阐述的笔墨不仅远远超出他《英译老子》"前言"中的类似说明文字,而且汪榕培阐释其英译践行理念的思路更加灵动,译者操作的英译渠道更加活泛,这一变化与译者期待庄子思想走近英语读者的翻译意图不无关系。

从汪榕培英译老庄的单行册副文本来看,汪榕培英译典籍的举措与实务始终离不开译者典籍英译之初的复译"异"译着眼点。不过,汪榕培"异"译复译思维绝不是无中生有,更不是标新立异,而仅仅是依译者"准确把握原文含义,用当代英语流畅地表达"(译自原文 "... remain faithful to the meaning and intention of the ancient text while trying to render it into intelligible and contemporary English."[5])继往开来地创新的翻译理念。这一理念先后不断地在汪榕培《译可译,非常译——英译〈老子〉纵横谈》专文、《庄子》英译本"前言"与他另外撰写的《契合之路程——庄子和〈庄子〉的英译本》中得到演绎,于是,"常译常新"、"趋向更好的译本"[6]与"契合"的新说法鱼贯而出。这三种表达间接地提示了国外译者屡见不鲜的误译症结,更是译者直截了当地陈述本土译者担当解释、创造与推广典籍翻译大任的自我要求。

与国外译者的中国典籍英译译作相比，汪榕培英译典籍实务中，译者以"异"于前译的范式与英语阅读环境进行切"合"的英译效果十分突出。理雅各与汪榕培都是通译了道家老庄经典的英译者，且两位译者的《庄子》英译本都分别进入各自国度的经典丛书中。理雅各《庄子》英译本是19世纪末期牛津大学出版社出版的《东方圣书》（The Sacred Books of the East）译作之一，汪榕培《庄子》英译本成为《大中华文库》系列选本。从两位译者各抒己见的"导论"来看，各有所议的内容也烘托着译者各自经典译本的译介本分。这一点从两位译者的"导论"结构上略见一斑。两位译者的"导论"篇幅不等，但结构上大同小异，都具有规范的学理章法，都体现了译者的学术意识。理雅各的"导论"涉及《道经》的客观因素，包括历史脉络、案本真伪、主题文旨、各家阐释、"因果论"说五章；汪榕培的"导论"分为作者、原典及其英译三个部分，也是据实而成。

显而易见，两位译者都关注翻译对象的原典的历史记载与其考古上的补正；也都重视翻译原典的主体题旨，理雅各、汪榕培的"导论"同中存异，各显其是，映现着译有所为、译有所成的译者本色。不同之处在于，理雅各"导论"中展示的是他全面围绕《道经》所承载的本意与释意条分缕析地梳理的尺度，汪榕培"导论"叙述中呈现的则是始于作者笔法、止于作品译类的概括维度。尺度关乎科学，维度触及反应。科学论及的是"道"家学说的本源性，反应透视的是接受论。理雅各"导论"第五章论"因果论"的内容反映了译者追述道教与佛教的渊源关系的历程，这相当于译者在翻译科学领域的一场溯本求源性质的远足。对比之下，汪榕培"导论"第一章、第三章侧重的则是立足《庄子》作者的个性与文思特点，朝向中外英译互补的译介进化的一种开放式作为。此外，从译作副文本视域看，与汪榕培"洁体"翻译理念作用下的"导论""一言堂"译介副文本不同，理雅各"导论"仅仅是其"道经"译介副文本三大媒介之一，位居其中的"导论"（Preface/Introduction/Brief Notices of the Different Books）承上启下地贯通着理雅各面面俱到的、译介道典的心路历程。

归根结底，形式是外因，在内容驱动的基础上，"导论"字里行间仍可以意会到两位译者高度一致的翻译精神。一方面，汪榕培、理雅各两位译者"导论"所言不拘于所在的系列丛书总则，他们津津乐道的是建构与维护英译中国典籍的译者范式与本分，侃侃而谈的是就翻译对象而译、而议的译者思维，较真的是原典的真实意义与译介的挖掘与维新。另一方面，理雅各固守的是《中国圣书》(*The Sacred Books of China:The Texts of Taoism*)道之常道，即与中国古籍经典"非'不隔'"的、国外译者译入的借鉴本能与学术功力；汪榕培呼吁的是道之非常道，即"不隔"的本土译者译出的本事与交流的动机。

究其本质，译作"导论"的基本功能主要包含"论"与"导"两方面，即译者的翻译自我介绍与目标读者预告。后者关系到译者本分，前者指向了译者本色。表面上，两位译者的"导论"符合"论"的功能的论述比例、程度大于"导"的引导功能；实际上，理雅各与汪榕培英译老庄副文本言说中的翻译表述也就等同于面向读者的翻译预约。也就是说，两位翻译大家在"导论"中的翻译陈述均以"论"的明线隐含"导"的暗线，不约而同地标榜着他们致力于典籍英译的科学态度与严谨方法，他们也都因此载入了道家经典翻译史册，他们的译作也抵达了彼此预设的目的读者的阅读与认知视界。

考察汪榕培英译老庄单行册副文本的设置，尽管译者英译《庄子》副文本比《英译老子》副文本在篇幅上、内容上复杂了不少，但与国外译者相比，汪榕培英译老庄的副文本操作仍一派"从简"风范，而理雅各等国外译者在其翻译副文本中"做文章"总是他们力求协调译入距离问题的一种手段。比较而言，本土译出的译者更乐于在译文中下功夫。

三、汪榕培古典戏剧英译副文本体系

汪榕培英译中国古典戏剧的实务就体现在他专注于英译汤显祖作品方面，自首译《牡丹亭》起，《邯郸记》《紫钗记》《紫箫记》《南柯记》次第而出后，其中前3种英语本陆续入选《大中华文库》系列丛书，因此，汪榕培英译汤显祖戏剧译本中的副文本实务也同样可以分为《大中华文库》版与单行册版本两种。然而，不同于汪榕培英译中国古诗副文本实务的分布实况，汪榕培英译汤显祖剧目的《大中华文库》与单行册版并在的情况仅限于《牡丹亭》英译本，而《邯郸记》与《紫钗记》只有《大中华文库》版，《紫箫记》与《南柯记》

仅有单行册版。因此，分析汪榕培英译汤显祖戏剧副文本译介实务就从所涉英译本两种不同的出版系列说起。

汪榕培英译汤显祖戏剧译本总数虽多于汪榕培古典诗歌英译译本基数，但汪榕培古典诗歌英译各译本单行册、《大中华文库》版兼而有之的情况却不复存在。基于汪榕培英译汤显祖戏剧副文本的不对称现象，分门别类的分析方法行之有效。

首先是同一译本不同版本之间的比较。汪榕培英译《牡丹亭》同年由湖南人民出版社（2000年1月）与上海外语教育出版社（2000年9月）分别推出了《大中华文库》版与单行册译本，它们的副文本分布情况相同，即分别出现在译文正文之前、之后两种空间，但它们设置的形式与相关内容却异大于同，最大的差异即副文本成分与呈现上的不同。比较而言，《大中华文库》版副文本结构是模式化体例，而单行册副文本版面则具有调变性特点。从《大中华文库》版《牡丹亭》总3项副文本内容上看，前置的双语"总序"与"前言"这2项《大中华文库》版既定副文本内容规范，后置的"译者简介"（ABOUT THE TRANSLATOR[7]）亦然。汪榕培《牡丹亭》单行册中，3种"前置副文本"鱼贯而出，名家书法、《牡丹亭》剧照与译者"前言"相映成趣。与此同时，置于英译文后的、以"《牡丹亭》研究"为总题的"后置副文本"集中了汪榕培本人的翻译反思及其英译《牡丹亭》底本作者徐朔方与相关学者的观点，如"后来居上"[8] 775，主客观一体化地反映了汪榕培《牡丹亭》英译本的接受与流通态势，遂成为阅读汪榕培《牡丹亭》英译正文不可多得的译本副文本。《牡丹亭》单行册中种种副文本设置上的变化，如"前置副文本"的图文多模态推广特色以及专项"后置副文本"多维度研究集中导入的学术格局，都是汪榕培英译典籍副文本操作中难得一见的实务，这说明汪榕培一贯的经济副文本英译思维也会在个别译本发生变化。此外还需要说明的是，存在于汪榕培《牡丹亭》单行册中副文本实务中的译者主体操作方式中也包括译者与出版方合作的翻译协商形式。

汪榕培《牡丹亭》单行册与《大中华文库》版副文本各异的情况居多，两版"前言"是两种类型版本中唯一从项目名字到内容都有所重叠与交集的副文本项目。简而言之，单行册"前言"就相当于《大中华文库》版"前言"的缩写版。在"前言"最后环节,即汪榕培论述《牡丹亭》英译实践的部分,《大中华文库》版分别就《牡丹亭》复译范本与译者翻译宗旨展开具体分析,而单行册中,汪榕培不像他在《大中华文库》版"前言"中侃侃而谈地论述"传神达意"及其英译中的归化操作方式,而是高度提纲挈领并将其英译实务一言以蔽之地概括为"a verse translation"[8] Introduction Ⅳ。显然,汪榕培点到为止的副文本写作思维适时而在。

其次是不同译本之间的比较。《牡丹亭》英译本是汪榕培英译汤显祖戏剧作品的首译,在汪榕培两个不同英译版本中,副文本英译实况因不同版本不同的出版性质而有所不同的现象也陆续地体现在汪榕培后继的汤显祖戏剧英译译作中。从《大中华文库》版译本方面看,汪榕培《大中华文库》版《牡丹亭》英译本中"前言"副文本的操作模式重现于译者其他2种汤显祖英译选本之中,微调的现象时有发生,分为同一副文本项目内部的调整与不同副文本内容之间的变化。第一种变化中典型的调整情况如"前言"开篇内容,即"汤显祖"概况基本不变的同时,汪榕培在接下来的2种译本中略去了"……的英译"环节,然而在汪榕培《邯郸记》《大中华文库》版"前言"中一时遁去的译者的翻译宗旨,如"我为自己的译文制定了'传神达意'的目标,假如没有特色和新意,复译也就没有意义了。"[1] 38这样的译者英译纲领再度复现在汪榕培《紫钗记》"前言"最后一段中,"翻译的基本标准还是'传神达意',可是做到这四个字可太不容易了。"[9] 由此可见,见与不见于译者各《大中华文库》版译本"前言","传神达意"一直都可以说是汪榕培英译汤显祖的英译总纲。第二种变化中明显的调整,如汪榕培英译汤显祖《大中华文库》版3种译本"前置副文本"一致的情况下,"后置副文本"变化重重,具体变化即《牡丹亭》单项副文本"译者简介"到《邯郸记》中"参考文献"[10] 547-549与"译者简介"[10] 550的组合副文本,再到《紫钗记》"后置副文本"归零的实务各异,这无疑表明:译者在上述3种《大中华文库》版英译本"后置副文本"中发挥了一定的译者主体性作用,并直接影响到"后置副文本"的操作实况,而频繁变化的"后置副文本"实务内容又往往涉及译者英译过程中的局部环节,也就更加取决于译者的操作选择了。

无论如何,副文本设置在汪榕培英译汤显祖《大中华文库》版3种译本特定副文本项目中的局部变化，并不影响三种译本副文本整体建构上趋同的基本面貌。与此相比，汪榕培英译汤显祖单行册副文本则结构不同：其一是汪榕培英译《牡丹亭》《紫箫记》《南柯记》单行册副文本整体上与译者《大中华文库》版选本副文本体例不同；其二是汪榕培英译《牡丹亭》的单行册副文本与同社同一年度推出的《英译紫箫记》《英译南柯记》两译本副文本体例也不同。同时，后出的两译本副文本只有"前言"一项，且形式一致，内容都不足一页，且都在译者唯一的一句带有翻译意向的句子"使西方读者更全面地了解汤显祖的精神世界和艺术成就"[11]中结束，体现了汪榕培建构与维护英语读者与英语译文独处的阅读环境的一贯翻译作风。总览上海外语教育出版社出版的汪榕培英译汤显祖3种英译本单行册"前言"副文本，汪榕培《大中华文库》版选本"前言"副文本中聚焦"传神达意"翻译宗旨的言论明显地转向推广汤显祖文学成就的译介期待方面，如 "My present version is a verse translation, with an aim to show all the splendour and beauty of the play in the English language."[7] 归根结底，汪榕培英译汤显祖戏剧《大中华文库》版与上海外语教育出版社单行册副文本实务各自围绕译者翻译纲领与翻译传播的不同意向各有所指，总体上呈现繁复与精简、求同与存异、翻译与推广等操作性差异。

综上，汪榕培典籍英译单行册与《大中华文库》版译本平行存在，两类译本"前言"形成"简版"与"拓展版"、"传神达意"翻译功能系统化趋势的散论与"传神达意"本体内涵导向的通论、个译与国家主导型选译、他者（许渊冲序《诗经》、徐朔方序《牡丹亭》2例）副文本与译者副文本等互文、互补、互鉴的多维交互关系。尽管汪榕培英译中国典籍的文学类型有所不同，尽管汪榕培英译中国典籍的译本出版渠道与形式有所不同，尽管汪榕培英译中国典籍的副文本范式有所不同，显而易见，汪榕培"写意"性典籍英译路线始终是贯通其所有英译实务的核心属性，始终是译者建构以典籍英译译文正文为本、为道，以典籍英译副文本为标、为器翻译模态的英译抓手。

参考文献

[1] 汪榕培.大中华文库·诗经[M].长沙:湖南人民出版社,2008.

[2] 汪榕培.汉英对照·汉魏六朝诗三百首[M].长沙:湖南人民出版社,1998:前言12.

[3] 汪榕培.英译乐府诗精华[M].上海:上海外语教育出版社,2008:卷前语Ⅱ.

[4] 汪榕培.英译陶诗[M].北京:外语教学与研究出版社,1999:自序Ⅳ.

[5] 汪榕培,PUFFENBERGER W.英译老子[M].沈阳:辽宁大学出版社,1996:PrefaceⅡ.

[6] 汪榕培.庄子[M].长沙:湖南人民出版社,1997:前言22.

[7] 汪榕培.牡丹亭·英汉对照[M].上海:上海外语教育出版社,2000:985.

[8] 汪榕培.大中华文库·牡丹亭[M].长沙:湖南人民出版社,2000.

[9] 汪榕培.大中华文库·紫钗记[M].广州:花城出版社,2009:前言31.

[10] 汪榕培.大中华文库·邯郸记[M].北京:外语教学与研究出版社,2003.

[11] 汪榕培,张玲,顾薇.英译《紫箫记》[M].上海:上海外语教育出版社,2012:前言1.

汪榕培英译《庄子》"达意"方式二则

"周秦诸子中,倘就玄理与隽语而言,庄周及其弟子允称第一。其笔墨的恣肆、辞采之瑰丽、行文的潇洒与句法之奇特,以及想象之夸张与怪诞,对中国文学的发展影响极大。"[1]《庄子》的经典影响也直接地取决于其翻译的语际交流过程及其所织综的呈现方式与阐释内容,间接地作用到庄子意蕴文思的认知向度与中国文化对外传播的广度。

汪榕培《庄子》英译本1997年出版,改变了本土《庄子》英译"被别人表述"(萨伊德在《东方学》扉页中引用卡尔·马克思《路易波拿巴的雾月十八日》文章中的用语)的局面。两年后,汪榕培《庄子》英译本被收录到《大中华文库》丛书中。作为本土《庄子》英译百年历史上全译第一人与唯一人的译者,其《庄子》哲学底蕴与文学面貌神聚形合的气质的形态归因于译者本人"传神达意"的翻译宗旨,译者英译《庄子·内篇》各篇目的译题率先集中反映译者的译理与译为,如表1所列。

表1 英国、美国、中国代表性英译《庄子·内篇》译名对比(理雅各篇目英译音译部分略)

内篇篇目	译者		
	理雅各(1891)	梅维恒(1994)	汪榕培(1997)
《逍遥游》	Enjoyment in Untroubled Ease	Carefree Wandering	Wandering in Absolute Freedom
《齐物论》	The Adjustment of Controversie	The Equality of Things	On the Uniformity of All Things

表1（续）

内篇篇目	译者		
	理雅各（1891）	梅维恒（1994）	汪榕培（1997）
《养生主》	Nourishing the Lord of Life	Essentials for Nourishing Life	Essentials for Keeping a Good Health
《人间世》	Man in the World, Associated With Other Men	The Human World	Ways of the Human World
《德充符》	The Seal of Virtue	Symbols of Integrity Fulfilled	Signs of Complete Integrity
《大宗师》	The Great and Most Honoured Master	The Great Ancestral Teacher	The Most Venerable Teacher
《应帝王》	The Normal Course for Rulers and Kings	Responses for Emperors and Kings	Competent Emperors and Kings

从表1所列3位译者"意译"的篇目来看，在传输文化义理意蕴方面，汪榕培英译《庄子哲理》的"达意"程度比理雅各、梅维恒两译显著。与汪译相比，理译"达意"有时显得不尽如人意，如理雅各英译《逍遥游》时，没有译出"游"字的实质性道家文化状态，同样的问题和现象也存在于《齐物论》的"物"译作"controversie"，《养生主》的"主"译作"lord"，《应帝王》的"应"译作"the normal course"3例中。在汪榕培看来，英译了四书五经的"西儒"理雅各，这位"学者译者"（译自"scholastic translator"[2] 72）对中国哲学"术语专名"采取了侧重底蕴，忠实至上的翻译策略。从《庄子·内篇》"传神"上进行比读发现，与汪译相比，梅译"传神"似乎不尽其意，如《齐物论》的"齐"译，"equality"不及汪榕培译词"uniformity"达旨鲜明，《大宗师》的"宗"译，"ancestral"不及汪译"venerable"切意全面，而《应帝王》的"应"字，无论是理雅各的"the normal course"，还是梅维恒的"responses"，与汪译"competent"相比，梅译不免显得直白，理译的说明则略微寡淡。虽然理雅各所译"缺乏应有的文学色彩"[2] 36-37，尽管"梅维恒的最新译本确有独到之处，力求体现《庄子》一书的文学色彩"[2] 38，但综合而言，理雅各与梅维恒相关英译在再现庄子行文与意蕴的生动性、切合性与完整性方面皆不及汪榕培对应的英译内容，因此反衬出汪榕培译例英译中"传神达

意"的两个维度统一中"达意"的权重性特征。与此同时,《庄子·内篇》篇目中"逍遥""齐物""养生""间""德"各例的修饰译词"absolute""all""good""ways""complete",汪译各例基本上都属于"传神"增益"达意"的翻译实务。梅维恒与汪榕培《庄子·外篇》与《庄子·杂篇》篇名个译比读结果也反映着与《庄子·内篇》篇目翻译同样的译介倾向,如《庄子·外篇》"在宥""刻意""缮性"与《庄子·杂篇》"寓言""说剑",汪榕培的译例"Let Be and Let Alone" "A Strained Mind" "Cultivation of the Inborn Nature" "Fables" "Persuasion with Swordplay" 整体上与对应的梅维恒英译 "Preserving and Accepting" "Ingrained Opinions" "Mending Nature" "Metaphors" "Discoursing on Swords" 相比之际可见,汪译精准地捕捉到了庄子原文的哲理并直接取用"let be"、"fables"与"persuasion"等英语表达,实现了意合到形合地传达庄子哲学理念的翻译效果,促成了原文题旨精髓在英语阅读视界中自然表达的实效。

上述各译例提纲挈领地集中反映了汪译"对原著思想的准确把握"[3]的译介形态,而译者把握这种译介章法的底蕴正是译者本人所持的再现原文"深意"的翻译自我要求与自我规范所致。总体而言,"达意"不仅是汪榕培英译《庄子》达成意思的出发点,更是达成意会的目的地,于此,译者意在趋向"达意"层面上"深意"至理的翻译方法可以解读为以下两类具体形式。

一、写意性"达意"

"意,妙理也。……是以'玄理'、'妙理说意,则意'当超乎知性言论之外。"[4] 固"穷"是《庄子》思想中非常明确的行为特点,面对《庄子》中近百例(96例)的"穷"字,深刻认同"'意'是可以自觉把握与默默知晓的东西"[5],汪榕培在提取其中表达道家概念意义的"穷"字后,不吝"穷尽"其译者主体的翻译能动性,不拘泥于其表层字义,也不执着于单一的定译。从汪榕培不止一种的译词(penniless/besieged/stranded/predicament)来看,庄子所用"穷"字可以是贫困的字意,也可以解读为困厄之意,诸译都是译者"境与意会"地揣摩《庄子》原文语境触及的深层意蕴的翻译描述,此即写意性"达意"的译介取向。

《庄子》中"穷"的概念也出现在"穷"字组词中。正如老子名言"道可道，非常道"内涵所在，"我们在有的地方还增译了庄子的'不言之言'和'言下之意'，这些做法是否恰当还望专家学者指正。"[2] 42例见频繁使用的词组"无穷"（"穷"表极限，尽头）英译为"infinity"。再如"穷"与"达"组合而成的对比性短语"穷达"的英译"failure and success"[2] 83就涵指着"穷则独善其身，达则兼济天下"的言外之意。又如《庄子·让王》中的"穷通"与"穷于道之谓穷"分别英译为"disadvantages or advantages (disadvantages turn to advantages)"与"a man ignorant of Tao truly has no way before him"[2] 503。上述诸例庄学义理性质的表达结构逻辑不同，语篇意义拓展层面则不同，悉数反映了《庄子》之中的"穷"字并非局限于单一的常规意义，特别是最后一例中"穷（喻"空洞"）于道之谓穷（喻"困境"）"的英译含义表达适意，汪榕培译有所依的正是《庄子·天道》书中所言："语之所贵者，意也，意有所随。意之所随者，不可以言传也，而世因贵言传书。"此言可以说是汪榕培英译（"The value of words lies in meaning, which can be read between the lines. What can be read between the lines are beyond words; yet the people pass on books because they value words."[2] 217-219）表达所呈现的"言不尽意"语篇逻辑所在，"穷"在原文语境中传递的心理执念与精神境界在译文语域的字里行间呼之欲出。同理，《庄子》中的典型性成语，如"大人无己"（"道人不闻，至德不得，大人无己。'约分之至也。"见《庄子·秋水》）在其英译上下文搭配（"'A man well-versed in Tao does not seek after fame; a man with perfect virtue does not seek after gains; a truly great man ignores himself.' This is self-discipline in the highest form."[2] 267）中意、理亨通。鉴于此，汪榕培英译庄子成语的直译语境内，译文在诠释原文表达的言下之意方面方法得当，而蕴含哲理的译法法乎其上之际"意"也派生出郁郁不得志的寓意。由此可见，汪榕培"达意""采取的是既不失原则，又灵活变通的翻译策略，他在英语读者可能接受的基础上，能够直译就尽量直译。在直译不能表达原文全部内涵时，就采用解释性的译法。"[6]汪榕培"解释性译法"的基本方式既包括"写意法"解释，也不乏"修辞性"表达。

二、修辞性"达意"

汪榕培认为,"其(《庄子》)博大精深的哲学体系足以跟任何一位古希腊哲学家的哲学体系媲美。庄子的文学才华也远在任何一位古希腊哲学家之上。"[2] 17《庄子》修辞的美文形式与客观的表意方式是一种相辅相成的互动关系,这一特点也体现在汪榕培《庄子》英译本中。事实上,汪榕培通过修辞性的"传神"变法优化"达意"达成了庄学理念与西方概念精神实质上的互鉴现象,因此,汪榕培"传神"形式也常常呈现出借鉴当代英语文辞,蓄意传递《庄子》思想真谛的交际趋势,把庄子散文英译塑造为一种中西互文的交际新视野,因此迫近了汪榕培期待的"好的译文"的期待视域,如"the principle of 'live and let live'""divine""nature""bondage"等英译的语旨文学性描述与语用修辞性表达,在体现原著旨意与意气气质等方面反映出"庄学西渐"的翻译进程,明显具有推进中国道家典籍在世界人文共同体中的传播功能与建构价值,即"使得译入语文化群体的目标读者在阅读译作时减少认知努力"[7]。

《庄子》书中的语言"汪洋恣肆"间接地揭示了"言说的困难"的既定事实。从汪榕培英译译文来看,译者运用创意性的"达意"方法进行英译阐释,有机地缓解了"达意"的困境,也活跃了写实性"达意"未必能及的"达意"处境。"三语"是《庄子》中常见的表述形式,是传达《庄子》语篇意义的专门载体,是译者"达意"英译时要留意的传达对象。汪榕培英译《庄子》"三语"的"达意"方法往往深入浅出,旨在取得文化传播、交际的实际效果,此时,写意性的英译张力就体现出来了。

例1:"安时而处顺"(《庄子·养生主》《庄子·大宗师》)英译依次为:"A timely coming and a natural departure"[2] 47/ "whatever happens at the right time and follow the natural course"[2] 101。

例2:"安危相易,祸福相生,缓急相摩,聚散以成。"(《庄子·则阳》)英译为:"Safety and danger alternate with each other; good fortune and misfortune interchange with each other; tense times and relaxed times succeed each other; collection and dispersion are related to each other."[2] 455

例3:"人生天地之间,若白驹之过隙,忽然而已。"(《庄子·知北游》)英译为:"The life of a man between heaven and earth is as brief as the passage of a horse through a crevice in the wall. In full vigour, everything comes into the world; in slow decline, everything returns to the dust."[2] 371

上述3例反映出汪榕培"达意"的修辞共性,也就是说,它们体现着汪榕培借助发散性思维,深入浅出地求索原作意蕴的翻译创意。更难得的是,汪榕培创意性英译倾向并没有导致欠额翻译,也没有造成翻译交际受阻等不良翻译后果。鉴于此,考察汪榕培英译《庄子》的创意性"达意"译法明显地有助于进一步发掘"传神达意"在翻译深度与接受向度上的交际潜能。

综上,基于庄子"诗人哲人兼于一身的卓越地位"[8],汪榕培英译《庄子》"达意"方法不一,译文也非千篇一律,甚至《庄子》很多专名译法不统一,这"正反映了他善于抓住事物本质之敏锐目光"[9]。归根结底,在汪榕培频频借助不同层面"传'神'"译法的基础上,无论是《庄子》意蕴上的蓄意,还是译者的认知会意,都超越了"干燥地总括庄子思想的要点"[10]的枯燥译法,避免了"只抓到庄子活活哲思的死骨"[10]的僵化翻译,回溯到作品《庄子》所处的、思想不拘一格的先秦时期与作者庄子所本哲理的"真境神韵"[9]语境:"庄子时代,'神'意味着自在游走的气韵,庄子本人认为'神'是玄妙的、超验的。"(译自原文"...in whose time shen referred to a vital spirit which could run willfully. Zhuang Zi's concept of shen is mystical and transcendental."[11] 正因为如此,汪榕培创意性"达意"举措生成的、变通性质的译文与译者写实性"达意"译法译就的求是性质的译文整合一处,呈现出《庄子》原文及其英译之间意蕴相契的翻译效果。

作为《庄子》全译本译者,汪榕培自然也非常注重《庄子·内篇》《庄子·外篇》《庄子·杂篇》之间语篇的关联与统一。综观《庄子》全书,作者以其"游"的方式寄情于"道""自然""一"的哲思不断以复调的方式出现在《庄子》各篇中,从《庄子·内篇》的《逍遥游》(第一)到《庄子·外篇》的《知北游》(二十二),从《庄子·内篇》的《齐物论》(第二)到《庄子·外篇》的《天地》(十二)、《天道》(十三)与《天运》(十四),再到"杂篇"的《天下》(三十三),汪榕培顺应《庄子》篇目中哲理"互文"的基本语境,逐一地在"Wandering in Absolute Freedom""Knowledge Travels North""On the Uniformity of All Things""The Heaven and the Earth""The Natural Course of Events""The Movements of the Heaven""Under the Heaven"各译语汇中运用核心词（如heaven）复沓以及同义词复指（如wander与travel，things与events，course与movements）的英译方式，以期再现庄子哲思的灵动性与庄子思维的不羁性，并以此促成庄子整体语篇意义循环式阐释的译介形态。

作为以统摄原文形式与意义见长的本土译出者，汪榕培《庄子》英译本译文生发出一种"辞达而理举"[12]的交际性译介话语，其可读性源自"传神地达意"的三重境界，即它总关系到汪榕培翻译实践的动态格局，总关联着他英译典籍的终极目的，更关乎着他翻译风格的本色格调。进一步讲，汪榕培英译《庄子》的意义不止于译者推广这一中国哲学经典的英译目的，它也成为与20世纪六七十年代以来发生根本性深刻转变的西方汉学对话体系中的一种学术交流活动。"典籍英译理论，应该是中国译学的一个重要组成部分。"[13]以此为镜，以"传神达意"为译介媒介的汪榕培的《庄子》英译本成为种种阐释与描述庄子学说"思辨和导向"[14]范本中的一种新样本，承载着刘耕华所说的"植入式影响"（in-culture）、"确认式影响"（con-culture）等不同译介维度的思辨性翻译追求，是为得之。

参考文献

[1] 陈平原.中国散文小说史[M].上海:上海人民出版社,2014:42.

[2] 汪榕培.大中华文库·庄子[M].长沙:湖南人民出版社,1999.

[3] 袁赞.基于视域差的《庄子》英译本解释度分析[J].安徽文学,2014(10):45-46.

[4] 陈引驰.庄学文艺观研究[M].台北:文史哲出版社,1994:141.

[5] 张隆溪.道与逻各斯[M].冯川,译.成都:四川人民出版社,1998:213.

[6] 王宏.基于"大中华文库"的中国典籍英译翻译策略研究[M].杭州:浙江大学出版社,2019:76.

[7] 林琳,周桂君.心智哲学视域下译者意向性的表征研究:以理雅各和汪榕培《庄子》英译为例[J].西安外国语大学学报,2021,29(1):84-88.

[8] 叶舒宪.庄子的文化解析[M].武汉:湖北人民出版社,1997:60.

[9] 陈建中.厄言日出,和以天倪:评汪榕培教授英译《庄子》[J].外语与外语教学,1998(11):40-43.

[10] 吴光明.庄子[M].台北:东大图书股份有限公司,1988:52.

[11] WAWRYNKO S.English Romantic and Chinese Classic Poetry[M].Bern: Peter Lang AG, 1998:119.

[12] 顾随.中国古典文心[M].北京:北京大学出版社,2014:91.

[13] 汪榕培,李正栓.典籍英译研究:第一辑[M].保定:河北大学出版社,2005:序2.

[14] 季进.通过碎片来重建整体性的可能:论《中国现代文学指南》的文学史形态[J].南方文坛,2020(2):63-67.

■ 汪榕培典籍英译散论

汪榕培英译道家经典"道"之"非常道"
——从《英译老子》到《庄子》英译本

《道德经》英译本是汪榕培典籍英译第一个译本，当时他还没有提出"传神达意"的翻译原则。译者这一典籍首译出版后，汪榕培的学术文章《译可译，非常译——英译〈老子〉纵横谈》即见刊。此后，他的学术撰文中很少讲到他当年的翻译首译本的翻译路线。几年后，汪榕培《庄子》英译本出版并为《大中华文库》选为范本之际，译者撰写的"前言"中又谈到英译原则的翻译根本问题。笔者细读译本及相关译者文献之际深有体会，遂拟对汪榕培英译老庄本道家核心术语"道"的情况进行考察，辨析其翻译的实践方法与英译倾向，总结汪榕培英译典籍的阶段性动态。

季羡林先生曾为《胡适文存》作序写道，"我觉得要探索中国近百年来的学术史，必须抓住三条线索或三条脉络：一条是遵守乾嘉诸老以考据为基础的治学方略；一条是利用西域和敦煌新发现或新出土的古代典籍和文物；一条是——利用美国学者费正清的现成的话——中国对西方的反应。"[1] 就国学研究而言，学者们尽管在观点上存在诸多分歧，但对材料搜罗掌握的重要性一致认同。重视典籍考证校勘的胡适在《治学的方法与材料》一文中也强调过从文字的校勘以至历史的考据角度尊重材料的重要性。以汪榕培《英译老子》译本蓝本为选材，译者在典籍英译方面立足考据，尊重史料的起点有高度，译介有新意。

一、基于道家学理的译者英译行为

（一）"道"之合成词的相关性英译

《道德经》是中国历史上第一部哲学著作，核心精华是朴素的辩证法，作者老子无为而治的主张力透纸背，至今已有百种英译本。汪榕培与《道德经》结缘是有其前因后果的。20世纪90年代初汪榕培在白云观触景生情，后赴美时更发觉"道"等核心概念并没有在他买到的梅维恒等4位英语译者的《老子》英译本中和盘托出，这两种经历都与汪榕培英译《老子》的最终决定息息相关，而他的翻译首译和盘托出之后，他的翻译推此及彼："我最感兴趣的是道家著作，《老子》和《庄子》的思想最丰富、文采最杰出，也最符合我自己的思想。"[2] 译者思维与原作思想相契是进一步发挥斯坦纳（George Steiner）所说的译者对原文的"信任"（initiative trust）是走向翻译契合的良好开端，也是译者行为"能动而不僭越"[3] 的翻译保障。

翻译伊始，汪榕培自有担当的选择令人称道："译《老子》这样的名著更难。我国在解放后还未出版过一个由我国学者翻译的英译本，未免有点遗憾。"[4] 汪榕培的遗憾心情很快就转化为英译《老子》的翻译立意与行动。1991年，汪榕培《英译老子》由辽宁大学出版社发行，1996年，再版付印。转年，汪榕培《庄子》英译本脱稿出版。至此，汪榕培英译中国道家典籍系列自成一体，而译者为中心的翻译实务输出结果中，从内容导向的译文来看，汪榕培敏锐地切中老庄思想"常道"的翻译逻辑脉络清晰。

《道德经》中，74例涉及"道"的语境中，"道"独立使用的情况居多，以"道"为基础词汇的合成词不多，只有"天道"6例（包括"天之道"4例，不包括"天下之道"1例）、"大道"3例、"道纪"1例，这说明老子为文之"道"中论"道"的直陈方式相对集中凝练，译者英译中亦步亦趋的方法也十分醒目。"我现在是把《老子》当成道家学派的哲学著作来翻译"[4]，因此译者将老子的"道"集中译为"Tao"，这一非音、非意的非常译呈现的是老子思想的玄学"道"性，这个特点在与理雅各常见的阐释性英译，如"the course of Tao"的比对下，老子"众妙之门"的思辨属性就突出些。

《庄子》是汪榕培英译中国经典作品进入《大中华文库》的第一个译本选本，可见，道家英译实践在汪榕培英译中国典籍方面具有鲜明的发轫意义。《庄子》中与"道"搭配的词语，如《道德经》中出现的"天道"计7例，"大道"有8例，而《道德经》中初露端倪的"人之道"在《庄子》中密集起来，数量达9例，为"道"注入了不同于老子"自化"的"自适"的阐释新意。回顾汪榕培英译《道德经》"人之道"的2例原文"人之道则不然，损不足以奉有余。"(《道德经·第七十七章》) 与"人之道，为而弗争。"(《道德经·第八十一章》)，分别看到汪译"人之道"的形式与内容中的变化：前一例中，"人之道"的具体释义分散为译者的描述性解释，即"Man takes from those who have much less /And gives to those who have excess."[5] 207；而后一例中，"人之道"则处理为抽象化表述，即"The Tao of the sage succeeds without competing with anyone."[5] 183 同样，《庄子》中表达的"人道"在汪榕培译笔之下亦体现出语境界定意义的译介属性，汇总如表1所列。

表1 汪榕培英译《庄子》"人道"译例

序号	《庄子》原文与汪榕培英译
1	事若不成，则必有**人道**之患；事若成，则必有阴阳之患。(《庄子·内篇·人间世》) If you do not succeed, you will be punished by **the prince**; if you succeed, you will suffer from a mixture of anxiety and overjoy. [6] 57
2	吾未至乎事之情，而既有阴阳之患矣；事若不成，必有**人道**之患。(《庄子·内篇·人间世》) Even before I know what the real situation is, I have started to suffer from a mixed discomfort. If I do not succeed, I will certainly be punished by **the prince**. [6] 57
3	有天道，有**人道**。(《庄子·外篇·在宥》) There is the Tao in the natural way and there is **the Tao in the human way**. [6] 171
4	无为而尊者，天道也；有为而累者，**人道**也。(《庄子·外篇·在宥》) To do nothing and yet command respect is the natural way of Tao while to do things and receive the trouble is **the human way of Tao**. [6] 171
5	主者，天道也；臣者，**人道**也。(《庄子·外篇·在宥》) The ruler should practise the natural way of Tao and the subjects should practise **the human way of Tao**. [6] 171

表1（续）

序号	《庄子》原文与汪榕培英译
6	天道之与人道也，相去远矣，不可不察也。（《庄子·外篇·在宥》） There is a world of difference between Tao in the natural way and **Tao in the human way**. The difference must be clearly distinguished. [6] 171
7	夫天地至神，而有尊卑先后之序，而况人道乎！（《庄子·外篇·天道》） If the heaven and the earth, which are the most sacred, have their distinction of rank and order, how much more so is **the human way of life**! [6] 209
8	人而无以先人，无人道也。（《庄子·杂篇·寓言》） A man without the wisdom of a predecessor is a man not **endowed with Tao**. [6] 475
9	人而无人道，是之谓陈人。（《庄子·杂篇·寓言》） A man who is not **endowed with Tao** is an old and outworn man. [6] 475

《庄子》中，"人道"与"天道"（万物之源，宇宙的创造者）比对共处的语境有3例。汪译"人道"时尊重"天道"的先在性，讲究核心概念间的一致性和关联性，如"the human way of Tao"（4例）、"endowed with Tao"（2例），它们都体现了"人道"从属于"天道"的人性化的基本常理，也体现了"道"（Tao）与其规律属性（way）的内外统一。此外，孤例"the human way of life"虽是"life"与"Tao"一词之差，却表明译者如果不是对庄子"人道"的深意了然于胸，如果不是"注意基本范畴的确立和英语行文的准确达意"[7]的翻译标准，何以能译出如此"适己"的庄子风范的人之常道的译词！

汪榕培是一位高度自律、译介有"道"的译者，他对待老庄哲理概念态度严谨持重。仅仅从汪榕培英译的"道"的组合表达的基本面来看，译者系数在其译文中捕捉到了"道"是主宰宇宙的神秘力量这一精要内涵，并相应地在英语行文上言之有物地进行多样化转述，实现了他本人"对汉语典籍英译恰当的译文语言的理想状态的追求"[8] 68。

（二）核心概念词的协调性英译

先秦道家哲学思想发展一般分为三个阶段，第二阶段的老子学说与第三阶段的庄子论述是道家学理集大成式的成就。汪榕培在《英译老子》"前言"中写道，"敏感固然重要，但英译《道德经》时，单单就这一点是远远不够的。"（译自原文"Intuitive insight is the necessary key for understanding *Tao Te Ching* and the Tao. It is presumptuous to think one can express these ideas clearly and unequivocally; nevertheless, such an exercise stands as a constant challenge to all who would be students of Tao."[5] Preface Ⅰ）同样的翻译主张也在译者其他文献中出现过——"译者要忠实于原著，要保持原文的要旨，这就不可避免地要加入译者的理解和表达。"[4]而译者所言的译者主体性主要得在平衡双重翻译主体方面发挥协调作用，即促成"'元典文本'意蕴融通于当代通俗英语"（译自原文"... this translation attempts to remain faithful to the meaning and intention of the ancient text while trying to render it into intelligible and contemporary English."[5] Preface Ⅱ）的翻译结果。

《道德经》除书名外，全书并无一例"道德"合二为一的表达，但两者仍契合有道："道生之而德畜之"，换言之，"'道'既然是老子的宇宙观概念，'德'就是老子的人生观术语。"[4]《庄子》中，"道德"这一概念出现了15例（《庄子·外篇》13例，《庄子·杂篇》2例），其本质内涵在《老庄词典》中一目了然，见图1。

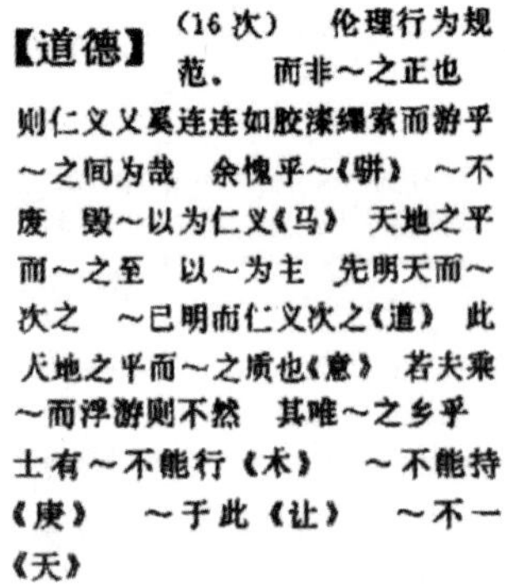

【道德】（16次） 伦理行为规范。而非~之正也 则仁义又莫连连如胶漆纆索而游乎~之间为哉 余愧乎《骈》 ~不废 毁~以为仁义《马》 天地之平而~之至 以~为主 先明天而~次之 ~已明而仁义次之《道》 此天地之平而~之质也《意》 若夫乘~而浮游则不然 其唯~之乡乎 士有~不能行《术》 ~不能持《庚》 ~于此《让》 ~不一《天》

图1 《老庄词典》"道德"词条[9] 181-182

《老庄词典》中《庄子》"道德"词条提纲挈领地将之界定为"伦理行为规范"[9] 181。本着这样的内涵考察汪榕培对应的英译即发现译者英译实务"是有规律可循的"[10]。汪榕培改观了他英译《道德经》书名为 *Tao Te Ching* 的音译方法，除1例省译外，其余14例中，"Tao and virtue"成为译者常译译词，一定程度上有助于落实"中英词汇的思想交流与意义共构"[11]的翻译格局。

尽管"道德"的意义范畴有一定之规，尽管汪榕培英译"道德"的基准协同一致，尽管汪榕培"在典籍英译的译文语言方面的研究和实践达到了一个少有人达到的高度"[8] 80，作为成熟的译者，汪榕培也自省道，"德"与"道"相通并具有整体与部分关系的这一层意义"是 virtue 无法完全表现出来的"[4]。为此，汪榕培也穿插使用"非'常译'"的英译措辞来对应"道德"这一专项词"意义之复杂和多元不通过文化和语言语境是无法确定其意义的"[12] 的翻译实况，这样的 4 例译词分别是"moral codes/the morals/the natural course of events/nature"对应着"道德不一"（《庄子·杂篇·天下》）、"以道德为主"（《庄子·外篇·天道》）、"乘道德"（《庄子·外篇·山木》）、"道德之乡"（《庄子·外篇·山木》）的不同语境。前 2 译反映的是道德伦理，后 2 例再现的则是道法自然的内涵。前后两类英译共同"指向天人合一的精神"[13]。

从汪榕培英译老庄"道德"种种具体措辞的实况来看，显而易见，"既然异质性是源文本的异质性，那么就不可能在译入语语言的空间中显现为其本身，一定是经过了去源文本互文关系和在接受语境中重建互文关系的过程。"[14] 归根结底，从英译老子的概念与"常译"常新的翻译追求，到英译庄子行文中的文化精神阐释与复译推陈出新，汪榕培的翻译实务及其自省之词均表明：译者尊重道家学理规范，细化老庄概念的译介操作不仅有备而来，而且有的放矢，且不画地为牢。

二、趋向推广、传播的译者阐释

汪榕培英译老庄非常"道"语汇的相关性原则明确，统一性纲领恒定，汪榕培也常常在他个人撰写的相关性学术研究文章中探讨其中的翻译问题。《英译老子》出版后不久，汪榕培撰写的《译可译，非常译——英译〈老子〉纵横谈》"见刊，这是国内新时期《道德经》英译研究方面的第一篇研究型文献，其唯一性一直持续到 1997 年。截至 20 世纪末，这方面的研究文献只有 2 篇（中国知网数据）。汪榕培这篇撰文的内容揭示了译者译文生成过程中的其他环节，如针对原文重点的解读与面向多元翻译的更新两个主要方面。

汪榕培的译本内时而也出现译者现身说法的实务。相对于翻译研究的学术文章，译本中的译者译介记载与陈述就更显出现场观摩的学术信度来。"当翻译不是把原文承载的意义拿来那么简单时，译者就已经融入了其社会性的私念（意志性成分）而进入行为的社会化过程中。"[10] 这方面，国外译者的文字居多，如早期英译者理雅各、如近期英译者梅维恒、赖登（Edmund Ryden）笔墨都不少。汪榕培虽然所言不多，但也有自述。关于英译《庄子》，译者汪榕培自述的内容多了起来。他一改当初很少就《道德经》作者背景进行铺陈的做法，对庄子这位作者的风格进行了深入表述。汪榕培的翻译言论主要集中在其译本"前言"——《让庄子从东方走向西方——东西方文化的一个契合点》中。就方法而言，汪榕培沿用了他在《英译老子》专文中比读的翻译测评方法，并将《庄子》英译比读的范围扩大到了10余种。此外，译者也沿袭了关注所译对象核心词概念的做法，而"以'道'为本"则再次成为英译焦点。

以道为本 庄子继承了老子"道生一，一生二，二生三，三生万物"（《老子》第四十二章）的观点，把"道"作为世界的本原。世界的本原问题是古代的哲人共同探索的问题。……在中国的哲人中，老子第一个把"道"作为世界的本原、产生天地万物，提出"有物混成，先天地生；寂兮寥兮，独立而不改，周行而不殆，可以为天下母；吾不知其名，字之曰道。"（《老子》第二十五章）庄子进一步发挥了老子的思想："夫道，有情有信，无为无形；可传而不可受，可得而不可见；自本自根，未有天地，自古以固存；神鬼神帝，生天生地；在太极之上而不为高，在六极之下而不为深，先天地生而不为久，长于上古而不为老。"（《大宗师》）……庄子的这种本体论思想跟老子的思想是一脉相承的，同时又进一步发展了老子的思想，使有关"道"的概念更趋完善，是世界哲学发展史上的一个里程碑。

在庄子的思想中，"道"又是宇宙发展变化的法则和规律、人的最高认识："是非之彰也，道之所亏也，道之所以亏，爱之所以成。""道恶乎隐而有真伪？言恶乎隐而有是非？道恶乎往而不存？言恶乎存而不可？道隐于小成，言隐于荣华。"（《齐物论》）宇宙间发展变化的这种法则和规律——人的最高认识——是超越是非和真伪的绝对真理。[6]前言22

汪榕培在英译《庄子》"前言"中陈明的《庄子》要点，如"以道为本"等明显地成为汪榕培英译的重点，而汪榕培始于《英译老子》的道家英译实务通过《大中华文库·庄子》渠道深化为跨文化对话视域，具体体现在译者以下3则引语中：

总而言之，庄子发展了中国哲学中特有的概念——'道'，使它的内涵远远超过了赫拉克利特的'逻各斯'（logos）、巴门德尼的'何多士'（hedos）和柏拉图的'善的理念'等类似的概念。[6]前言23

我们应该看到，庄子一味强调无穷大和无穷小，抹杀了衡量事物大小的具体条件和客观标准，不仅带上了相对主义的色彩，而且隐含了诡辩成分，跟赫拉克利特一样具有其局限性。

从上述四个方面来看，庄子的思想是复杂和矛盾的。他的思想的总倾向基本上属于唯心主义和形而上学，但不乏唯物主义和辩证法的成分，既有消极落后的因素又有积极向上的因素。古希腊的柏拉图和亚里士多德也同样具有类似的倾向。[6]前言26

当译者将其1997年学术文章作为《大中华文库》译本"前言"时，题目改变了：原本只有"契合""英译本"两个关键词的文章题目中，"东西方走向""东西方文化契合"的关键词使该文超越了原先中国经典英译的翻译层面，切向了《大中华文库》的跨文化交际指向。届时，译者"对中国文化和比较文化的爱好"[15]成就了跨文化交际的境界。上述3则引语都体现了汪榕培在英译《庄子》的翻译行动中积极进行视域融合的翻译意识，它们都表明：译者尊重与弘扬本土文化属性的同时，也不止一次地将其与西方古典学理相提并论，以期挖掘翻译元典在不同文化空间的对话潜质，使其翻译操作更理性、更统一、更有效，以此更好地推进本土文化在国际化社会中的正迁移互动功能。

汪榕培表达的译介思路成为阅读其老庄译本的潜在指南，译者的态度在其译文中则一览无余。虽然在老庄两大经典译文中，汪榕培也借助"道"的同义语素,如"一""方""大""通"的英译字词不断演绎"道可道,非常道"的意蕴视域,一则对应道家典籍之"道"明确而模糊的复杂内涵及其演进推敲,再则观照道家经典英译的复调性阐释,但是,汪榕培对老庄核心思想的把握仍万变不离其宗。《道德经》与《庄子》中的"道"字数以百计,"以道为本"的思想同中见异。"老子所言之'道'是其道论体系的核心概念,具有形而上的意义,蕴含着'一'、'无'、'造物主'与'万能原则'、'最高标准'、'永恒真理'、'自然本身'多重内涵。庄子则将'道'界定为世界本源,具有千变万化的动态属性。"(译自原文 "Master Lao, founder of Taoism, employed the term to establish his whole system and gave it a metaphysical meaning. For Master Lao, the Way is the one, the nonbeing, the creator of all things, the all-embracing principle, the supreme standard, the eternal truth and nature itself. Master Zhuang elaborated Master Lao's idea and took it to be the origin of the world. He interpreted it as the Way of unceasing transformation. In so doing he gave it a dynamic character."[16])汪榕培在《英译老子》中基本上以英译词Tao与老子所"道"之处的本意达成了既定默契,因为《道德经》"从总体上来看,其意义是连贯的。"[17] 及至《庄子》英译时,汪榕培穿插了"way""the natural course of events""essentials"等译词,以此示意庄子对老子"道"论的拓展之道说。

庄子演绎的"道"一方面将老子静谧的"道"理演绎为"天地万物的内在原动力,是动态本体"[18],另一方面以"自然"的观念调理老子所言之"道"。老庄论述中,"自然"总有13例。《道德经》5例中,"道法自然"(《道德经·二十五章》)与"道之尊、德之贵也,夫莫之爵而恒自然也。"(《道德经·五十一章》)这2例浓缩了老子之"道"、之"德"的"天道"观;而"自然"在《庄子》中进一步被体认是"常因自然而不益生也"(《庄子·德充符》)与"顺物自然"(《庄子·应帝王》)的日常心态。汪榕培对应的英译分别应声而出。汪译《老子》"自然"为客观范畴词"nature",而将《庄子》"自然"一词英译为"自己如此"[19]义理概念词"the natural course of things/events"[6] 87 可见,译者区分老庄同一语汇内涵的译介意图十分醒目,与人相对的"自然"与人为对应的"自然"规律的阐释维度效果亦然。汪榕培英译老庄译本中,类似的译文内外的阐释与释义彼此呼应，读者会其意，望其文（译文）之际，汪榕培所议所译就即时地作用到了老庄文化的普及性推广与深层次交际。

从《英译老子》单行册到《庄子》《大中华文库》译本，就译作本体而言，汪榕培英译《老子》"道"学的说理性与《庄子》体"道"的实践性各有各的翻译侧重。从译作主体来看，汪榕培自觉"译出"的译者到受邀"输出"的译者身份上的变化赋予了译者英译道家著作译本个体翻译识解到国家翻译话语迭代性阐释属性。在追求对外输出中国传统道家哲理并参与国际文化对话的目标驱动下，汪榕培英译老庄译文本身的实务与译本中译者推宣的翻译举措以及译者的专题翻译研究互为同构，道家经典"定译"总在"异译"与"新知"的创造性复译的进程中不断地迫近。

参考文献

［1］ 胡适.胡适全集·胡适文存一集［M］.合肥:安徽教育出版社,2003:4.

［2］ 汪榕培.我和中国典籍英译［J］.当代外语研究,2012(5):1-4.

［3］ 刘宓庆.刘宓庆翻译散论［M］.王建国,编.北京:中国对外翻译出版公司,2006:14.

［4］ 汪榕培.译可译,非常译:英译《老子》纵横谈［J］.外语与外语教学,1992(1):27-30.

［5］ 汪榕培,PUFFENBERGER W.英译老子［M］.沈阳:辽宁大学出版社,1996.

［6］ 汪榕培.大中华文库·庄子［M］.长沙:湖南人民出版社,1999.

［7］ 王宏印.中国文化典籍英译［M］.北京:外语教学与研究出版社,2009:73.

［8］ 门顺德."传神达意"翻译理论研究［M］.上海:上海外语教育出版社,2012.

［9］ 王世舜,韩慕君.老庄词典［M］.济南:山东教育出版社,1995.

［10］ 周领顺.译者行为批评中的"翻译行为"和"译者行为"［J］.外语研究,2013(6):72-76.

［11］ 管恩森.老子的帐幕:理雅各、林语堂英译《道德经》辩读［M］.济南:齐鲁书社,2020:81-82.

［12］ 郭尚兴.论中国传统哲学整体性观照下术语英译的意义相契性［J］.中国文

化研究,2015,冬之卷:155-156.

[13] 陈鼓应.道家的人文精神[M].北京:中华书局,2012:110.

[14] 刘微.翻译学:走向解释学模式与质疑伦理:评韦努蒂新著《翻译改变一切》[J].中国翻译,2013,34(3):49-52.

[15] 汪榕培.《庄子》十译本选评[J].外语教学与研究,1995(4):59-63.

[16] 郭尚兴.汉英中国哲学词典[M].上海:上海外语教育出版社,2010:93.

[17] 汪榕培,王宏.中国典籍英译[M].上海:上海外语教育出版社,2009:59.

[18] 李虹.老子的"道"与庄子的"道"[J].学习月刊,2012(18):24-26.

[19] 梁启超.老子、孔子、墨子及其学派[M].北京:北京出版社,2016:29.

汪榕培与理雅各英译老庄术语比读

汪榕培是中国典籍英译翻译大家，他的第一本典籍英译译本是《英译老子》（1991），这是新时期我国《道德经》译出的第一个英译本。后来，他又英译了《庄子》，这也是迄今为止本土译出的唯一的英译全译本。因此，道家经典英译成为汪榕培最突出的典籍英译成果与贡献。作为中国典籍英译国际一流的翻译家，汪榕培在典籍英译研究领域著述颇丰。无论是他撰写的百余篇专门文章中，还是他的两本翻译批评专著《比较与翻译》与《陶渊明英译比较研究》中，比较即他进行翻译研究的常用方法，比读的对象遍及古今中外，而理雅各就是他经常比读的对象。鉴于汪榕培译论中并没有将其《道德经》《庄子》译本与理雅各相应英译本进行专门比较的内容，本文拟用比较的方法对理雅各、汪榕培《道德经》与《庄子》英译本中的关键术语英译的操作进行翻译考察，以此甄别国内外英译在翻译意义过程中的"达意"取向及其再现结果的异同，并通过比较的方法去发掘比较背后的"达意"洞见。

《道德经》《庄子》集合着道家的经典学说，反映着老子、庄子的治世、处世的非凡出世哲学，吸引着众多国内外译者不断复译。百余年前，理雅各英译《老子》（*The Texts of Taoism: The Tao Teh Ching*）、《庄子》（*The Writings of Kwang-tze*）作为《道家经典》的部分组成内容，收录到《东方圣书》第三十九卷和第四十卷中，这是迄今最有权威性的一个英文全译本。一个多世纪后，国内老庄经典英译全译首发者汪榕培的《英译老子》（1991）、《庄子》（1997）译本先后出版，国内外全译英译者各有所长，互为镜像的翻译批评视域由此发轫。

道家思想见诸老庄文中的字里行间，虽然众多理念都存在"字词句章各个层次都存在达意的问题"[1]，而形神兼备的正是其中的概念性术语。比较视域下，从形式上看，理雅各的道家术语英译反映的仍是译者"述而作"的"学识高邃，经术湛深"[2]学者翻译常态，汪榕培的术语英译也是一如既往地"述而不作"的"洁"译本色。从内容上看，理译"述"与"作"交织重在"说文解字"地译述，汪译聚焦"轻描淡写"地"摆渡"。落实到内容的操作细节上，理译与汪译一收一放的译介形态迥然不同。理译英译呈现边界宽、场域大、译介广的古典译状态；对比而言，汪译英译体现为精要考古与认知更新融通了的日常译面貌。王平在《比较〈老子〉的三种英译》撰文中从"首先考虑词语"[3] 161"从整个六句看"[3] 162两个方面界定汪译"洁本"[3] 167的翻译体制，具体而言，汪榕培简化式英译操作体现在三个基本层面。

一、交互性"非'常译'"立意

交互是互文写作的一种属性，而译者提出的"非'常译'"宗旨正是汪榕培形成交互性英译面貌的主导原因。中国哲学典籍经常使用相同词汇来表达截然不同的概念，而同一概念也会相应存在不同的术语丰富阐释。"译者如果不深入探究这些概念或术语在不同作者笔下的不同含义，不加区分地使用同一种翻译予以对应，就会失去本不该也不必失去的东西，或在译文中产生无法解决的矛盾。"[4]汪榕培英译老庄（《庄子》，1997）之间，译者提出了"传神达意"（1994）的翻译策略，这即成为汪榕培"非常译"翻译思维的具体化译介模式，而译者关于"达意"藉由"字词达意""比喻达意"[1]的英译举措对道家术语"一词多义""一义多词"行文属性的再现行之有效。在英译老庄典籍实践过程中，汪榕培持续地采取"一词多译""多词一译"的"非'常译'"译介手段以"达意"，"立意"的"互文"效果清晰。

（一）字词所在

《道德经》是汪榕培典籍英译的第一本翻译对象，其《英译老子》出版后，汪榕培即发表了学术撰文《译可译，非常译——英译〈老子〉纵横谈》，由此可以归纳两点：其一，《英译老子》的翻译方法非常规译法；其二，"非'常译'"是译者英译典籍散文的首要翻译要义。依译者所见，"'非常译'的译本跟'常译'的译本之间的关系，可以借用相对真理跟绝对真理的关系。"[5] 本着这样的翻译思考，汪榕培《英译老子》"非'常译'"的相对统一方法具有深入分析的借鉴意义。比较汪榕培、理雅各英译《道德经》最难读的第一章译文，以此分析两位译者的"达意"表现的说服力十分优出，原文与译文如下：

原文：

道可道也，非恒道也。名可名也，非恒名也。无名，万物之始也；有名，万物之母也。故恒无欲也，以观其眇；恒有欲也，以观其所徼。两者同出，异名同谓。玄之又玄，众妙之门。

汪译：

Tao can be defined as "Tao",

But it is not the eternal Tao;

Names can be used for its name,

But they do not give the eternal name.

The nameless Tao is the origin of all things;

The named Tao is the mother of all things.

Therefore, be always dispassionate to detect its wonders;

Be always passionate to detect its manifestations.

The "named" and "nameless" designate the same Tao;

Form mystery to mystery leads this gateway to all wonders.[6] 3

理译：

The Tâo that can be trodden is not the enduring and unchanging Tâo. The name that can be named is not the enduring and unchanging name. (Conceived of as) having no name, it is the Originator of heaven and earth; (Conceived of as) having a name, it is the Mother of all things.

Always without desire we must be found,

If its deep mystery we would sound;

But if desire always within us be,

Its outer fringe is all that we shall see.

Under these two aspects, it is really the same: but as development takes place, it receives the different names. Together we call them the Mystery. Where the Mystery is the deepest is the gate of all that is subtle and wonderful. [7] 3

"这一章是全书的总纲,把体、相、用三件都提挈起来。"[8] 汪译不仅从这一章主题大处着眼,更从概念化细处着笔。"如果不能将关键词语把握得细致入微,译文就可能歪曲这些词语在原文中提纲挈领的作用,造成译文或不及原文深刻,或语义含量超过原文,使得译文读者不能恰当地领会原作意图。翻译《庄子》这样意蕴丰富的经典,必须做到轻重得当、恰到好处。"[9] 从理雅各这一章译文内容几乎相当于汪榕培英译译文两倍的实况来看,译者的翻译的确细致入微地围绕译者界定的主题题旨进行西方汉学类型的释译。首先,理雅各将第一章"体道"主题概括为"老子提出了'道'的本性及其表现,而要理解道则要求人们也具有'道'品性。"[10] 1 其次,对于第一章中关键词语如"道""万物""玄"等,理译与汪译有所不同。这一段中,出现了3次的"道"字是老子思想的开宗之言,各有内涵,其译词非同小可。第一、三个"道"字的涵义包括至高存在本体与运动变化进程两个方面。相对于理译"Tâo",汪译"Tao"的"非'常译'"有理有据:"既然西方人已接受'tao'一词,开宗明义的'道可道也,非恒道也。'译成'Tao can be defined as "Tao", but it is not the eternal tao'则是顺理成章的。"[5] 从"Tâo"到"Tao"的意译形式呈现着复译中译介交互的非"常译"译态,也体现为与《老庄词典》中老子之"道"的首要意义,即"宇宙万物的本原本体及其规律"[11] 14 不违和的"对宇宙万物本原本体的正确认识"[11] 14 的一种文化价值判断。汪榕培、理雅各两位译者对"道"专名的英译词的差别恰恰说明中国译者的一个翻译特点,即"更关心在词汇层面的专用名词和术语的翻译"[12] 34,这在汪榕培《庄子》英译本中沿用其英译老子"道"核心术语基本译法的实务中仍行之有效,毕竟庄子之"道"并没有脱离规律与认识的本义,即"犹真理"[11] 180。

在老庄著述中，核心概念"道"的表述不等，同义与搭配两种方式脱颖而出，其中同义词表述现象的交互性影响到汪榕培英译的交互属性，以"玄"的典型性合成语汇为例。"玄览"概念也是老子哲学中最重要的理念之一，汪译为"mind's eye"[6] 33，理译为"mysterious sights"[7] 15。两译表明，汪榕培所说的"字面意义"是"达意"的绝对主体，是翻译的中肯之言，一语中的。两者所在的维度不一，前者的涵义深度与后者的涵义广度各有所长。理译措辞也是地道的英语表达，也并非疏于易于理解的原则与背离认知的目的，不过理译似乎有通识性英译之意，这应该与译者尊重其英译底本河上本"流行于道流学子与平民百姓之间"[12] 序3品质不无关系。比较而言，汪榕培英译字词反映出术语国际化视域下"词形国际化"[13] 9的英语博雅化进路，译者的这一思路也见证于专名"玄"的另外两例组词中。

"玄德"（《道德经》4例/《庄子》1例）、"玄同"（《道德经》1例/《庄子》1例）是老庄专著中特有的共享语汇。"玄德"即"天德"，"玄同"为"道"。前者"玄德"先后为汪榕培英译为"mystical virtue"[6] 27（《道德经·十章》）与"divine virtue"[14] 183（《庄子·天地》），后者"玄同"为汪榕培先后英译为"mystical union with virtue"[6] 149（《道德经·五十六章》）与"blended into one"[14] 147（《庄子》）。两则译例中，汪译《道德经》译例词指涉的交互性显然比汪译《庄子》明晰而具体。汪译《庄子》译例则是简（"one"）明（"divine"）的译法在日常通俗性英译与历史阐释性两个维度上穿插，交互性地角逐老庄"玄"念的主旨内核。无论如何，两例中，汪译译词简化的英译手法毕现。从理雅各英译来看，译者将"玄同"译为"the Mysterious Agreement"[7] 85（《道德经·五十六章》）与"mysterious excellence"[15] 236（《庄子·胠箧》），译词有交互，也有变化。《道德经》中4例"玄德"分为3类译法："mysterious Quality (of the Tâo)"[7] 15 "its mysterious operation"[7] 77 "the mysterious excellence"[7] 97；《庄子·天地》中1例也译为"mysterious quality"[15] 253可见，理译译词一直处于重复性交互中推进的程式中，类型范畴化属性因而更明显，与汪榕培精简化演进方式不同。关于目标语英语表达的原则，汪榕培《英译老子》前言中有这样一句话："As much as possible, this translation attempts to remain faithful to the meaning and intention of the ancient text while trying to render it into intelligible and contemporary English."[10] Preface Ⅱ

尽管老庄经典思想的阐释一义多词,一词多义的笔法,道家概念字词的涵义个中差异的情况比比皆是;尽管"国外译者翻译中国的典籍,最致命的弱项是理解中国人的思维"[16],中外英译者传达的取向有所不同,但作为中外道家英译代表性译者,汪译与理译一简一繁的译字、译词字面上的差异也反衬出二者超越时空的内在关联。统一为严复总结出的译名方法:"盖翻艰大名义,常须沿流讨源,取西字最古太初之义而思之,又当广搜一切引申之意,而后回观中文,考其相类,则往往有得,且一合而不易离。"[17]

(二)比喻所译

老子的《道德经》文字精简练达,指涉深邃;而《庄子》的语言汪洋恣肆然。"理雅各、冯友兰等比较注重传译《庄子》一书的哲学内涵,而华兹生、葛瑞汉、梅维恒、汪榕培等则兼顾其哲学内涵和文学特点。"[18]同样,汪榕培英译老子的文学观照比理雅各英译的表达形式显得醒目,这可以从汪榕培翻译《道德经》中与"道"同道的若干关键字词中略见一斑,而"大""一""朴"的使用比例相对突出。虽然汪译"有时可以直接用'tao'来替代,例如:'是以圣人执一,以为天下牧'可以直接译成'Therefore, the sage embraces tao, and sets an example for all';……又如'一者,其上不攸,其下不惚'可以译成'As for oneness, its other name is tao, its top does not seem opaque, its bottom does not seem obscure'。"[5]但译者有时选择比喻的译法进行释意,"道恒无名,朴虽小而天下弗敢臣"(《道德经·三十二章》)的译文"Tao is eternal and nameless; like uncarved wood, it is insignificant and indomitable"[6] 87即为证。

《道德经》中具有"道"涵义的"大"字计20例,汪译中,最有比喻译介形态的译例应该说是"道"与"大"的组词,"大道"3例(故大道废When the mighty Tao is discarded[6] 47//行于大道I will follow its great wide way[6] 139//大道甚夷This great wide way is easy and safe[6] 139),汪译译词分为两种。对比来看,"mighty Tao"属于隐含性理喻的比喻性英译现象,"great wide way"则是显在性具象的陈述性英译事实。此时,"大道"的"道"与《道德经》译介生态一脉相承，汪榕培不同比喻性质的翻译阐释于此达到了循环式转化的效果："在'道'作'规律'解时，有时可以译成 the way，例如：'是谓深根固柢，长生久视之道也'可以译成"This is called 'deep-rootedness', the way of long life and eternal virtue.""[5]

"一"与"道"的同源关系莫过于"道生一"这一经典句了。汪译"From Tao comes oneness"中，"Tao"与"oneness"互文互立。《道德经》中"一"总计 12 例，"tao"译词 3 例，"oneness" 4 例，而余者 5 例均是"省译"的译法。对比来看，理译"戴营魄抱一，能毋离乎？"（《道德经·十章》）为"When the intelligent and animal souls are held together in one embrace, they can be kept from separating."[7] 15 显然还是受限在概念的字面误读的直译中。作为当下复译者，汪译 5 例"零翻译"的译笔与众不同，"一"的内涵在"清"始与"正"止的 5 个结果导向性质的专名中复归，视角迭变与统一的语篇语体互立的语势错落有致、语体整齐划一，如表 1 所列。

表 1　汪榕培英译《道德经·三十九章》"一"译例

原文	英译
天得一以清，	Heaven has thus been clarified;
地得一以宁，	Earth has thus been stabilized;
神得一以灵，	Gods have thus been deified;
谷得一以盈，	Valleys have thus been vitalized;
侯王得一而以为正。	Lords and princes have thus been solemnized. [6] 105

"字词的字面意义的理解对于译诗的达意起着决定性作用。与此同时，修辞格的合理使用，对于达意也有着重要的作用。"[1]《道德经》中，"朴"字，属于"道"的一种比喻性描述用词，总有 8 例。汪榕培英译措词分为两种，但都是"名从主人"的本质。5 例本意英译"uncarved wood"外，其余 3 例中 2 例为保留"道"的抽象理喻"the nameless Tao"，1 例为"simple and good"，属于释意性形象比喻译法，呈现了该字在人性语域方面的基础含意。相比之下，理译译法总结为两类：其一，描述性意译；其二，规范性直译。第一类例见"like wood that has not been fashioned into anything"[7] 21，第二类例见客观性直译"unwrought material"与引申化直译"simplicity"（3 例）。比读之

际,汪译的文学色彩比理译彰显。汪译《道德经》"朴"之比喻式英译"uncarved"在《庄子》之"朴"(14例)中只沿袭了1次,同样是比喻的英译形式,但喻词变为as(as uncarved timbre)。比对《道德经》之"朴"译,《庄子》之"朴"增添了1例比喻式英译,即"inborn nature"[14] 137,该译丰富了《道德经》以来"朴"字的内涵意义与精神境界。

"同一个多次出现的概念和术语在不同的行文中也可能采用不同的表达方式。"[14] 42无论是字词本意,还是比喻含义,两种"达意"的具体译词方法都显现出不同程度的"非'常译'"译态的同时,都存在着复译语境中的译词交互、译词涵义交互的、以求深度"达意"的不等译况,而这正是概念"达意"确保道家经典哲理翻译质量的根本,也是规避不必要误读的保障。

二、结构性"非'常译'"增益

老庄著述中的术语所在的最近上下文语境中,术语搭配使用的情况居多,形式多样。相对字词"达意",术语句法结构的"达意"效果的翻译难度更大,难就难在力求表达形式"不至于不必要地错失作者意图强调的核心义旨"[4]上功到自然成,即表现形式与术语内涵之间确立为统一的互补关系。《庄子·内篇》是公认的庄子笔法,汪榕培也常常说,译本开篇部分总是最精彩。作为《庄子》英译复译者,如同汪榕培与理雅各相比一样,理雅各也在其英译本中与巴尔福(F. H. Balfour)英译《庄子》篇目进行比较。比较理雅各与汪榕培《庄子·内篇·逍遥游》的英译差异,这可以有效地说明《庄子》复译视域中译者译有所为(Translation as a purposeful activity)的翻译作为对于深入认识、推动《庄子》英译复译各具特定的意义。在《逍遥游》语篇语境范围内,庄子的理念与《庄子》一书题旨的基调都具体而明确地呈现,同时也为后继的内容奠定了更开放的阐释可行性空间。《逍遥游》篇以及其他篇目中的"逍遥"总计7例,"游"的计数数据为113例。"逍遥"这一最显著的组合语境中最典型的是表2中动词性搭配的4例结构。

表3　汪榕培英译《庄子》"逍遥"动词性搭配译例

原文	英译
逍遥乎寝卧其下（《庄子·逍遥游》）	roam idly around it and sleep carefreely beneath it [14] 13
逍遥乎无为之业（《庄子·大宗师》）	roam in the realm of non-action [14] 105
逍遥于天地之间（《庄子·让王》）	live a carefree life between the heaven and the earth [14] 487
逍遥乎无事之业（《庄子·达生》）	wander in the realm of non-action [14] 315

上述译例因语言结构上的不同，促成了译者英译"逍遥"的不同姿态与势态，于是搭配结构驱动"逍遥""达意"的"非'常译'"形意相映成趣，具体体现在"roam"示怡适与"wander"表闲放的语用规约自现上，"roam"与"roam idly"语用侧重自明中，译词虚（介词）、实（副词、形容词）词自得的变译组合里。所谓"逍遥"与"游"也可以归结为一个基本原则"无待"，而"逍遥，无为也"进一步促成并深化了"逍遥"的洒脱与率性。在《庄子》全文中，"逍遥"与"游"两个概念合成的迭加式语境仅有2例，即《庄子·逍遥游》篇目与"游逍遥之虚"（《庄子·天道》）。《庄子·逍遥游》开宗明义，文题中就简明扼要且提纲挈领地切入到庄子处世哲学的两大方法论心经——"逍遥"与"游"。作为复译者，汪榕培曾在《庄子》英译本前言中提到了理雅各《庄子》英译本，并通过"庄周梦蝶"具体译例指出理雅各英译"学者型的翻译""逐字翻译""过于直译，因而缺乏应有的文学色彩。"[3] 41这几点也是区别汪译与理译的至理名言，"逍遥游"组词对应汪（Wandering in Absolute Freedom）、理（Enjoyment in Untroubled Ease）译例一动一静地从旁佐证着结构"达意"的"非'常译'"译事。显而易见，汪译中惊鸿一瞥的"绝对意志"气质是不逾矩的理译望尘莫及的。

与中国典籍"意会"的写作面貌大体一样，老庄著述中，"意"是一个开放的过程："一部道家经典《老子》已经有了100多种英译本，得到不同的解读，不仅说明了这部作品在西方国家深受重视，而且说明翻译在思想传播中的作用。"[19] 由此可见，异语"传""达"也必定是一个不断开发与逐渐平衡的过程，"这个平衡的过程无疑也是中国哲学典籍翻译的一个挑战。"[4] 汪榕培英译《道德经》也是一种译者在复译中进行"传"与"达"扬弃实践的结果，以"为学者日益，闻道者日损。"等为证。此例中，汪译"He who pursues ..."[6] 127显然是维护理雅各英译句式结构"He who devotes ..."[7] 71 的复译传承表现，当下英译《道德经》译句"He who learns ..."中仍沿用着这一表达方式。

翻译中国哲学典籍，术语、概念一直是重中之重的翻译挑战与难点，理解与翻译时必须要明确其核心主旨及对应翻译的动态对等。鉴于结构性"达意"切合到老庄概念语境的语用结构，不同语境结构的规范性规划了译语"形合"的"非'常译'"动态形态，由此促成了道家哲学概念多向度的解析译事，由此可见，老庄术语英译结构形式的变化不可限量，无形中为"达意"平添了不拘一格的、适合表意的文学情趣。

三、语篇化"非'常译'"观照

逻辑不仅仅是理解翻译对象元典的核心，也是译者译文表达的中心。没有理解，就没有表达，而表达恰恰是转化理解与理解升华的重心。截至目前，从汪榕培《大中华文库·庄子》、理雅各《东方圣典·道家经典》的传播渠道来看，两者皆是国内外老庄推广视域中具有显著影响力的英译语篇，道家哲学道高物外的风度尽显其中。语篇逻辑是译者理解元典基础上转化知识内涵，成就语篇"达意"升华，呈现文化意蕴的载体。于此，老庄哲学的中外译者可以各有心得，也可以优势互补，代表性译例见表3。

表3　汪榕培与理雅各英译《道德经·二十三章》示例

原文	汪榕培英译	理雅各英译
曲则全， 枉则正， 洼则盈， 敝则新， 少则得， 多则惑。	Yield and you will remain intact; Bear wrongs and you will be set aright; Accept disgrace and you will be respected; Wear out the old and you will obtain the new; Be content with little and you will gain more; Have too much and you will be confused. [6] 59	The partial becomes complete; The crooked, straight; The empty, full; The worn out, new. He whose (desires) are few gets them. [7] 31

此《道德经》语篇中，从"曲""枉""洼""敝""少""多"的行为取向，到"全""正""盈""新""得""惑"的人生面向，它们万变不离其宗，反映的是道家"无为"的自然归宿的语篇意旨。语篇整合中，合适的字词与合

适的方式之间的和合共生至关重要。不同于理雅各变换译句表达形式的译法,汪榕培通过建构复沓地应用英语句法形式,继而建构了连贯的缜密的英语语境,从而使古汉语元典语句缜密的句读"达意"逻辑举一反三地呈现出"齐一""无为""为道""游心"的整体逻辑,其中6例"对反"语汇综合地诠释了老子"虚极""静笃"的核心思维,都具有精神本体的高度抽象性,都可以说是道家"心"哲学的深度阐释。在程颢、陆九渊、王守仁等心学哲学体系中,"心即理,心外无理,心外无物"。换言之,心被视为万物之本体,世界之本源。在《道德经》中,"心"只有2例,基本上是"人心"的语境意义,理雅各与汪榕培的译词均为"mind",不同于两位译者在各自英译《庄子》中的多译词译介情况。事实上,汪榕培英译《庄子》之"心"的多元英译虽然与庄子"心斋""游心"等不同语境不无关系,但与译者英译《道德经》之"心"的初译表现之间的关联也明确地体现在《道德经》8例"心"的英译语篇中,其中,"heart"(如"strain the heart"[6] 145)与"mind"(如"Emptying their minds"[6] 9)共计5例的高频用法,以及"thought"(如"profound in thought"[6] 19)英译词都在《庄子》英译中一一延续着"绝圣弃智"的意蕴。

翻译"心"这类核心术语,译者须高度重视中国传统哲学人文概念的"从内容和功能、思想和价值观等主要方面反映出原文本在中国哲学和文化系统中的意义和地位"[20]的"整体性特征"[21]。《庄子》中,"心"的术语总计187例,独字运用的概念表达占三分之一。对比理、汪个译的"心"字译词,"心"的文化属性各有所属。汪译总13种译文中,"attention/wit/will/motive/wish/worry and care"均为孤例,而1例以上的译词包括"people/soul/mind/thought/heart/desire/bent",而"heart"与"mind"的译介频次数一数二,总合13例,成为汪译平衡视域下的定译性质的译词。

比较是汪榕培借鉴与畅谈英译典籍的常用方法。比较是一个开放性过程,更是一种开悟式发现。比较上述汪译各译词可见,汪榕培逻辑"达意"的"非'常译'"具有双语平衡的译介属性。"非'常译'"的平衡观就体现在"非中非英,而是兼顾摆渡而成——既要照顾中国人思维的特征、又要照顾西方人的语言表达习惯,在中间取得平衡。"[19]对比之下,汪译"心"的高频译词比孤例译词的异语交际的流通性更普及些。汪译"心"自比之余,对比汪译与理译的结论大同小异，这从理译"有蓬之心"（《庄子·逍遥游》）为"been closed against all intelligence"[15]172与"大随其成心而师之"（《庄子·齐物论》）译为"follow the judgments of the predetermined mind"[15]176的经典译例中就可以略见一二。比较而言，汪译"your mind is not open enough yet"[14]13"follow your own fixed idea"[14]19中的"mind"与"idea"比理译"intelligence"与"judgments of the predetermined mind"更能够简明扼要地切中《庄子》"心"意的同时通达英语读者的背景文化常理，并通过合成庄子术语表意基础、哲理意蕴和文化特质等要素内涵，取得"博采众家之长融而化之为流畅的英语，再现原文之真境神韵"[22]的"不隔"实效。需要指出的是，在其他术语，如"常"等同义概念英译众声附和中，为汇通道家之"道"宏阔大语篇文化助上一臂之力。比较而言，理译"心"字因其语篇逻辑的偏向而造成语意偏差便显出遗憾的一面来。总览汪、理各译的"心"字译词，"心"的道家属性各有语篇范畴上的归属，而语篇意义的逻辑连贯意识与整合操作方式虽不一定先于、却必定重于其表达衔接处理与技巧，这对"整体把握"[23]老庄哲理的知识性、"理性操作"[23]"中哲西传"[24]的认知性，都起到了推此及彼的作用。

综上，在汪榕培英译老庄实务中，术语译词问源探路的"非'常译'"意向曰深，术语译法形式上推敲的"非'常译'"意趣曰新，术语语篇逻辑的"非'常译'"意识曰顺，也就是说，汪榕培英译老庄术语字面意义、句法形似与篇章和合三方在环节上既各自独立，又相互贯通。字义"达意"从术语语意内在"幽玄"的关联性意合向度，结构"达意"从语意外在"混成"的规范性形合角度，语篇"达意"从语意"寂语"的整体性契合维度的翻译三环节共同维护原作作者追求的不确定的"意义"并将之推进到"'意'可译，非"常译"译文生成的适"观"语境，从而迫近了"字不厌精、句不厌顺、境不厌熟"[25]64的有据、有趣、有意的"达意"的三重境界。

聚焦汪榕培、理雅各老庄关键术语英译实务，两译者选择、操作的"非'常译'"译笔方法有别，倾向老庄玄思开发与开放的程度不等，但不为"恒译""常译"本身的译介增益功能趋同并反映出"'互补性'研究范式下的人文社会科学研究成果"[13]2在翻译界面的操作实践与演绎实体的常态与优势自现。在汪榕培看来，"比较翻译作品的标准也是有不同的，以译文更贴近原文的意境来说,中国人翻译中国的典籍也许更加理想;以译本更符合西方读者的欣赏习惯来说,英语国家的人翻译中国的典籍也许更加灵活。"[19]据此,现从道家英译术语范畴来看,汪榕培追求弥合中英语言与思维之间差异性的理念中不失灵活,而理雅各的"汉学"定位关系到英汉文化不同源流之际,理雅各"西儒"(王韬语)之名所揭示的中国学印迹都不应"被有意无意地搁置或者解构掉"[26]。一言以蔽之,通过汪榕培与理雅各英译老庄术语通字义、顺文法、合语篇的三观观观交互、步步为营行为的比读,近、现代道家经典英译者各主其译的翻译行为各有千秋,亦功在千秋。

参考文献

[1] 汪榕培.传神达意译《诗经》[J].外语与外语教学,1994,(4):11-15.

[2] 王韬.王韬日记新编:上卷[M].上海:上海古籍出版社,2020:142.

[3] 汪榕培.比较与翻译[M].上海:上海外语教育出版社,1997.

[4] 邓志辉,郝令喆.中国哲学典籍英译及传播的挑战与应对:《慎子》首版英译者郝令喆访谈录[J].翻译界,2020,(1):111-121.

[5] 汪榕培.译可译,非常译:英译《老子》纵横谈[J].外语与外语教学,1992,(1):25-30.

[6] 汪榕培,PUFFENBERGER W.英译老子[M].沈阳:辽宁大学出版社,1996.

[7] 老子.道德经[M].理雅各,译.郑州:中州古籍出版社,2016.

[8] 梁启超.老子、孔子、墨子及其学派[M].北京:北京出版社,2016:25.

[9] 王宏.基于"大中华文库"的中国典籍英译翻译策略研究[M].杭州:浙江大学出版社,2019:78.

[10] LEGGE J.Tao Te Ching[M].New York: Dover Publications,Inc.,1997.

[11] 童治安.老庄词典[Z].济南:山东教育出版社,1993.

[12] 高明. 帛书老子校注[M]. 北京:中华书局,1996.

[13] 魏向清,赵连振.术语翻译研究导引[M].南京:南京大学出版社,2012.

[14] 汪榕培.大中华文库·庄子[M].长沙:湖南人民出版社,1999.

[15] LEGGE J.The sacred books of China:the texts of Taoism[M].Oxford:

Clarendon Press,1891.

[16] 汪榕培.汪榕培学术研究文集[M].上海:上海外语教育出版社,2017:19.

[17] 严复.严复集[M].北京:中华书局,1986:518-519.

[18] 阮玉慧,戴俊霞.《庄子》在英语世界里的文本形态[J].安徽工业大学学报(社会科学版),2015,32(4):75-77.

[19] 汪榕培.中国典籍英译的几点认识[J].燕山大学学报(哲学社会科学版),2013,(3):7-8.

[20] 郭尚兴.试论中国哲学典籍的英译原则[J].外文研究,2013,1(3):77-84.

[21] 郭尚兴.论中国传统哲学整体性观照下术语英译的意义相契性[J].中国文化研究,2015,(4):148-156.

[22] 陈建中.卮言日出,和以天倪:评汪榕培教授英译《庄子》[J].外语与外语教学,1998(11):40-43.

[23] 傅惠生.玄奘《道德经》梵译思想研究[J].中国翻译,2012,33(4):31-35.

[24] 杨言,胡翠娥.学术研究型深度翻译:陈荣捷《老子》英译研究[J].外语学刊,2022,(4):72-77.

[25] 门顺德."传神达意"翻译理论研究[M].上海:上海外语教育出版社,2012.

[26] 段怀清.王韬与19世纪西方汉学[J].社会科学,2022,(8):64-75.

汪榕培典籍英译复译方法摭谈

汪榕培英译中国古典文学的多半译作都是复译类型的英译本。作为英译中国典籍领域的翻译大家，汪榕培博采众长，运用多种方式来促成其译本的产出，而知古论今的学术意识、全面比鉴的分析行为与广泛接触的交往实务是汪榕培典籍英译操作中最常见的三种方法。

一、多方面翻译定位

汪榕培典籍英译实务常常是译者推进各方面工作的结果。汪榕培《英译老子》首译即显示出译者高屋建瓴的学术定位，这一方面体现在译者选择翻译底本的求真环节上，另一方面体现在译者追求翻译传播的务实环节上。汪榕培求取《道德经》真经的理念体现在他择定《道德经》最新考古成果，即马王堆三号汉墓出土（1973）帛书抄本甲本为其英译底本的具体行为上，译者知古论今的学术素养一目了然，他英译汤显祖《牡丹亭》就以当时权威的徐朔方版本为底本。可见，作为典籍英译的复译者，将翻译对象最新研究成果纳入到翻译实务是汪榕培独特的翻译意识和原则，这一翻译环节在汪榕培典籍英译实务中屡见不鲜，也表明这一做法非经学式、学院派译家独有。

汪榕培典籍英译实践也总是和一些地方、一些人有着一拍即合的联系。无论是在北京"白云观"现场的触动，还是实地考察陶渊明故乡九江、走访汤显祖创作中的故事地，如《邯郸记》中的河北邯郸与湖南岳阳，还是与汤学专家以及当代典籍英译，与徐朔方、白之等学者之间的交流，甚至是剧场现场观赏昆剧《牡丹亭》全剧，这些做法都使汪榕培典籍英译集思广益，思路大开，这些经历都是汪榕培进入典籍英译领域的既定成因，也是汪榕培《英译老子》成果与国外英译对话的肇始性契机，如汪榕培就当时推出不久的国外《庄子》英译本就提出了一个复译者的看法："这个译本（梅厄《庄子》英译本）未必会成为如出版商所宣传的'权威性的译本'（definitive edition）。"[1] 于此，两位译者联席演绎了外译中与中译外英译道家系列互鉴的视域。

汪榕培不仅与翻译对象的研究与翻译专家交流密切，而且也与他预设的潜在读者保持着全面接触的习惯。除了《大中华文库》版双语"前言"，汪榕培在单行册中直接用英语写"序"的实务就在《英译老子》《诗经·中英文版》《汉魏六朝诗三百首》《牡丹亭》4例中存在。可见，汪榕培英译典籍的翻译定位总体上体现译者以求知与创新为翻译目标，以整合各相关要素为翻译举措，纲举目张地致力于改观翻译对象最新研究成果与当下读者之间交际距离的翻译规划。

二、比读式翻译定性

自从事中国典籍英译起，汪榕培一直注重译文之间的比读。正是因为汪榕培比读国外英译《老子》译文时有所存疑，他才萌生了复译《老子》经典的念头，于是我国第一部《老子》英译全译本得以问世。此后，随着汪榕培英译典籍范畴与类型的扩大，他比读的对象与考量也在扩展与推进中。比读的情况不仅散见于汪榕培英译本副文本，如其《庄子》《牡丹亭》英译本"序"，更见于汪榕培就其英译典籍撰写的专题文章和专著中，如《诗经》系列文章《殊途同归译〈诗经〉——〈桃夭〉英译比读》《漫谈〈诗经〉的英译本》等，以及《陶渊明诗歌英译比较研究》（《各领风骚译陶诗——〈归园田居〉（其一）比读》《陶诗英译百花开——〈饮酒〉（其五）比读》等）。

无论是分散式比读，还是集中式比读，汪榕培在两种方式中进行比读的方法基本一致，即总体概括与个译简介或译例鉴赏的方法。有时两者方法分而治之，如汪榕培在再版《英译易经》（上海外语教育出版社，2007）"卷前语"中的概括就点到为止:"目前可见的英译本就有十余种之多,其中比较有影响的译者在国外有理雅各(James Legge)、亚瑟·韦利(Arthur Waley)、韦理贤(Richard Wilhelm)、林理彰(Richard John Lynn)等,在国内有汪榕培、罗志野等。这些译本各有特色。"[2] 同样的笔法也出现在汪榕培英译《牡丹亭》单行册中,"The first complete English translation was done by Cyril Birch and published in 1980; the second one was completed by Zhang Guangqian and published in 1994."[3] 有时,汪榕培也混合使用两种方法,在《汉魏六朝诗三百首》"前言"中,两种方法的内容比例相当,兼收并蓄如下:

英文译本综述

汉魏六朝诗选作为断代诗选的英译本,在英国只有牛津大学出版社于1967年出版的由弗洛德山(J. D. Frodsham)等编译的《汉魏晋南北朝诗选》(An Anthology of Chinese Verse: Han Wei Chin and the Northern and Southern Dynasties)。汉魏六朝的部分诗篇有许多散见于欧美出版的多种《中国文学选读》和《中国诗歌选集》的英译本,目前在英美的书店可见的版本有伯奇(Cyril Birch)编的《中国文学选集》(Anthology of Chinese Literature)(1965年)、特纳(John A. Turner)编译的《中诗金库》(A Golden Treasury of Chinese Poetry)(1976年)、华兹生(Burton Watson)编译的《哥伦比亚中国诗集》(The Columbia Book of Chinese Poetry)(1984年)、麦克坎德莱斯(Bonnie McCandless)编的《中国诗》(Chinese Poetry)、比雷尔(Anne Birrel)译的《玉台新咏》(Chinese Love Poetry-New Songs from a Jade Terrace)(1995年)等。[4] 前言5

接下来,汪榕培也专门就Waley, Budd的译文进行了逐项比较,此略。

新旧世纪之交,汪榕培典籍英译进入一个新阶段。一方面他出版了翻译比读性专著;另一方面他的典籍英译实务陆续入驻《大中华文库》系列。译者比较翻译的方法就显出集中式的特点来,并且译者也不再局限于英语译文方法的比较,比较拓展到了研究方面,这一点先后体现在汪榕培《陶渊明英译比较研究》以及他围绕其《牡丹亭》英译实践撰写的多篇文献中。一方面,汪榕培仍继续针对译文展开比较，如《陶诗英译比读》《〈牡丹亭〉的英译及传播》等；另一方面，汪榕培还撰写了《一语天然万古新》、《杜丽娘的东方女子忧郁情结》和《世间只有情难诉》等具有学术研究性质的文章。后者实务中，汪榕培针对翻译对象主题、风格等方面展开深度研究。如果文中涉及了英译问题，它也只是一个构成成分，于是，汪榕培就采用让译文济济一堂的"零比较"方法，这样一来，比读就不会喧宾夺主，而且一个复译者一视同仁的翻译伦理姿态也尽显其中，如"我目前已收集到的陶诗译文以《归园田居》（其一）为最多……下面是这首诗的16种不同的译文。译文的风格各异，却各有妙处……一位中国古典诗人的作品能够引起那么多人的重视本身就足以说明问题，在这里对各种译文加以评论纯属画蛇添足。"[5]

　　《大中华文库》版体例整齐划一。汪榕培书写的4种版本"前言"中集中式比读均出现在4例"前言"第三部分，即英译本介绍中。虽然汪榕培运用概括性比较的情况居多，但译者进行比较的方式仍同中存异。《庄子》《牡丹亭》《墨子》3例相同之处在于汪榕培在概括性地阐述他一一列举的英译本的翻译作用之后，都顺理成章地推进到"我的译文"这一最后环节。因此，译者笔下次第而在的这些译本之间，以及它们分别与汪榕培新译之间的比读隐含其中。它们不同之处在于，《庄子》《牡丹亭》2例"前言"中，汪榕培只按时间顺序梳理相关英译本简介，而在《牡丹亭》《墨子》"前言"中，汪榕培将其选取的英译本，如白之与张光前、梅贻宝与华兹生的译本进行纵向比读的内容在汪榕培典籍英译的论述中时有所见。无疑，汪榕培比较各复译本的时空性翻译特色的事实说明汪榕培典籍复译后出转精。

　　第4例《大中华文库》版《诗经》"前言"中，汪榕培比较的形式与前3例都不同。此中，作者依托"传神达意"框架，将其译文直接与理雅各、韦利的译例进行"达意""传神"层面的比较，这样的做法在《大中华文库》版"前言"集中式比较的实务仅此一例。

　　整体上看，汪榕培典籍英译分散性写作中常见的是多样态比较的实务，而《大中华文库》版集中式副文本中，概括性情况相对突出。从汪榕培典籍英译研究写作的内容上看，其概括性简介客观求真，其个译比读细腻务实；从形式上看，概括性列举中规中矩，比读隐含其中，译例比读则方式多样，其中"零比较""回译"的形式反映出作者回归常识、回归原文的翻译意识,这样的比较意义就升华了。综上,汪榕培典籍英译文论中,作者采用的概括与比较两种方式分别以它们史录与文思的不同方式共同揭示着复译创新的宗旨——"比读是重译的基础,重译是比读的升华。"[6]

三、复译性翻译定论

汪榕培典籍英译实践也是他翻译理念生成的过程,而他先后提出的两种译法"非常译"与"传神达意"都是他操作复译实务的产物。"非常译"不仅是汪榕培反思其首译《英译老子》所得,也是译者对翻译终极问题"定译"的辩证思考所在。究其本质,"非常译""着眼点在于'异'"[7],汪榕培对本土译出的自信心尽在其中,这样的自信成为本土《道德经》译出历程中传承有加的译者品质:

"When these characters are translated accurately, the translation is necessarily awkward and obscure. Sinologues have unintentionally done him an injustice by their very scholarship. I have tried to peer through the clumsy characters into his heart and prayed that love for him would make me wise to understand aright."[8]

随着本土典籍译出者竞相发挥"境与意会"优势的翻译活动的推进,随着汪榕培典籍英译实务的推进,译者的"非常译"翻译逻辑在其扩大化的诗、曲文本类型英译实践中很快演绎为"传神达意"新说法:

"说实在的,我过去对洋人还是有点迷信的,尤其对洋人著作的权威更是迷信,认为他们的'科学精神'比国人强。'科学精神'体现在翻译工作上就是'准确性',用我自己的惯用术语来说就是'达意',如果在形式和修辞方面再能跟原作贴切一点,也就是'传神'方面再好一点,那就更好啦。可是在汉诗英译方面,也许是我眼高手低吧,对他们的译诗总是不满意,对洋人的迷信

也就逐渐减少了一些。"[4]前言11

"传神达意"与"非常译"共享"可译"一脉。作为汪榕培开宗明义的翻译主张,"非常译"传达的是"可译"须在别开生面的翻译操作中方可一见的宏阔逻辑,"成为运作并促成他一切翻译活动的灵魂"[9]。作为汪榕培翻译思考升华版的"传神达意"则深入其中,通过具体内涵和相关指标等阐释予以"可译"可行性保障。自"传神达意"提法出现后,它一直是汪榕培典籍英译实务的翻译核心。"非常译"到"传神达意"典籍英译宗旨的确立是汪榕培从宏观体悟到微观推敲的发展过程,也是翻译实践与翻译反思交互作用的自然产物。

汪榕培典籍英译复译译本鱼贯而出,各译本复译的语境不可同日而语,但译者始终坚持多样性务实的翻译方法,尽可能地增益译者英译复译本的内涵与流通。在常年周而复始的译为—译思—译为的典籍英译活动中,汪榕培变通—创新的翻译范式也日渐分明,当代中译外领域也因此增添了一系列不可多得的典籍英译佳译新作。

参考文献

[1] 汪榕培.《庄子》十译本选评[J].外语教学与研究,1995(4):59-63.

[2] 汪榕培.英译易经[M].上海:上海外语教育出版社,2007:卷前语1.

[3] 汪榕培.牡丹亭[M].上海:上海外语教育出版社,2000:Introduction Ⅳ.

[4] 汪榕培.汉魏六朝诗三百首[M].长沙:湖南人民出版社,1998.

[5] 汪榕培.陶渊明英译比较研究[M].北京:外语教学与研究出版社,1999:100.

[6] 汪榕培.汪榕培学术研究文集[M].上海:上海外语教育出版社,2017:317.

[7] 汪榕培.译可译,非常译:英译《老子》纵横谈[J].外语与外语教学,1992(1):25-30.

[8] DWIGHT G, BOREL H, REYNOLDS M E.Laotzu's tao and wu wei[M].New York:Brentano's Publishers, 1919:Introduction 7.

[9] 蔡华.译逝水而任幽兰:汪榕培诗歌翻译纵横谈[M].北京:北京师范大学出版社,2010:总论5.

略论汪榕培"传神达意"的名与实

中国文化是人类世界文化遗产中一个宏大的分支，内容丰富，历史久远。在国际交往日益频繁、交际方式日新月异的当下，中国典籍文化更好地译出去成为中国治国理政的一项基本国策。在参与建设国际文化邦交，推动中华文明输出的过程中，汪榕培边实践，边总结。1994年，已经完成《英译老子》与《易经》且正在操作《诗经》英译本时，汪榕培提出了"传神达意"的翻译主张。2009年，汪榕培将这一说法修订为"传神地达意"，它几乎成了贯穿汪榕培典籍英译实务全历程的翻译纲领。

一、"传神达意"与中国经典论说

一位译者的翻译观念总能在译者各种各样的翻译论述中有所展现。统计《汪榕培学术研究文集》相关文献发现，"传神达意"的措辞分分合合，各种用词频率不等，基本上是汪榕培文质兼容、和谐翻译的译理表述与描述。"传神"单独使用计20例（包括"生动传神"短语1例），"达意"单独出现计30例（包括"辞不达意"短语2例），不注引号的传神8例、达意18例。此外，"传神达意"计22例，其中不加引号的9例。"传神地达意"计4例（一共出现在3篇文章中），"传神又达意"1例，"传神到达意"1例。于此，上述各类措辞渐次地成为汪榕培阐述自我翻译风格的标识性翻译话语。

致力于中国古典文学英译的汪榕培深为中古哲思浸润，他提出的中国典籍英译主张"传神达意"不仅体现着与"信达雅"同样的"中国译论话语具有'语贵简要'这一特点"[1],而且也再现了严复借鉴中国传统美学和画论进行翻译实践与译理建树的风范。"从理论渊源上看,'传神达意'主要来自中国传统的'言意之辩'和传统画论。"[2]44从"传神达意"的实践层面上看,译者主体的调度空间在文学典籍英译中更大,调度手段更多,如"文体、风格、情感、结构、音韵、意境、语气等"[2]44。关于中国早期文学,陈世骧将其总结为"诗意创造冲动的流露,其敏感的意味,从本源、性格和含蕴上看来都是抒情的。"[3]这一特质在汪榕培典籍英译实务中之所以得以保留,"传神达意"的作用不可或缺,针对中国古典文学抒情传统中变幻莫测的"神"与言外、言下的"意",汪榕培英译实务各有各的翻译考量,各有各的英译表现。

二、"传神达意"与汪榕培中国典籍英译实务

"作家角色是作家生成的一个重要判断标准,只有作家明确角色,他才算确定成为作家。"[4]译者的角色定位同理,即译者是"翻译过程中唯一能够决定是否翻译或如何翻译的人"[5]。汪榕培曾明确表示,他"翻译中国典籍主要集中在三个方面,一个是道家著作,一个是中国古典诗歌,一个是中国古典戏剧。这跟我的兴趣爱好是密切联系在一起的。"[6]因此,译者在这三方面笔译最勤,而"传神达意"的翻译操作也会因翻译文本类型的不同而有所不同。

(一)"达意"建构典籍散文英译

中国典籍散文经典著作不易把握与传达,因其往往是形散意合的"大写意"笔法的作品,这类作品也成为汪榕培英译典籍的范畴之一,《庄子》就是其中"可以意致者,物之精也"(《庄子·秋水》)的英译本之一。庄子独特的思想藉由"汪洋恣肆"的文辞散发着出世的神思、不羁的意念的魅力:"形象与概念交互影响和融合为一乃是庄子行文和思维的特点,也是翻译的难点。"[7]《庄子》内容中,庄子通过"三言"等方式属意于"观念、想法、情感以及意识"(译自原文"yi means idea, thought, feeling, or consciousness"[8])等情、志内涵的表述如"语之所贵者,意也"(《庄子·天道》)等应接不暇。汪榕培

英译《庄子》要做到适切地再现庄子写作的意蕴,"传神达意"的"达意"更关键,这一点从《庄子》中"神"字英译中就可以洞察一二。

"神"是《庄子》中一个相对高频的词,独立使用与搭配使用的情况不一而论,体现的道德性、哲理性内涵不等。对此,汪榕培分别立足于"神"在《庄子》具体语篇中的不同语境,并辅之以译者领悟到的丰富意义之际,庄子所用"神"的思想"意境"频频临场,择译如表1所列。

表1　汪榕培英译《庄子》"神"字9例

《庄子》原文	汪榕培英译
抱神以静(《外篇·在宥》)	If you keep your **spirit** in quietude [9] 161
神之又神,而能精焉。(《外篇·天地》)	in the most **mysterious of the mystery** there exists the essence [9] 177
夫天地至神(《外篇·天道》)	If the heaven and the earth, which are the most **sacred** [9] 209
此养神之道也(《外篇·刻意》)	These are the essentials of **attaining mental tranquility**. [9] 251
其天守全,其神无郤。(《外篇·达生》)	he keeps intact his natural disposition and his **vital energy**. [9] 299
其神全也(《外篇·达生》)	because his **mind** is an organic whole [9] 301
用志不分,乃凝于神。(《外篇·达生》)	An undistracted heart fosters **a concentrated mind**. [9] 303
澹然独与神明居(《杂篇·天下》)	a quiet and simple life is **the principle of Tao** [9] 599
独与天地精神往来(《杂篇·天下》)	While seeking communication with the **infinity** of the heaven and the earth [9] 603

《庄子》中"神"字总计百余例,汪榕培英译《庄子》众"神"的表达一成不变的情况几乎没有。汪榕培所有英译主要以名词与形容词为主。名词性译词更倾向"达意",而形容词译词更在于抒情。纵观汪榕培英译"神"字,译者基本上没有会意错庄子行文中任何一例"神"字的"意境"真意,且所用英译译词不机械、不矫情,涵盖了时至先秦时"神"的外在于体到内化于心的不同阶段性的内涵意义。特别是"《庄子》中的神与心灵发生了内在关联,作为心神意义上的神成为《庄子》所论之神的重点和特色所在。"[10]对此,汪榕培的译词也对应地由"Tao""sacred"等传达"神明"意义的译词转为"mind""mental tranquility"等具有"心斋"特定"意境"的译词,从而译者实现了以"上好"的英译实务与庄子新兴的"神"意识高度契合的翻译目标。

汪榕培《庄子》英译本中,本土译者的地缘性译介资源发挥着独特的"达意"作用。汪榕培英译《庄子》致力于"达意"的"'语境'不是源于上下文的,而是诗文背后蕴藏的更为广阔的空间。"[11] 上述"神"字的英译情况以点带面地表明:汪榕培复译《庄子》有所建构、不断积累的翻译资本有增无减,厚德载物。"我们将典籍外译的文化自觉定义为:在全球化的语境中,认真理解和把握中西文化价值理念,努力发现彼此不同的思维方式及其存在的分歧,在不损害中国文化精神的前提下,以最合适的方式来解读和翻译最合适的典籍材料,从而达到消解分歧,促进中外文化的交流,极大地满足西方受众阅读中国典籍的需要。"[12]

(二)"传神"结缘典籍诗歌英译

国内外探讨诗歌翻译已经有了悠久的历史,但是到目前为止还没有形成一个公认的完整体系,多数有关诗歌翻译的经典名言都是属于诗话的性质,东方和西方都是如此。常常是诗歌翻译家依据各自体会,针对翻译过程中的"失"(what gets lost)与"得"(what is gained)给出各有侧重的个体陈述。在汪榕培英译的所有诗歌经典中,陶渊明诗文英译是译者英译古诗中唯一的一本古人专题英译本。检索与分析这一译本中相关的英语表达,是认识"传神达意"翻译潜力的特殊方式。

陶渊明诗歌创作时期,魏晋名士风度达到极致,而鉴于陶渊明诗中"神"的使用频次以及它所代表的作者秉持的"自然义理"之道的人生价值观,也鉴于它是对中国古典概念中的"神"之"生之制也"意义的回归与提升,因此汪榕培针对不同搭配语境中"神"的英语表达具有阶段性、类型化的翻译借鉴功能。在《形影神》同一诗篇语境中,"神"在题、序中共出现3次:分别是组诗之三题中的"神释"以及诗序中的"神辨",汪依次译为:"The Flesh, the Shadow and the Spirit"[13]47 "The Spirit's View"[13]49 "essence of Nature"[13]51,三例译词殊途同归,超然地再现着陶渊明笔下不同的自然物境的隐喻形态。"好的译诗中,应诚是既看得见原诗人的风格,也看得出译者的特点。"[14] 从"view"与"essence"两译词来看,它们不仅透视着"魏晋风度"中"人的觉醒"的一面,也体现了汪榕培把陶渊明诗文这一中国文化经典得体地呈现给英语世界的翻译心情。

陶渊明不仅是一位能够从"形影神"一体三面地感悟人生的诗人,也是一位善于在《读〈山海经〉》时神思、在《〈桃花源诗〉并记》中神游、在离别时伤神的书生与挚友。性情相契之际,陶渊明诗句中的同一个"神"字所引发的多元灵性审美与自然共鸣成为汪榕培力求从译词的形、音、意各层面上创造"传神"英译效果的一种契机。陶渊明诗歌中,"神"字在其组合表达中仍不失其特有的诗歌"物境"气质。梳理汪榕培英译陶渊明10例"神"语汇,名词译词如"heaven""spirit""gods""potentiality"与形容词译词如"good""unspoiled"译词交叉出现,"神"的内在精神到外在描写的"物境"氛围统一和谐。

汪榕培认为"'传神'是翻译文学作品,尤其是翻译诗歌的精髓。"[15] 91汪榕培所译陶诗"神"字语境的多形态表达简明凝练,一方面对等地再现了陶渊明"纵浪大化中"的生命本真意识的流动,一方面反映了译者践行"传神达意""最简"原则,调动英语读者体验到陶渊明"桃花源"般清明的"文字的真"[16]及其"物境"的诗意。

(三)"传神达意"成就汤显祖戏剧英译

"传神达意"作为汪榕培英译中国经典古籍的译介总纲,贯穿了他译介的汤显祖剧目。一而再,再而三地,汪榕培"为自己的译文制定了'传神达意'的目标,力争做到创造性地准确再现原剧的风采。"[16]汪榕培实现其翻译预期目标的实务无所不在,而汤显祖剧目中"精神"组合表达的英译实况自然是考察汪榕培"神"语境英译行为特点最直接的关联项。

在汪榕培《大中华文库》版汤显祖戏剧英译译本中,"精神"共有19例(《牡丹亭》13例,《邯郸记》3例,《紫钗记》3例)。总体上看,汪译"精神"的名词性译词比较集中,例词如"the spirit and the mind""soul""great joy""vitality"等,任一译词的表达都比汪榕培英译《庄子》"精神"的常用译词"spirit"有所细化。从汪榕培名词化措辞的形式上看,并列式、偏正式复合型名词的"传神"层次不同;从"达意"程度来看,汪榕培译词逐一地反映了精神的、心理的与生理的"精神"3种意蕴新范畴。由于唯美的传奇式创作思维是汤显祖戏剧的灵魂,汤剧中,诸如"精神"等表达的言意空间更加跌宕起伏，情境的边界更加推此及彼。此时，汪榕培"传神"与"达意"兼收并蓄的译介操作更显出译者的翻译造诣。

"传神达意"总是整体翻译的范式，总要兼顾译语意义的基准性，译语意象的平衡观，译语译效的既视感，而这一切往往更需要译者倾情而译。《牡丹亭》是汪榕培英译的第一部汤显祖戏剧，其中的"集唐诗"是汤显祖其他剧本中没有的戏剧内容，传达着汤显祖几乎"溢出来"的创作激情，汪榕培"传神达意"的英译实务直面原作者的戏剧情感，亦不落俗套，如表2所列。

表2　汪榕培英译《牡丹亭》"集唐诗""神"字7例

《牡丹亭》"集唐诗"原文	汪榕培英译
风雨林中有**鬼神**（第十一出"慈戒"）	In stormy woods the **ghosts and demons** groan[18] 120
神女知来第几峰（第二十八出"幽媾"）	Who knows from whence the **fairy maid** descends[18] 357
还随女伴赛江**神**（第三十四出"诇药"）	She went to markets with her friends[18] 435
两地各伤无限**神**（第四十四出"急难"）	Both man and wife are filled with **woe**[18] 559
海**神**东过恶风回（第四十五出"寇间"）	The **sea god** blows an ill wind to the east[18] 571
神镜高悬照百灵（第五十三出"硬拷"）	The **sacred mirror** overhead shines bright[18] 711
不问苍生问**鬼神**（第五十五出"圆驾"）	He relies on **gods and ghosts** to appease[18] 734-735

"鬼神"是自《诗经》以来就有的一个语汇："在春秋之前，鬼神观念甚为盛行，帝、天作为最高人格神可以主宰一切。"[10]这样的诗歌创作思维在"唐诗"中沿袭下来了。虽然汪榕培的英译"ghosts and demons""gods and ghosts"倚重的都是中国传统文学中"鬼神"的情境路数，但在汪榕培典籍英译实务中却是新出现的、反映心理情感的表达方式，而全新的英译表达"woe"情境化特点最显在，伴随男女主人公阴阳阻隔的在生理到心理、再到精神的三重情境中的伤感无从排解，汪榕培演绎《牡丹亭》浪漫情境的英译苦心意味着文本到译文的自给自足。

汪榕培英译《牡丹亭》"集唐诗"的过程也是译者反复修订与深度探究原诗及其异文渊源的过程。因"随君此去出泉台"的原诗没有落实，这一句所在的四句"集唐诗"译文中，故汪榕培将隐含性译法贯通到全诗，从第一行的"天赐"（"The heaven has bestowed"[18] 446）、第二行的"泉台"（"the nether creeks"[18] 446）、第三行的"穿穴"（"dug the pit"[18] 446）到第四行的"灵姻"

("refuse my hand"[18] 446),汪榕培用具体能指的译法比较朦胧地处理了"泉台"等神灵性字眼的字面所指,是为"传神达意""大写意"翻译特色的一面。

"'传神达意'是中国传统译论自然而然的一个发展结果,它不是凭空创造出来的,也不是理论的推演,而是从实践中得来又可回到实践中去,并概括了翻译的各个方面的一种全新的翻译理论。"[2] 41汪榕培英译《庄子》、《陶诗英译》、汤显祖剧目《牡丹亭》等典籍英译实务中,译者"传神达意"的翻译纲领始终在场,且实至名归。在"传神达意"的阐释空间里,汪榕培的翻译本色与创新能力互动不断,"翻译文学作品的时候,如果有可能就尽量选择跟译者自己的特点和爱好比较符合的作品,这样翻译出来的文学作品才能既传神又达意。"[6]

当下,在新时期"一带一路"的倡议下,中国文化"译出去"的翻译格局日新月异,其中汪榕培提倡的"传神达意"作为中国译出翻译话语特色理论的组成成分,正发挥着促进中国译论"汇入国际译学当下与未来发展趋势"(译自原文"in the way international translation studies is to develop, now and in the future"[19])的本土特色贡献作用。"'特色'要么指理论构建的滋养源,要么指工具性,偶尔也指研究的对象。"[20]"传神达意"三者兼而有之:汪榕培将"达意"作为翻译标准具有传统译理底蕴,将"传神"作为翻译手段具备工具属性,将"传神达意"作为典籍英译纲领明确地趋向着文化传播与交流为翻译目的的读者观。的确,汪榕培秉持"顺自然"典籍意念,"任自然"典籍英译神韵的"私我"译介初心,一直行走在不"戚戚于诗赋,汲汲于文曲"的译介路上。过往经年中,"传神达意"不舍昼夜,因为"典籍英译总的标准应该是'传神达意'"。[15] 23

参考文献

[1] 罗新璋,陈应年.翻译论集[M].北京:商务印书馆,2009:16.
[2] 门顺德."传神达意"翻译理论研究[M].上海:上海外语教育出版社,2012.
[3] 陈雪虎."史、论、释":中国古文论研究的理论自觉[J].南京社会科学,2017(5):111-118.

[4] 刁克利.作家≠作品,走出作家研究的误区[N].中国社会科学报,2020-05-07.

[5] VERMEER H J.A skopos theory of translation: some arguments for and against[M].Heidelberg: TEXTconTEXT Verlag,1996:35.

[6] 汪榕培.我和中国典籍英译[J].当代外语研究,2012(5):1-4.

[7] 王宏印.中国文化典籍英译[M].北京:外语教学与研究出版社,2009:85.

[8] WAWRYNKO S.Enligsh romantic and Chinese classic poetry[M].Bern:Peter Lang AG, 1998:127.

[9] 汪榕培.大中华文库·庄子[M].长沙:湖南人民出版社,1999.

[10] 翟奎凤.妙道与心灵:庄子之"神"述论[J].哲学动态,2015(8):52-59.

[11] 王宏.基于《大中华文库》的中国典籍英译翻译策略研究[M].杭州:浙江大学出版社,2019:165.

[12] 罗选民,杨文地.文化自觉与典籍英译[J].外语与外语教学,2012(5):63-66.

[13] 汪榕培.The Complete Poetic Works of Tao Yuanming[M].北京:外语教学与研究出版社,1999.

[14] 查良铮.谈译诗问题:并答丁一英先生[J].郑州大学学报(人文科学版),1963(1):141-153.

[15] 汪榕培.汪榕培学术研究文集[M].上海:上海外语教育出版社,2017.

[16] 曾小明,朱汉民.陶渊明诗文的身心表达与魏晋风度[J].湖南大学学报(社会科学版),2010,24(6):26-32.

[17] 汪榕培.大中华文库·邯郸记[M].北京:外语教学与研究出版社,2003:28.

[18] 汪榕培.牡丹亭·英汉对照[M].上海:上海外语教育出版社,2000.

[19] LUO X M,HE Y.Translating China[M].Bristol: Multilingual Matters,2009:188.

[20] 周领顺.构建基于新时代译出实践的翻译理论[N].中国社会科学报,2020-05-14(05).

下编 | 世间只有情难述

篇首语

"一种学问,总要和人之生命、生活发生关系。"

——顾随(《顾随讲〈诗经〉》)

汪榕培是新中国培养的第一代外语学者,他的学术面貌是他全部生活的写照。

汪榕培与典籍英译
——乐在其中的翻译人生

汪榕培是新中国培养的第一代外语学者,他的专业智识在外语学科英语语言、文学与翻译的三个学术研究方向上"齐物"而治。在语言学视域下,他的英语词汇学著作别开生面,具有开拓性与建构性;在英语文学领域中,他的研究内容集思广益,享誉全国;在翻译范畴内,他的典籍英译成果已经进入英语世界,而贯穿其诗文曲赋英译的"传神达意"翻译思想厚积薄发,也广为译界关注。

第一节 个人简介

汪榕培(1942—2017)是大连外国语大学教授、我国著名外语教育家、资深典籍翻译家、英语词汇学家、知名学者。汪榕培曾任职于全国多种学术机构,曾担任中国英语教学研究会副会长、中外语言文化比较学会副会长及中国英汉语对比研究会典籍英译学科组负责人等。汪榕培创办了全国典籍翻译学术研讨会等学术机构,发起了专门性会务活动。回顾汪榕培的人生历程,他英译典籍的篇章独特而鲜活。

汪榕培出身富足家庭,从小学到大学,一直都在上海度过。1964年,从上海外国语学院英语系毕业前,被同学们呼为 Scholar 的汪榕培成为上海外国语学院读研第一人,如愿以偿地考入了心仪的复旦大学外文系英语专业硕士研究生,师从英语词典学及词汇学大师葛传槼,后来汪榕培也循着尊师指导的学术之路带出了国内英语词汇学首名博士。在高校就读期间,耳濡目染到章振邦、李观仪、方重、杨必、孙大雨、丰华瞻等众多学者的学术品格,汪榕培孜孜以求，打下了坚实的学术基础。

硕士研究生毕业后，汪榕培响应号召奔赴黑龙江军垦农场，后来被分配到沈阳第85中学当英语教师。很快，因在注重培养学生兴趣与技能上用心得法，汪榕培吸引到校内外同行观摩，也因此得到当时大连外国语学院教务处长荐维成举荐，于1975年调入大连外国语学院执教，继续在高校教学岗位上发挥专业精神，浇筑师者抱负。

改革开放后，已是中年知识分子的汪榕培年富力强，在专业教育岗位上成绩突出，一步步走上领导岗位。1985年起，汪榕培作为大连外国语学院院长，率领全校顺应当时对外文化交流持续升温、外语专业成为热门学科的大环境积极治学、办学，广开在校师生内、外交流渠道，多方为在职教育以及出国培训等提供教学服务。临近世纪之交，汪榕培又抓住高校扩大招生的契机，通过与当地985高校——大连理工大学开展联合培养"专业+外语"人才等抓手机制，影响与培养了众多专业同行、高端英语学者、翻译人才以及复合型人才。

退休后，汪榕培分别以学科博导与学术顾问的身份，先后在大连理工大学、苏州大学、东北财经大学和大连大学再度投身教学工作中，着重培养硕、博优才。同时，他持续地以自己独特的治学方式，交叉地在词汇学与汉籍英译两个领域书写了学术新篇章。"一个学者就是一个学科"[1]，仅在苏州大学执教期间，汪榕培指导的博士研究生就涉及典籍英译、比较文学与英语词汇学三个不同领域。

年届古稀之际，汪榕培仍笃定英译典籍的个人选择，踌躇满志地述怀道"人生七十始"，而汪榕培大学的同窗、携手五十载的老伴顾亚云的一句话更道出了汪老师"休恋逝水"的清明境界："凭着自己不平凡的励志，敬业和执着，改写了自己的人生。"从昔日上海市青少年宫少年图书管理员到高校学霸，从兵团战士到学界专家，汪榕培的人生日历上镌刻着少年为趣、青年为学、中年为业、老年为志的峥嵘岁月。

第二节　翻译活动

汪榕培将其英译典籍当成一桩"赏心乐事咱家院"[5] 12的事儿。这句发自内心的话蕴含了一位"认真对待文化的人"的敦厚品德。

汪榕培的确就是"知道如何在古往今来的人、事和思想中，选择他的友伴的人。"

——阿伦特（Hannah Arendt）

作为新中国新一代学者，汪榕培的学术活动主要集中在本、硕、博师者的教务与专业成果两方面，而汪榕培年届半百才开始的典籍翻译实务与自述却成为他学术事业的重心。

汪榕培初次萌生翻译念头是在1990年。转年，其《英译老子》（《春秋·老聃》）出版。此后二十余年中，他笔耕不辍，先后出版了数十种中国古代文学典籍英译作品，分布在三个阶段上。1991—2000年，汪榕培优先立足个人的文学爱好，践行"去短板"的典籍翻译目标，此为初始阶段。2000—2009年，汪榕培典籍英译的译介惯习日益显化，他的译作连续进入中华传统文化国家输出体系，是为发展阶段。2009—2017年，汪榕培英译文学经典的新译作进一步反映着译者鲜明的"传神达意"风格气质与翻译理念，此谓成熟阶段。

汪榕培的第一个翻译十年映现了他首译与复译中国古典传世之作的个性化翻译选择与践行历程。这期间他撰写的英译《庄子》（1997年）、《牡丹亭》（2000年）出版即入选为国家对外输出中国五千年文化经典的专项丛书《大中华文库》的英译选本。

汪榕培退休（2002年）后，他的学术天地"四外尽蓝天"[摘自汪榕培译丁尼生（Alfred Tennyson）的诗作 The Eagle 中的一句 Ringed with the azure world]。退休伊始，汪榕培接连受聘于南北数所高校，"复得返自然"的他也全身心地投入到典籍英译实务中，这一个十年（2002—2012年）是汪榕培翻译生涯中全面发展的阶段，国粹与民俗的两种英译成果鱼贯而出。汪榕培文学典籍英译实务已经全面覆盖文、诗、赋、曲的文本类型，其老庄道家译作脱颖而出，其古典诗赋译境也大功告成，而汪榕培最杰出的翻译成果就在于不仅他成为《大中华文库》入选者（总计8本，1999—2009年）中的"翻译状元"。同时，汪榕培英译的苏吴地方性传统民俗译作也——推出。2003年定居苏州后，汪榕培就以吴歌英译为起点，致力于当地特色文艺的英译事务。四年之内（2003—2007年），一贯低调做人、高调做事的汪榕培的英译实务次第地结集出版，《评弹精华》《昆曲精华》《苏剧精华》等当地民间集萃与《吴歌精华》一道进入英语视界，寄托着译者追忆家园的别绪与长情。"2002年到2012年这十年是我在教学和科研方面取得成果最多的十年，究其原因一方面是我可以全身心地投入教学和科研了，另一方面也是过去几十年博观约取，厚积薄发的结果。"[2] 此番话里，汪榕培主审的《朗文当代高级英语词典》、《新华字典》（英汉双语版）、《中国经典文化故事系列》等当代工具书时务与汉文化传统实务的译事也自然是这个阶段上译者翻译成果中的又一个亮点。

2011年，在全国首届"传神达意"学术研讨会余，临近古稀之年的汪榕培开启了译者翻译人生的第三个阶段。2012—2013年，汪榕培英译汤显祖的最后两个译本《南柯记》与《紫箫记》先后面世。2014年，汪榕培十八年如一日地操持的汤显祖戏剧英译结集为5卷本《汤显祖戏剧全集》，由上海外语教育出版社隆重推出，随后荣获2016年第十四届上海图书奖一等奖。2017年，英国布鲁姆斯伯里（Bloomsbury）出版集团从上海外语教育出版社获得《汤显祖戏剧全集》（英文版）海外发行（纸质版与电子版）的授权，假以时日，汤显祖与莎士比亚交相生辉，而译者自发的翻译活动也不再囿于一种类型、一介书斋、一席论坛、一方家国，异语跨时空交际的世界文化之窗又会透出一道光来。

纵观汪榕培的翻译作为，其翻译举止明显地透视出"大翻译"的多极模态。首先，汪榕培英译中国古典文学实践活动与翻译反思"同期声"的特点最突出，整体地定格在《汪榕培学术研究文集》（2017年）中。字里行间，汪榕培长于翻译实践、勤于翻译思考所得时时体现着译者翻译择译"又日新"，翻译随笔"日日新"（《礼记·大学》）的动态。其次，为了更好地"译出"中国传统典籍的精神气质，汪榕培格外属意"身临其境"的翻译处境。为此，他广泛地涉猎出土文献，更常常到有关地区采风问俗。在陶渊明故地，汤显祖戏剧故事发生地，严复、林纾纪念馆等地，汪榕培触景生情之余，"神与气精"的译笔笔触也会不期而至。再次，汪榕培不仅对个人秉持的翻译实务恪尽职守，而且授课、译事之外，他的讲座、他组的会各有所成。在受邀到香港城市大学讲学时（2006年），汪榕培曾做客香港电台，节目以"开创中国文化的未来"

为题播出。2002年，汪榕培创办了全国典籍英译学术研讨会，组建了典籍英译专业委员会，策划创办了《典籍英译研究》辑刊。至今，这一会刊已经出版了11辑。此外，汪榕培还与研讨会的第二任会长、南开大学的王宏印共同发挥"从我做起"的学者本色，一起发起了中国少数民族典籍英译实践与理论研究。路漫漫，其修远兮。如今，汪榕培打造中华传统文化对外传播的种种实务已全面地演绎了本土翻译家的三大特色传统，"一是有高度的使命感，为了国家、民族的需要不辞辛苦地去找重要的书来译；二是不畏难，不怕难书、大书，成套书；三是做过各种实验：直译，意译，音译。"[3] 2 始终砥砺前行的汪榕培一次感慨道，"真正的翻译需要时间"，他的语气平和，而他话语中的历史观却让人的心情难以平复。

第三节　翻译实务

往昔之一切图景，若未被当下视为与己相关，便有可能永远消失，无可挽回。
——瓦尔特·本雅明

"中国的经验和理念无疑也是世界的重要思想资源。但是，中国的世界观和方法论如何在西方文化话语中表述，如何有效表述和传播，这就是国家翻译的任务。"[4] 汪榕培自觉地践行英译中国典籍，他以一位本土译者的家国情怀，长期由衷地"把中国传统文化以准确真实的本来面貌推向世界"（光明日报，2001）、"让外国人看得懂"（大连晚报，2007）的译事视为己任。

自从事中国典籍英译以来，汪榕培一直在翻译实践与翻译评述两个层面上辛勤耕耘，他的翻译实务也因此一分为二，翻译实践先入为主。

作为译者，汪榕培译作数量众多，古今文献从高雅到民俗风格不一，地缘范畴从国家经典到地方特色规模不等。在汪榕培英译行为的时序框架内，其英译成果分为四个类别，典籍英译占比最大，从源文本到译文本的深入浅出，从全译到选译的详略得体，从翻译考察到译本修订的咬文嚼字，汪榕培对典籍英译的雅兴经久不衰。汪榕培英译成果的其他类别分别为"话说"传统民俗、地

217

方特色文艺"精华"两种系列读本及其他。就典籍英译而言，汪榕培曾自我汇总道："我从1991年翻译《道德经》开始，翻译中国典籍主要集中在三个方面，一个是道家著作，一个是中国古典诗歌，一个是中国古典戏剧。"[5] 8译者前两类译作的译介同属于中国典籍经典的创新性复译摹本，但汤显祖5部古典戏剧的译作则是首次英译范本居多。

  汪榕培典籍英译实务是译者翻译决策的结晶，形散（文体、文本各异）神（翻译总体追求）不散。译者翻译决策是译者复杂的翻译系统的总枢纽，"往往只有作为自洽个体的译者本身才能决定如何行动"[6]，从翻译对象到翻译纲领，从操作方式到读者预设等，汪榕培的译介原则无微不至，译者上述三类作品总13个英译本无一不是译者意会与会意的至情与旨达路线的产物，也极大地丰富了中国古典文化对外输出译视界中英为中用的交往面貌。

  汪榕培首译的《英译老子》是译者偶到北京白云观时萌生的想法所致，这想法也客观地投射出译者的主观潜意识："我最感兴趣的是道家著作，《老子》和《庄子》的内容深邃，文采斐然，最符合我自己的思想理念。"[2]因此，他一心一意地将中国道家创始人的哲思一字一顿地呈现给期待读者："我现在是把《老子》当成道家学派的哲学著作来翻译的。"[7] 老子哲学，术语当道。汪榕培英译老子哲学术语的方法博观约取，意在达观。汪榕培将老子之"道"字英译为"Tao"，音、意都不悖其原字的总体喻理，此中深意在于"《老子》贡献于哲学的一个重要概念，乃是形而上学意义的'道'。它是天地万物所以生之的总原理。"[8] 也提示着老子之"道可道，非恒道"的嬗变之"道""终究不在静体，他原亦出于古代的易理——'归藏'——一面讲变化的。"[9] 124可喜的是，经过与英语语境中的文化碰撞，"西方人已接受Tao一词。开宗明义的'道，可道也，非恒道也'译成'Tao can be defined as "Tao" but it is not the eternal "Tao"'，则是顺理成章的。"[7] 汪榕培择定的这一译词本身也呈现着译者"神似""比喻达意"的英译路线与章法。

  秉持对外出口民族国粹的译介初衷，从《英译老子》（1991年）踏出典籍英译第一步。时隔几年，汪榕培英译道家另一部里程碑式的译作《庄子》（1997年）出版了，此时，译者提出"传神达意"译诗的说法已经是3年前的旧话了，而人们仍未看到汪榕培使用"传神达意"谈论其道家译作的言论，却从汪榕培的撰文《契合之路程——庄子和〈庄子〉的英译本》题目中读到了译者"契合"的新说法。"契合"以其简约的方式不仅宣示着译者充分贮备了在理智与情感上整体把握老庄道家文化精神实质的潜能,也揭示了译者志在必得的、追求更好、更新、更精译本的译介意图:"笔者之所以要重译《庄子》,理由有三:第一,力求出现一个中华人民共和国成立以来由我国译者自己翻译的较好译本;第二,充分吸收近几十年来我国在古典文学研究方面所取得的各项成果;第三,出于笔者对中国文化和比较文化的爱好。"[10] 汪榕培这三点译介心愿——关系到译者"不言之言""言下之意"[11]前言42英译原则的创新性,关系到译者译介底本(《英译老子》所本系长沙马王堆三号汉墓出土(1973年)《道德经》帛书抄本甲本),《庄子》所本为陈鼓应著(1974年)《庄子今注今译》的迭代更新性,关系到译者对道家文化体系产生共鸣长情的常新性,因此,"达意"重于"传神"的倾向性在汪榕培针对中国典籍散文"文以载道"特质的英译译作中十分突出。汪榕培在典籍英译领域一起步,就汇入英译《道德经》推广的第三个峰期(1972—2004年)。时隔几年,汪榕培遂将老子哲学基础的"道"观与论"道"的《庄子》统筹起来,完成了道家两大名典的英译实务,也因此名垂译史。

汪榕培英译老庄之间、之后,在英译汤显祖戏剧之前,译者英译典籍古诗"从《诗经》开始译到魏晋南北朝为止"[2] 的实务也浑然一体。汪榕培3个诗歌英译本初版都集中出版于20世纪最后的6年间,都处于"译者'传神达意'(1994年)调整为'传神地达意'(2009年)之前。"[12] 无论是汪榕培致敬中国古诗源头《诗经》的英译本,还是他"突发奇想"地英译《古诗十九首》;无论是他"接受湖南出版社约稿,开始了《汉魏六朝诗选》的英译工作"[13],还是他结伴"最喜欢的诗人"[2] 的《英译陶诗》,家国理想、出版邀稿、个人诗趣次第而生。整体上看,汪榕培译诗基本上安顿于英诗五音步主导的韵式体例内,由此得来的以形益意的形、意并重的译诗成为译者在典籍文学英译方面的得体性译作。

"文学作品的审美特质及其呈现不可或缺,文学翻译的得失理所当然地取决于译者藉由目标语文化践行移情的审美操作。"(译自原文"... aesthetic properties and status will be invoked for the literary work, and usually literary translation will be tasked with transmitting this aesthetic function and high regard to the target culture."[14]）陶渊明是中国诗史上"一语天然万古新"的诗人。基于陶渊明给予田园的清新怡然的审美意识，他的田园诗在魏晋风度的作品中独树一帜。"正因为陶渊明的诗歌不是'雕琢'出来的，而是自然'凝结'而成的。所以英译陶诗成功与否，关键在于能否把握每首诗的'自然'之处，然后能否以朴素自然的译入语表达出来。"[15] 5 自然不仅是陶渊明田园诗的文学格调，也是其内容和意义。阅读汪榕培英译陶渊明组诗《归园田居》头诗最后两句诗行"久在樊笼里，复得返自然。"的译句"When I escape from bitter strife with men,/I live a free and easy life again."[15] 48 人道与天道之间的取舍态度在诗体译诗形式的陪衬下，意译贴切。

一切还得回溯到1991年。当年，汪榕培在北京白云观注意到外国观光者不少，而现场陈列的《道德经》却没有英译本可以提供，遂生译愿。此去经年，终成"靡不有初，鲜克有终"（《诗经·大雅·荡》）佳话。

2001—2009年，汪榕培8本译作相继入选《大中华文库》：2001年的《牡丹亭》，2003年的《陶渊明集》《庄子》《邯郸记》，2006年的《汉魏六朝诗三百首》《墨子》，2009年的《诗经》《紫钗记》，它们与其他译者的翻译成果一同，演绎着中国古典写作的"西游记"。新世纪之初的十年，是汪榕培退休后的第一个十年。汪榕培不用像之前一样，忙里偷闲地坚持每天一译了。时时翻译的这十年，沉淀为英译中国古典译作不断再版、频繁对外输出的十年。2016年又见证了汪榕培的另一翻译建树。这一年，他的5卷本《汤显祖戏剧全集》（英文版）凭"一流英译质量、垂范典籍英译"，摘取第十四届上海图书奖一等奖。随后，也是在做出版、做文化的庄智象教授主持下，汪榕培汤译全集版权为布鲁姆斯伯里出版集团购买。汪榕培戏剧译本率先进入这个以"激情与才华"传统著称于世的世界权威出版机构名录，这不得不说是中国本土戏剧典籍英译中国梦的圆梦时分。

典籍文学经典作者云集，而汪榕培最喜欢的是陶渊明、最欢喜的是汤显祖、最投入的是庄子，他在这三方面译笔最勤，风格最显。每逢汪榕培说这是在自讨苦吃时，他的脸上永远是那种不以为苦的神情，语调总是那样宁静致远的淡泊腔。"翻译汤显祖的五个剧本是很费劲的事情"[2]，难在"中国古典戏曲文学讲的是'感觉'"[2]。还是年少时，汪榕培有空就去静安寺附近的剧院看戏，几乎看遍了当时的名剧名角。半个世纪后，这一份戏缘竟使汤显祖代表作英译系列在译者规划的日期前脱稿面世。"在2016年纪念汤显祖和莎士比亚逝世四百周年以前，把'中国的莎士比亚'完整地介绍给世界。"[2]这件事情在汪榕培的心里特别有意义，而汪榕培追求其意义的方式就是推进其"传神达意"的英译思维。与译者启动"传神达意"来界定其古典诗歌英译宗旨的立言取向相比，针对其英译戏剧而言的"传神达意"阐释中，译者立意的表述先后在《牡丹亭》（2000年）、《邯郸记》（2006年）、《紫钗记》（2009年）三部《大中华文库》版"前言"中举一反三："我为自己的译文制定了'传神达意'的目标，假如没有特色和新意，复译也就没有意义了。"[16]与汪榕培英译古典诗歌的说法相比，译者英译汤剧的表现同样是取向"传神达意"译介思维中"准确再现"与"创造性"译念的产物，"熟能生巧更是一句至理名言"[5] 431。一译再译的过程中，汪榕培追求的"传神达意"的"新意"与"特色"愈发明显，读者得以目睹到汪榕培英译汤剧富有抒情格调的、生动感人的"得意"（significance）切合"达意"（meaning）的译笔。

汪榕培种种中国古代文学经典英译本各有千秋，其"传神达意"宗旨"说时很一样，实践时却各有不同的工作原则。"[17]虽然已经推出了《诗经》四言、陶渊明五言、汉魏六朝与乐府诗歌等译诗，且汪榕培也表示过他只选择唐以前的古诗来译，不过汪榕培还是率性地决定"用韵体来翻译全剧（《牡丹亭》）"[18]。越是蕴意丰富的中国古典文学作品，越是会激发译者发挥应"信"、能"达"、约"雅"的能动性。汪榕培英译《汤显祖戏剧全集》的首译本《牡丹亭》276句集唐诗句文采斐然，译者推敲转译得"情景适合、合辙押韵"[19]，更新了译者自英译《诗经》以来所提倡的"传神达意"韵体译诗成果，渲染了汤显祖怎一个"情"字了得的"忧郁情结"，为又"一个真正传神达意的译本"[18]锦上添花。

文学的根本在于不确定性本身。文学翻译本质上就是一种人文阐释的、捕捉意义的理解活动，故文本意义总体上是一种有体验、有想象、有态度以及持有"新态度"[20]的理解者自身牵引的、反映时空间性的阐释行为。鉴于典籍文学的意义空间更加跌宕起伏，典籍译介阐释更是阐释者不断地在不同历史语境中照拂文本，呼唤并使其衍生出不同意义的行为与表现的过程与结果。不止一次地，汪榕培"我在，故我译"的翻译实务"纲举目张"[21]，切中的是"理解者在自身的生命经验基础上体认被理解物向其显示出来的意义。"[22] 无论是填补空白的典籍译介实务，还是旨在重译创新的典籍译介操作，汪榕培一方面自觉地"达意"，力求使其典籍英译"有所云"[23]；一方面自律地"传神"，尽力让不懂汉语的老外"不隔"地看得懂。

汪榕培的翻译实践成果斐然，他的翻译评述也有目共睹，主要集中在以下三本翻译阐释专著中，如表1所列。

表1 汪榕培翻译研究文献目录简表

《比较与翻译》	上海外语教育出版社（1997年）
《陶渊明诗歌英译比较研究》	外语教学与研究出版社（1999年）
《汪榕培学术研究文集》	上海外语教育出版社（2017年）

从个人学术方面讲，汪榕培著述整体上讲究形式与内容的统一性。就形式而言，汪榕培著述的基本方法是实证举凡与比较分析的连续统。第一本翻译论集《比较与翻译》的书名就显示出汪榕培针对翻译的研究思维，这样的译学路线在第二本翻译论集《陶渊明诗歌英译比较研究》中同样开门见山，同样的研究思维在第三本《汪榕培学术研究文集》中也脉络清晰。

就内容而言，汪榕培著述一般具有两个基本特点：其一，翻译理论与翻译实践并轨；其二，翻译实践与翻译反思同步。从第一本翻译专著开始，汪榕培在以个人的翻译实践为本的基础上，始终思考着将翻译章法与翻译目的结合起来的翻译道路，其结果就生成了汪榕培三本阶段性总结性质的专著。第一本汇总了其《老子》《诗经》《易经》《庄子》《孔雀东南飞》乐府诗的译理互动互为的翻译实践与梳理的局面。其中《〈老子〉的三种英译》《〈易经〉四种英译的比较研究》《〈庄子〉十译本选评》等文章在比较法的框架下，显示了汪榕培的翻译视野与重译考量；《传神达意译〈诗经〉》等文章宣示了汪榕培的翻译总章程，即"尽其所能地以诗译诗"（译自原文"Where a point of poetic diction is involved ... I shall make a hodgepodge of your grammar ... "[24]），《"道"的英译和〈圣经〉中的"道"》等文章揭示了译者中学西鉴的译介宇宙观。译者后继的翻译评议专著中沿袭着这样的翻译关注与研究趋势。

形式总是依托特定的内容存在，内容总是借助一定的形式传播，如果说《比较与翻译》是汪榕培阶段性翻译实践集思广益的翻译推敲的成果，那么《陶渊明诗歌英译比较研究》则是翻译实践专题研究的成果。正如译者直抒胸臆道，"我最喜欢的诗人是陶渊明，所以我翻译他的诗。陶渊明的诗歌从表面上看似容易，但是我在英译的过程中发现，要想真正读懂陶诗却并不那么简单。"[15]自序1 为此，在此书中，译者一如既往地依托比较法架构起全书的两个主体内容：陶诗英译比较研究（第一部分）与陶诗英译比读（第二部分）。在第一部分中，译者注重阐发译介各有千秋的属性，以此契合与彰显"陶诗总归是诗人感知与自然隐秘的结晶"（译自原文"Tao's poems are mostly poems of impression and of nature mysticism."[24]）；在第二部分中，译者避而不谈个人英译陶诗自拟的"译诗有道"（译自原文"Code Verse"[24]），转向翻译对象元典，只给出简明的原诗题解，有的放矢地选取并列举国内外若干译者译诗，将阅读交付期待读者的编录法。鉴于此，译者以个译评议先入为主，以众译并举发人深思的主客观、宏微观结合方式散发着翻译克己复礼的共情与共处智慧。例如，在《各领风骚译陶诗——〈归园田居〉（其一）比读》文中，汪榕培指出，陶渊明"人生哲学"高度凝练在最后两诗行中，为此译者选举16种英译予以重点阐释："就'传神达意'的翻译标准而论，必须'传神'才能完全'达意'……在译诗中，最容易犯的一个毛病是眼高手低。不过，我还是斗胆一试，把《归园田居》（其一）译成了英语（When I escape from bitter strife with men, I live a free and easy life again.）。"[15]113 王宏印认为"五言的陶诗冲淡之极"[25]，陶渊明"复得返自然"的自然感自是译无止境。

汪榕培翻译研究三部曲的最后一部是2017年上海外语教育出版社推出的《汪榕培学术研究文集》。不同于前两本专著，经过汇编，它集合了译者毕生的学术阐述，其中翻译自带光芒。这光芒透过译者自述，照拂到译界继往开来的传承。汪榕培为众多学人撰写的出版序言令其作者大受裨益，也成为译学厚积薄发的底蕴成分之一。

翻译总归是一种跨时空的国际文化交际活动；译论也不外是见木见林的学术思考与借鉴行为。它们始于译者，但不止于译者，经过出版方的发行运营，翻译成果才转化为社会公知，成为人类进化的推手。作为致力于笔译的译者，汪榕培日积月累的所有用心总是在出版机构迅捷的运作中进入读者的视界，其中与上海外语教育出版社学术往来多年与共。上海外语教育出版社是出版汪榕培译作的老友记了，对其务实于翻译批评的个人译得与涵盖翻译学学科建设的多元化研究也全力推广。关于汪榕培翻译译论与学术阐述的推介主要体现在出版时间相去十年的《比较与翻译》与《汪榕培学术研究文集》，体现了出版社积极举荐本土译者翻译成就及其译介形象的专业见识与长远格局。

综上，汪榕培三大翻译研究专著是外在于译者典籍英译实务译本的又一种务实行为。作为汪榕培不同译介阶段的同期声、备忘录，它们记载着译者相应时段的英译实践与思考，更表明汪榕培始终恪守着他理想中的中国典籍译者操守——研究有深度、翻译有厚度、译研有广度。

第四节　翻译观念与行为

中国译学理论要把握住自己的身份标志，有必要利用自身的智慧优势，建立一种具有东方神采的'感悟翻译哲学'。进而以感悟翻译哲学来破解中国思维方式的核心秘密，融合中国翻译文化的基本特征，在西方译论走向形式科学的同时，促使中国译论走向生命科学。[26]

——张柏然

汪榕培常常感言道："翻译的基本标准还是'传神达意'四个字，可要做到这四个字可太不容易了！"[27]

作为译者，汪榕培凭借其从译以降尚译的澡雪精神，自我建构了"由里而外"的译介生态人文环境。所谓"里应"，概指译者享有的3种地缘译介资质，即译者的母语所赐、译者的源语文化所得、译者的主体阐释态度所在；所谓"合外"，即指译者驾驭英语语言文学的专长。于此，译者才能够出神入化地发挥在源语理解的智能基础上，聚焦译语表达的潜能，脱颖而出地成为改革开放后中国翻译界代表性译者，其译介领先性反映在翻译全程中译者"传神达意"的新时代眼光上，具体体现为英译实践的多元化、英译思维与方法的可行性与英译效果的可读性等层面，"上好的译作"[28]也由此生成。

(一）知行合一的译者惯习

情系译典的汪榕培，译有所成，译有所思。汪榕培完成英译《老子》之际，即以《译可译，非常译》（《外语与外语教学》，1992年第2期）为题撰文，明确地肯定了中国先秦写作的不确定属性对其翻译操作的规约问题。及至汪榕培英译《诗经》时，他又延续了同样的译与思互为的译介模式。尽管他偶尔表示，"这种说法（'译可译，非常译'）同样也适用于译诗。"[29]但他运用"传神达意"统摄其英译《诗经》基调的撰述还处于实务性"译而述"阶段，以《传神达意译〈诗经〉》等文章为标识。转至英译《庄子》和《牡丹亭》时，译者的这种译介模式持续地出现并积淀为一种诠释本土译者高度文化自信的显在范式，主要撰文如《契合之路程——庄子和〈庄子〉的英译本》见刊同年，汪榕培的翻译论述也第一次以著作的方式发行，即《比较与翻译》。再后来英译陶渊明时，译者的译作《英译陶诗》（汉英对照）与其译思之作《陶渊明诗歌英译比较研究》由外语教学与研究出版社同时（1999年10月）推出，堪称汪榕培翻译生涯中一桩"译而述"的乐事。此时，"比较"明显地成为译者"译而述"内容的关键载体，在译者论述复译时，其作用达到了辩证统一的高度，即"比读是复译的基础，复译是比读的升华"。[5] 317汪榕培选择的比读对象各有千秋，也往往是其复译的必要参照素材，"对前人译作收集得越多，对新译质量的提高就越有帮助。"[30]最显著的帮助莫过于比读之谈达到以史为鉴的境界，如汪榕培将《诗经》全译本划为5种类型［学者型、半形似型（韵体）、神似型、半形似型（韵体）、神形皆似型］，这一番见木即见林的定论中，汪榕培典籍诗歌英译风格卓有建树，别见译韵。

综合汪榕培"译而述"的总况，其内容总体指涉的总是中国典籍英译的本土操作与译介思维，贯通细节的始终是"两论两法"。考察江榕培不同英译阶段的、有文字说明的译思、译念与译见，译者就译论译的、反复明确论述的翻译说法集中见诸《汪榕培学术研究文集》。据统计，"非常译"（10次）与"传神达意"（21次，重复的2例计为1次）反复出现，同时，文献研究（不完全统计543次）与比较（125次）细读的论述的现象也比比皆是。伴随着译者典籍英译成果不断地以单行册的方式公开发行，汪榕培的个性化翻译风格也在译者"译而述"的相关文献中进一步呈现着,而"述而评"的鉴赏则偶有出现。2011年,译者用"非常译"的说法论述登特-杨父子的《水浒传》英译本:"我很喜欢《水浒传》的这个英译本,它从旧译中借鉴了许多长处,甚至从法译本当中吸取了不少营养,又在多个方面超越了以前的译本,再一次证实了'译可译,非常译'和'常译常新'的译界格言。"[5] 415 这是译者基于他自己提出的译见分析他人译作2则"例外"中的1例。

无论是译而述,还是译而评,汪榕培所述、所评都表明,译者绝不单单是基于其翻译实务振振有词的翻译实践的行者,更是鉴于国内国际翻译研究态势侃侃而谈的翻译思辨的智者。也就是说,从译介萌芽时期开始,汪榕培就敏锐地洞悉到身处于"译"时代的氛围中,即时地参与到其时的动态中。转至21世纪第一个十年间,目睹翻译研究日益多元跨界的交叉进程,汪榕培仍坚持采用比读的方法来演绎其译—述—评的结构模式,这同样是"在当时来说正处于国际翻译研究前沿的一种研究方法,即对翻译采取一对多式的比较研究,即对同一原著的不同译本之间展开所谓'译本研究'(translation studies)。"[31] 由此可见,比较翻译的边界渐行渐远,典籍翻译研究的论述也就获得了长远的发展空间。毕竟,"翻译方法学不应由一系列的规范组成,而应该描述翻译能够采用而且已经采用过的一切可能的策略。"[32]

(二)纵横捭阖于中西有道间

20世纪90年代,汪榕培刚涉足典籍英译领域不久不仅卓有建树,而且颇有心得地明确了个人的英译路线。当时中国译界正处于中西译论广泛接触阶段,国际翻译研究中持续升温的译者主体性问题在国内也引起了广泛关注,汪榕培译述中就不乏与西方文化实地交集乃至与诸多翻译理论深度接触的说法与表达,然而最明显的西方观照要素仍在于汪榕培译系列的媒介介质,即"从英文翻译角度达到对原文别具一格的理解"[33]。同时,汪榕培仍崇尚中国译学思维中妙悟的传统,温故知新地梳理出个体化翻译主张新话语,它因此呈现为传统观与实践论交互生发的循环开发性、优化开放性认知链。

1. "不逾矩"地步入古今中国译思维的脉络里

在汪榕培典籍英译实践中,译者先后提出"非常译"与"传神达意"两种英译观念，它们蕴含着译者阐释的心声与行为。"非常译"是从汪榕培英译老子著述实践中悟出来的译介判断，揭示着译者英译中国典籍实务肇始时段的翻译初衷。译者"常译常新"的翻译思路切中了文学翻译的根本，即阅读体验与情感反应所在所趋。不久在启动典籍诗歌首选《诗经》英译实践之际，同样翻译取向的另一表述"传神达意"（《传神达意译〈诗经〉》，《外语与外语教学》1994年第4期）出现了，显示着"中国译论话语具有'语贵简要'这一特点。"[34] 初始时的"传神达意"只是译者英译《诗经》过程中的概括性总结——"我的译诗标准只有四个字"[13]。在译者后继的典籍英译实务中，"传神达意"反复成为译者核定的英译纲领。鉴于"非常译"的译介思维切中的是译者不落俗套的翻译本色，而与"非-常译"意向性一致的"传神达意"侧重的则是译者的具体翻译特色。尽管两者意脉相同，前身、今身共同取法于中国古今一脉的"境与意会"审美传统，但"非常译"到"传神达意"的译介提法仍显现出普遍翻译到特殊翻译的进阶性，一前一后地共同成为汪榕培英译中国典籍主张的标志性言论。

　　长达一千七百多年的中国传统翻译思想历程显示：这一脉的译理导出往往应和着译者的译介实践，汪榕培所译所议也如出一辙，取之有法。他提倡的"传神达意"翻译基本思想自始至终地与其英译实务形影不离，渐次地从典籍诗歌英译，拓展到典籍散文英译，直至成为汪榕培英译汤显祖戏剧的纲领，因此，"传神达意"的生成与应用显然具有客观的实践理性基础、科学实证的工具功用，也契合中国特色的学术悟性之道。难得的是，回望这一思路产生的20世纪90年代，当时的中国译界正处于中西译论广泛接触阶段，而汪榕培仍处变不惊地道出了独创的翻译话语，智慧地贯通了中国译学传统亲历实践，致力妙悟的体验-升华两个环节的连续统。进一步而言，汪榕培提出的"传神达意"并非单纯地承传本土文化的底蕴，而是在全面会通中国翻译史名见经传的译论体系的核心脉络，即罗新璋高度概括的"案本—求信—神似—化境"[34] 翻译意念前提下，融入并以其"传神达意"活跃了"从心所欲不逾矩"特色的中国传统翻译思想的现代化进程，也因此获得了中国译论现代宗旨转入当代的迭代译论的节点性身份。显而易见，建构与成就这一身份的就是汪榕培以其"神""意"两维弘扬了"案""信"转入"神""境"进程的译介宗旨，以其

"传""达"两式演绎"似""化"的译介方式。

汪榕培翻译思维继往开来，他的翻译说法源自古典艺术理论，却显然具有近现代中国译论的精神。汪榕培在《英译老子》"前言"中表示："译文尽可能地贴近源语的同时，达成当代英语的可读性。"（译自原文"As much as possible, this translation attempts to remain faithful to the meaning and intention of the ancient text ..."[35]）可见，在首译典籍经典之初，汪榕培表达翻译看法的措辞，如faithful就呼应着严复"信"的译介纲领，而几年后译者用来总结其英译《诗经》操作经验的术语"传神达意"虽还基于一译一论的阶段，其中却也观照到一个世纪以来严复"达""雅"的宗旨。汪榕培英译典籍的翻译观点不仅与中国古今翻译理念一脉相承，甚至译者的翻译说法本身，如"传神"就与林语堂追求的"传神"、傅雷提出的"神似"译境之间有一种跃然纸上的，却超越了字面的译语差异与译介方向上的会通，即绝对尊重原文，抵制机械性字译、随机性硬译的不当举动。而这样的共性不曾为跨时空阻隔，其根本原因就在于这几位翻译家的译论都深耕于中国古典文艺美学传统理念的显在根性。

"刘靖之……梳理了严复以来的翻译理论，总结说：'在过去八十年里，我国的翻译理论始终是朝着同一个方向，那就是"重神似不重形似"。'"[36]此即汪榕培践行与论述典籍英译总体主张与中国近现代翻译整体观念的连贯性所在。"中国传统译论的许多论点精辟，内涵深刻，饱含中国文论、文艺美学的精髓，而且体现了中国哲学积极能动的互补的作用。"[37]汪榕培从中国远古艺术智慧中提炼的"传神达意"这一用语中同样用到了"神"字，同样朝向着"神"字本身所指涉的不同时代的、译向相对的各位天赋异禀译者之间在性灵、神韵与境界不同层面上的差异性借鉴与译介性传达上志意与行为表现的底蕴。不言而喻，这既合入译者"非常译"的早期认知，也贴近随后译者"传神达意"的"常译常新"逻辑，此即汪榕培典籍英译自我更新译介立意的显在特征。

2. "从心所欲"地穿行在中外译视界的经纬中

中国历史上第一次翻译高潮时发生的"文质之争"背后的形、意二元论仍是当代归化、异化的分界线。近代严复"信达雅"颇有近代集大成之架构，其视角却也不乏与西方翻译史上古典文学期的泰特勒（Alexander Fraser Tytler）

提倡的译介三原则互文的性质。可见，作为跨语际活动的译介过程自有其超越时空的内在规律与自然节奏，但这并不影响其面向不同语言背景、不同文化模式视域下交际实务的开放性。汪榕培英译中国古代文学作品选本均系经典之作，而远古时代的经典内涵"经由与经典照面的诠释者的诠释，在被诠释者与诠释者的视域融合中，实现对经典意义的当下把握。"[38]"传神达意"凝练地捕捉到中国古典文论"言意之辨"哲理的精髓，简约地揭示了汪榕培把握源语对象进入异语传达的审美阐释张力。译者认为，"翻译文学作品当然不能处处逐字翻译，从传神到达意都有译者的主观能动性在起作用。"[5] 420译者的主观能动性也作用到译者梳理其译介思维的表达，显然，"传神达意"说法自身的内涵与功能前后也历经了阐释学意义上的两种变化。

第一，措辞的迭代。与早期（1994年）这一四字格内在的并置关系相比，"传神达意"两要素之间的关联后期（2009年）明确地调整为偏正结构："这四个字不是并列结构（'传神'和'达意'不是并重的），而是偏正结构（'传神'是'达意'的状语，即'传神地达意'）。"[39]。后来，汪榕培在澄明"传神达意"语言结构的基础上，又深入地为其译介功用赋能："在中国典籍英译的时候，既要照顾中国人思维的特征、又要照顾西方人的语言表达习惯，在中间取得平衡，用我的说法就是'传神达意'，更准确地说就是'传神地达意'。"[23]期间，在汪榕培撰写的《〈诗经〉的英译——写在"大中华文库"版〈诗经〉即将出版之际》[40]专文中，译者进一步阐释了"传神达意"翻译标准的变通之故："首先，'达意'是翻译的出发点，我们试图准确地体现自己对于诗篇的理解和阐释。中国自古以来就有'诗无达诂'的说法，与当代的'读者接受论''译者主体性'，乃至'解构主义'等观点有相通之处，我们在译文中就是要表现我们对诗篇内容的解读思路。其次，单纯的'达意'还不够，必须是'传神地达意'，因为'传神'是翻译文学作品、尤其是翻译诗歌的精髓。'传神'既包括传递外在的形式，也包括传递内在的意蕴。关于内在意蕴方面的'传神'，自然是从整个篇章出发，涉及的内容是很广泛的，包括诗篇的背景、内涵、语气乃至关联和衔接……从通过外在形式来'传神'的角度来看，只有以诗歌的形式来译诗才能达到最佳的效果……诗歌的外在形式包括诗节、分行、节奏、韵律、意象等等，尽管由于语言、文化等方面的差异，诗歌翻译的时候必然会失去某些原有的特点,但是完全可以通过补偿的方式使其获得新的生命。"[40] 此外,汪榕培也在《国人译汉诗——从英译汉代诗说起》一文中通过自评其英译《上山采蘼芜》进一步注释了"传神达意"两个层面上的内涵:"'传神'就是传达原作的神情,包括形式(form)、语气(tone)、意象(image)、修辞(figures of speech)等等;'达意'就是表达原作的意义,尤其是深层意义(deep meaning),尽量照顾表层意义(surface meaning)。"[39]"传神达意"数番言论之间,尽管汪榕培文学典籍诗、文英译实务一一就绪,先后呈现为表层与深层、感性到理性彼此言意相契的产物,然而"传神达意"表述本身的变动揭示了译者英译文学典籍思维的微妙变化,即"传神达意"调整为"传神地达意"后,文以载道"意为先"明显地开始倾斜,然而两种翻译思维都"向着一个意蕴整体被筹划"[41]的翻译理念不变。

第二,属性的复指。《汪榕培学术研究文集》集中了作者翻译实践与思考的笔墨。检索全书名词性短语"传神达意",汪榕培翻译规定性的表述多于描写性的,按照说法的频次统计为:"标准"(6次)、"目标"(3次)、"原则"(2次)、准则(1次)、理论框架(1次)。从中看出,"传神达意"凝聚为针对译者操作其典籍文学英译翻译过程的总体指涉。概言之,"传神达意"总是整体译介的模态,总要兼顾译语意义的基准性,译语意象的平衡观,译语译效的既视感。

从阐释分析的外在上看,"传神达意"术语的变更与其宗旨的优先体现反映着译者客观实务、主观认知交互地、反复地介入的实况;内在上讲,易名与译介权重的重置既不会冲击到"传神"与"达意"的各自属性,也不会改变汪榕培典籍英译的品质及其译介全局构式。一言以蔽之,"传神"与"达意"的内在统一性与合约质性不会因它们在表述结构上的变化而改制。"一家思想都是一个整的东西,他那一句话皆于其整的上面有其意思,离开整系则失其意味。"[9]131 简言之,"传神达意"到"传神地达意"这一变动总归是一体化整合中,两构成要素可分、可合,或为主、或为辅的内部微调,汪榕培文学典籍英译译论的本质属性不变。自20世纪90年代理论热时期至21世纪"译者的转向"阶段,"传神达意"都蕴涵着可与西方阐释学、读者接受等译论展开对位思考的应然性。

汪榕培文学典籍翻译思想呈现为一种由远及近、又渐行渐远地由近及远的建构思维。一方面，汪榕培翻译思想体现着回溯到中国古典渊源的精神气质，即他尊重中国古典文学文字言表、异文、意合、留白、悟性等种种"辨"性。另一方面，汪榕培翻译思想也蕴含着关注目标读者的新锐之处，即他视典籍翻译为过程中的交际事件的析出智识与翻译选择。身居源语的位置上，处在与译语的距离间，聚焦文学复译当下语境的视角，汪榕培不曾有片刻的迷失，"世内存在者都是向着世界被筹划的，……如果当世内存在者随着此在之被揭示，也就是说，随着此在之在得到领悟，我们就说：它具有意义。"[41]面向典籍英译的一切翻译预设与读者预期，汪榕培也不容有丝毫的迷思，"翻译的标准是供人'意会'和'领悟'的，而不是像尺子那样准确测量的。"[23]这意味着汪榕培英译典籍成果始终是生发译者之意的翻译本意名从主人过程的结晶，"传神地达意"浓缩了译者"寄意一言外"的能动性，这不仅有助于改观中国翻译史上国外译者"译入"的汉学常态，也酝酿着本土"从中国古典文学和文化典籍向英文翻译的理想效果的追寻"[42]心声。在汪榕培长期求索典籍英译的过程中，翻译言意之辨间的翻译伦理自因与译者觉悟自性的互动中，译者藉由译语镜像，延展言、意统一的边界，以期减少本土文化典藏束之高阁的隔阂，促成中国典籍经典因直面"他者视域"而构建的跨文化交际境遇的主旨与成果恒定且醒目。假以时日，汪榕培的典籍英译经验有待于在观照英语思维以及西方翻译理论的视域中进一步发挥其应有的、文化软实力的对话交流作用。届时，国外"译入"的背景与本土"译出"的转向前景之间的比鉴与碰撞蔚为可观。

21世纪，"建构具有中国特色的翻译理论，创立翻译研究的中国学派，为国际翻译学的发展作出中国贡献，是越来越多有识之士的奋斗目标。"[43]汪榕培的翻译观念总体上见证于其"传神达意"理论的眼界与实务的格局两个层面。作为理论的眼界，"传神地达意"的渊源、概念、内涵、参数的译介静思尽显针对典籍可译性的理性逻辑；作为实践的格局，"传神地达意"的比读、契合、平衡、创新的典籍译介动态自有面向可读性的诠释方寸，藉此，中国文学典籍英译取得了长足的发展。

第五节　翻译影响

汉籍英译不是外国人的专利。[44]

——潘文国

19、20世纪之交，中国译者的译出活动引起关注。在耕耘中国古籍经典本土翻译园地的过程中，汪榕培不止一次地表示："我们的目标是力求出现一个中华人民共和国成立以来由我国译者自己翻译的较好译本。"[11]前言41 以典籍英译为重，汪榕培演绎了生命的挽歌。

从对外宣传中国古典文化的初衷，到致力文学古籍经典英译的思维，再到中国人文传统国家系统输出的盛况，汪榕培典籍英译成就斐然，其贡献本身就是影响，主要体现在以下三个方面。

（一）汪榕培典籍英译实务的"译出"动态

"汪先生的职业生涯始终围绕一个'实'字展开。"[2] 实际上，译本是译者翻译影响的重要评价参数。汪榕培为数众多的典籍英译译本的发行包括单行册、套系化组合的丛书式选译本、系列化译作三种出版形式，其中《大中华文库》选本最引人注目，如表2所列。

表2　汪榕培典籍英译《大中华文库》选本名录

书目	单册出版	《大中华文库》收录出版
《诗经》（2册） The Book of Poetry (2 Vol)	《诗经》（中英文版），辽宁教育出版社，1995	湖南人民出版社，2008
《庄子》（2册） Zhuangzi (2 Vol)	《庄子》（汉英对照），湖南人民出版社，1997	湖南人民出版社，1999
《汉魏六朝诗三百首》（2册） 300 Early Chinese Poems (206BC-618AD) (2 Vol)	《汉魏六朝诗三百首》（汉英对照），湖南人民出版社，1998	湖南人民出版社，2006
《陶渊明集》 The Complete Works of Tao Yuanming	《英译陶诗》（汉英对照），外语教学与研究出版社，1999	湖南人民出版社，2003

表2（续）

书目	单册出版	《大中华文库》收录出版
《牡丹亭》（2册） The Peony Pavilion（2 Vol）	《牡丹亭》（汉英对照），上海外语教育出版社，2000	湖南人民出版社，2000
《墨子》（2册） Mozi（2 Vol）	《墨经》（外教社中国文化汉外对照丛书），上海外语教育出版社，2011	湖南人民出版社，2006
《邯郸记》 The Handan Dream	—	外语教学与研究出版社，2003
《紫钗记》（2册） The Purple Hairpins（2 Vol）	—	广东出版集团花城出版社，2009

中国文学典籍"译出"型翻译家为数不多，这一类译者的共同属性分别体现在三个基本方面，依次为译者广泛集合与深度把握翻译对象方方面面现象与研究动态的学者素养，译者熟稔译入语文化与驾驭译入语语言的翻译能力，译者会通古今中外翻译观念并自主建构翻译理论的意识和行为与影响程度。表2表明汪榕培英译中国文学典籍的现象已经广为学界关注，同时也反映出汪榕培"译出"实践力和影响力的3种实况：第一，译者典籍英译《大中华文库》选本的入选时间与译者单行册英译本出版序列不同序，这种时序上略有出入的变化与译者应出版方邀译等情况不无关系。第二，译者英译汤显祖戏剧的译作创下了译者译本进入《大中华文库》最短时间差记录。译者《牡丹亭》英译本刚在上海外语教育出版社推出，即获《大中华文库》官方相邀，创下了译者单行册进入《大中华文库》"零"时差记录，而《邯郸记》《墨子》《紫钗记》译本更是捷足先登，首发即是《大中华文库》版选本，这与译者积累的翻译效应不无关系。第三，译者典籍英译的译介副文本从形式到内容都有所变化。仅从"前言"来看，译者改变了单行册中类似译介简介的做法，在《大中华文库》选录译本中，"译者的声音"通过表述的话题、阐释的视角、研究的层次等观照呈现出"译而思"的模态，这与译者知名度和翻译身份的变化不无关系。

"在当代中国翻译界，'汪榕培典籍英译'可以说已经成为一个专有名词。"[45]汪榕培文学典籍英译"竞用新好，以招余情"是不争的事实。"重视译者本身其实就蕴涵着重视译者翻译文本的能力。"[46]随着汪榕培英译实务一再地与国家翻译工程《大中华文库》其他译本陆续地输出海外，随着译者《汤显祖戏剧全集》（英文版）2018年在国外发行，汪榕培文学典籍英译译作的推送边界发生了地域性的变化,"译出"的面貌实至名归。据调查,汪榕培《牡丹亭》英译本在牛津大学、印第安纳等英美大学图书馆均有藏书。基于汪榕培心系中国典籍"从东方走向西方"(汪榕培文题用语)的愿景,他的英译实务贡献及其现实影响也将步入新世纪"东学西渐"的新进程。

(二)汪榕培典籍英译的译论气象

实践推敲出真知灼见。汪榕培译作数以百万字,而他论述翻译的百余篇论文、学术文集、翻译批评著作、典籍英译教材等成果也逾百万字。汪榕培英译了《道德经》,就写了《译可译,非常译——英译〈老子〉纵横谈》(1992年),此文道出了本土译者的英译策略;汪榕培英译了《诗经》,就写了《传神达意译〈诗经〉》(1994年),此文点染了译者主体的英译观念;汪榕培英译了《庄子》,就写了《庄子十译本选评》(1995年),此文开启了国内庄子英译研究;汪榕培英译了陶渊明诗文,就写了《陶渊明诗歌英译比较研究》(1999年),此书聚焦陶渊明英译复译的宇宙;汪榕培英译了《牡丹亭》,就写了《〈牡丹亭〉的"集唐诗"及其英译》(1999年),此文拓展了汤显祖英译新篇章。凡此种种充分地表明,汪榕培英译中国典籍经典的活动是译者贯通译介与译研两端的产物,具有前瞻性、前沿性的文献在汪榕培前6例高引撰文列表3中引为鉴。

表3 汪榕培高引文章前6例文献

序号	文章题名	期刊题名	发表年度/期次/页码	引用(次)
1	《传神达意译〈诗经〉》	外语与外语教学	1994(4):11-15	101
2	《〈牡丹亭〉的英译及传播》	外国语	1999(6):48-52	96
3	《漫谈〈诗经〉的英译本》	外语与外语教学	1995(3):40-43	92
4	《〈诗经〉的英译——写在〈大中华文库〉版〈诗经〉即将出版之际》	中国翻译	2007(6):33-35	80
5	《译可译,非常译——英译〈老子〉纵横谈》	外语与外语教学	1992(1):25-30	74
6	《古典名著汉译外是我国文学翻译领域的短线》	外语与外语教学	1995(1):9-10	57

注:2022年6月30日中国知网检索数据。

表3中的数据显示了汪榕培反思其典籍英译的三点特色：第一，6例译文整体上反映了汪榕培对译本到译理、个译到典籍英译领域的翻译观照。它们都是译者应用描述性翻译进行分析的文献，其中"漫谈""纵横谈"两种描述形式直接进入到对应2例文章的具体题目中，广为人知。第二，汪榕培英译中国文学典籍的系统成就面面俱到地为译界人士所关注。从上述6例文章来看，它们全面涵盖了汪榕培诗、文、曲译介的典籍英译基本面，同时突出了译者诗、文、曲每一种英译类型的首选译作，其中译者举一反三地反思其英译《诗经》的3例文献分别记载着译者集思广益、开拓进取与推广传播的《诗经》复译三部曲进程，悉数成为学界人士广泛关注的主要文献。汪榕培"传神地达意"的翻译思维也正是在英译《诗经》的过程中酝酿而成，率先演绎为"古诗英译新格律派"[47]的翻译范式。第三，中国知网关键词检索所得6例高引文献数据显示，汪榕培基于其英译文学典籍提出了"非常译""传神达意"两大翻译主张，它们都成为译界人士重点关注的翻译诗学对象。

汪榕培上述代表性文献中，显示为汪榕培英译典籍的纲领性译介思想"传神地达意"不断地在译界引起反响，而媒体报道（《光明日报》等）、学界访谈、学术专栏、翻译类论文（包括硕士、博士学位论文）、专著与文集的5种载体成为汪榕培专题研究的主要形式。其中，关于汪榕培译者研究的第一本专著是辽宁省教育厅资助的《译逝水而任幽兰——汪榕培翻译纵横谈》（北京师范大学出版社，2010）；关于汪榕培"传神达意"译论的首个博士学位论文系《"传神达意"——中国典籍英译理论体系的尝试性建构》（苏州大学，2011）；关于汪榕培译务、译论的第一部结集的文集是《"传神达意"翻译理论研究》（上海外语教育出版社，2012）；关于译者研究专栏的首发学术刊物是《外国语文研究》（典籍翻译研究：汪榕培研究专栏，2021年第1期）。相关代表性文章的观点也纷纷聚焦汪榕培"传神地达意"的译介品质："……标志着我国新一代译者的成熟。"[48]以及"《诗经》是一件形神兼备的艺术品，译诗也达到了形神兼备的艺术品的标准。"[49]同样，对汪榕培古典诗歌英译，丰华瞻"音韵谐美"（1997年）的看法也提纲挈领，而"古诗英译新格律派的践行者"[47]的观点推陈出新，高屋建瓴。最新检索的可视性数据（截至2022年6月底）表明，"汪榕培"及其"传神地达意"等议题已经成为中国典籍英译研究热点之

汪榕培典籍英译散论

一。显而易见,"传神地达意"成为汪榕培就其典籍英译实务与译界学者互动的途径与体认的范式。

在成为汪榕培典籍英译的实践模式之际,在成为汪榕培英译典籍译理之前,"传神地达意"就已经透视着译者注重译者自主性、译文可译性、读者在场性在当下翻译传播中的作用,这一点在汪榕培常用的翻译比较法中愈发一目了然。比较不仅是汪榕培开始典籍英译首译实务的介入方式,也是译者阐释"非常译""传神地达意"译介路线中常常出现的论证逻辑,更是译者省视诸复译主张的自洽资质。从首译《英译老子》到过半的《大中华文库》选本,汪榕培大部分典籍英译都是复译性质的英译本,期间,汪榕培始终不脱离比读的视域。翻译(特别是复译)总归是(复)译者瞻前(原作、前译)顾后的翻译行动,翻(复)译行为总归是译者标准的具象结果,而"传神达意"循环地成为译者以别他译的复译策略。"不达意则无神可传"[39]与"必须'传神'才能完全'达意'"[15] 106双标并举视域下,汪榕培高度强调的"最简""上好""特色""新意"等宗旨纷至沓来,成为译者现存的重点描述与未竟的未来描述的期待阈值,彰显着对标可译性与可读性的翻译属性。

典籍的可译性与理解原典、典籍的可读性与译语的表达之间的内在关联十分密切。"典籍的难处在于如何准确理解原意,而英译的难处在于如何准确表达原意。"[21]作为汪榕培践行其中国文学典籍英译实务过程中始终依据的"非常译"常理,沿袭了中国传统文论译语精髓的"传神地达意"也充分呈现出自洽的读典译典的合理性与可行性。无疑,其"传""达"上好"动"、"传神"上思"变"、"达意"上求"新"的自身属性契合翻译实践本体的本质与翻译研究主体的通识,因此"传神达意"已发展成为当代"典籍英译总的标准"[50]。

20世纪90年代,汪榕培开启了英译古代文学典籍之旅。当时正是中西译论全面碰撞的热点时期。身为频频进行文学典籍英译实践的译者,汪榕培也不断地运思其翻译诉求的宗旨,其结果就是他的翻译思考适时地从前期"非常译"的一般性既定逻辑顺势转入到"传神地达意"的特殊性专门系统,两者在各自发展阶段上与中外翻译理论的视域和系统都有对应界面、不同程度的交集与共通之处。概言之,根植于源语的明辨观,立足于译者翻译的独创性、倾向于读者接受度的"异"译思维自成一体,是汪榕培常年不懈地坚持实践守恒、理论自觉与学术自新活动的产物。当年，作为汪榕培英译中国典籍的纲领性翻译原则，"传神地达意"几乎活跃于译者典籍英译活动的全过程。从操作到体悟，从思考到主张，从检验到修订，从界定到阐发，"传神地达意"名实相契，始有终成。对中国译论的发展态势，对中国本土译论与国外翻译研究的对话视野所具有的价值和作用可想而知。

（三）汪榕培典籍英译的史料品质

"只有具备文化自觉的人才能培养出正确的批评意识和鉴别能力"[51]，只有具备了这一学术素养的译者才能确凿地发挥典籍的写手、文化的抓手与期待读者的捕手的译介作用。汪榕培且译且议的翻译实务与研究首尾照应，成为中国典籍英译的第一手资料。无论是汪榕培典籍英译译作入选《大中华文库》的盛况，还是《汪榕培学术研究文集》作为《中国知名外语学者学术研究丛书》之一出版的实况，还是译者当下入选《中国翻译家研究》（方梦之，庄智象主编）增订版名家的近况，都是"对一个重要译者的集中研究"[52]的阶段性建构环节，都是对汪榕培作为当代译者践行、积累与提升英译的译介恒心的礼赞，都意味着汪榕培作为本土译介专家承继、比较与维新的翻译理性思维的普及，都标志着本土译者"译出"的译介身份、译介规模、译介地位、译介影响正处于"民族化"[53]的国际化塑造过程中。特别是时值"认真总结这些前辈的翻译实践，提炼'中译外'的理论是一个亟待努力的工作"[54]的当下，汪榕培袭用地道性英语表达以为"神"，点化本土化经典意蕴以为"意"的"传神地达意"造诣别见体用，开卷有益。

历史上有目共睹的是"一个大的文化运动往往有一个翻译运动伴随或作为前驱。"[3]37新中国成立以来，中国文化资源输出方兴未艾。"近些年来，在'走出去'政策的驱动下，我国翻译方向历史性地逆转。"[55]本土翻译家队伍日益壮大，改善季羡林指出的本土"译出"的翻译数量、翻译品质与翻译及时性方面的不足状况。他们当中的佼佼者在中华典籍的英译和对外交流方面作出了杰出的贡献。就中国典籍英译而言，中国当代译出者的翻译成就正处于不断地优选与优化的进程中。尽管自汪榕培译典，遂有问津者，欲编其笔墨，望录其口述，先生却摆头，曰：衔觞事译，以乐其志，不足以论。然而，"异化"地

"译出"以弘扬本土文化自信的杨宪益,纵情于"美化之"竞赛以彰显本土民族气概的许渊冲,以"传神达意"主导其英译中国古典文学实务的汪榕培等核心译者,一一成为中国典籍"译出"专门史的专项史录储备。

"中国历史上第四次翻译高潮正在神州大地蓬勃推进……对中译外提出了更高的要求。"[56] 中国典籍向来是阐释的经典对象,翻译阐释虽日新月异,但载入史册的是那些从"以翻译的得失与困难来论翻译"[57] 44与"以翻译的方法与技巧来认识翻译"[57] 46两个维度统筹立意与立名的翻译名家名记。汪榕培在典籍英译领域的声望其道一也,总归是译者自发地选择、自主地译介、自醒地反思、自觉地输出等一系列与译、与思、与论、与翻译外交的译者行为的结晶,集中体现在文学典籍纵向、译者反思横向交织为"传神地达意"中心的坐标体系。无论是汪榕培度"意"而"译"的文学典籍个性化翻译过程,还是译者"非虚构"的维新性翻译成果,它们承载的都是译者"大爱在心"(王宏印七绝"痛悼汪榕培先生"第3句)的翻译长情。经年以往,情系幽兰的汪榕培含华咀英,用生命谱写了"古典名著汉译外是我国文学翻译领域的短线"[58] 上的长跑宿将之歌,垂范后人。

"翻译家……是翻译活动中最活跃的因素。"[59] 翻译史主体总归是名家名译名论的辑录。截至当下,中国典籍英译国外译者"译入"活动频繁,已经具有了既定的声望,形成了一定的模式。置身在这样的翻译环境中,国内每一位杰出的现当代翻译家的每一种"译出"行为都可以说是以本土的范式"挺身而出"的举动,他们典籍英译活动的示范性和影响力已经惠及典籍翻译研究的整体发展脉络与翻译史的建构规模。"翻开中西方翻译理论史,可以清楚地看到,译学理论的第一页都是由翻译家而不是翻译理论家翻开的。翻译家经验之谈构成了翻译研究的最初理论形态。"[60] 2022年5月,第五届全国汪榕培典籍英译学术研讨会在苏州大学落幕。至此,大连大学承办的全国首届"传神达意"翻译学术研讨会上启动的汪榕培翻译成就及其翻译思想专题研究十年磨一剑,汪榕培典籍英译微观史储备以为继。

参考文献

[1] 曹莉.忆念王佐良先生:一个学者就是一个学科[N].中华读书报,2021-05-17.

[2] 汪榕培.我和中国典籍英译[J].当代外语研究,2012(5):1-4.

[3] 王佐良.翻译:思考与试笔[M].北京:外语教学与研究出版社,1997.

[4] 杨枫.基于国家翻译实践的学术话语与国际传播[N].中国社会科学报,2022-01-21(06).

[5] 汪榕培.汪榕培学术研究文集[M].上海:上海外语教育出版社,2017.

[6] 谢芙娜.翻译与规范[M].傅敬民,译.北京:外语教学与研究出版社,2018:25.

[7] 汪榕培.译可译,非常译:英译《老子》纵横谈[J].外语与外语教学,1992(1):25-30.

[8] 扬之水.先秦诗文史[M].北京:中华书局,2009:128.

[9] 梁漱溟.东西文化及其哲学[M].北京:中华书局,2018.

[10] 汪榕培.《庄子》十译本选评[J].外语教学与研究,1995(4):59-63.

[11] 汪榕培.大中华文库·庄子[M].长沙:湖南人民出版社,1999.

[12] 蔡华.汪榕培《大中华文库》古典诗歌英译本考察[J].外国语文研究,2021,7(1):79-92.

[13] 汪榕培.今人译古诗:英译《古诗十九首》札记[J].解放军外国语学院学报,1996(6):46-51.

[14] WASHBOURNE K, WYKE B V.The routledge handbook of literary translation[M].New York:Routledge Taylor and Francis Group,2019:9.

[15] 汪榕培.陶渊明诗歌英译比较研究[M].北京:外语教学与研究出版社,2000.

[16] 汪榕培.大中华文库·牡丹亭[M].长沙:湖南人民出版社,2000:前言38.

[17] 查良铮.谈译诗问题:并答丁一英先生[J].郑州大学学报(人文科学版),1963(1):141-153.

[18] 汪榕培.牡丹亭:英汉对照[M].上海:上海外语教育出版社,2000:850.

[19] 汪榕培.《牡丹亭》的"集唐诗"及其英译:《牡丹亭》译后感之二[J].外语与外语教学,1999(11):36-40.

[20] 萧望卿.陶渊明批评[M].北京:北京出版社,2016:序3.

[21] 范岳.典籍英译应该形成一个系统[J].辽宁大学学报(哲学社会科学版),2006(2):58-60.

[22] 傅永军.理解、阐释与阐释的本质:兼论强制阐释[J].学术研究,2022(1):7-16.

[23] 汪榕培.中国典籍英译的几点认识[J].燕山大学学报(哲学社会科学版),2013,14(3):7-8.

[24] 陆志韦.中国诗五讲[M].北京:外语教学与研究出版社,1982.

[25] 蔡华.巴赫金诗学视野中的陶渊明诗歌英译:复调的翻译现实[M].苏州:苏州大学出版社,2008:序15.

[26] 张柏然.全球化语境下的翻译理论研究[J].中国翻译,2002(1):57-58.

[27] 汪榕培.大中华文库·紫钗记[M].广州:花城出版社,2009:前言31.

[28] 汪榕培.传神达意译《诗经》[J].外语与外语教学,1994(4):11-15.

[29] 汪榕培.漫谈《诗经》的英译本[J].外语与外语教学,1995(3):40-43.

[30] 潘文国.中籍外译,此其时也:关于中译外问题的宏观思考[J].杭州师范学院学报(社会科学版),2007(6):30-36.

[31] 王东风."《红与黑》事件"的历史定位:读赵稀方《红与黑》事件回顾:中国当代翻译文学史话之二"有感[J].外语教学理论与实践,2011(2):17-23.

[32] 许渊冲.再谈陶诗英译[J].外语与外语教学,1997(1):44-46.

[33] 王宏印.中国文化典籍英译[M].北京:外语教学与研究出版社,2009:前言2.

[34] 罗新璋,陈应年.翻译论集[M].北京:商务印书馆,2009:16.

[35] 汪榕培,PUFFENBERGER W.英译老子[M].沈阳:辽宁大学出版社,1996:Preface Ⅱ.

[36] 潘文国.中籍英译通论[M].上海:华东师范大学出版社,2021:304.

[37] 张后尘.翻译学:在大论辩中成长[J].外语与外语教学,2001(11):21-24.

[38] GADAMER H.Truth and method[M].2nd ed.New York: Continuum, 1975:299.

［39］汪榕培.比较与翻译［M］.上海:上海外语教育出版社,1997:119.

［40］汪榕培.《诗经》的英译:写在"大中华文库"版《诗经》即将出版之际［J］.中国翻译,2007(6):33-34.

［41］海德格尔.存在与时间［M］.陈嘉映,王庆节,译.北京:生活·读书·新知三联书店,1987:185.

［42］王宏印.中国文化典籍翻译:概念、理论与技巧［J］.大连大学学报,2010,31(1):127-133.

［43］冯智强,王宇弘.古今融会话翻译东西贯通做文章:以《中籍英译通论》为中心的考察［J］.上海翻译,2022(3):68-72.

［44］潘文国.译入与译出:谈中国译者从事汉籍英译的意义［J］.中国翻译,2004,5(2):42-45.

［45］颜海峰.传神达意翻诗剧,授业决疑教栋材:忆恩师汪榕培先生［N］.中国社会科学报,2017-10-30(1319).

［46］胡庚申.从"译者中心"到"译者责任"［J］.中国翻译,2014,35(1):29-35.

［47］蔡华.译逝水而任幽兰:汪榕培诗歌翻译纵横谈［M］.北京:北京师范大学出版社,2010:序1.

［48］汪榕培,任秀桦.诗经:中英文版［M］.沈阳:辽宁教育出版社,1995:序4.

［49］刘重德.阅读汪、任译注《诗经》后记［J］.外语与外语教学,1996(5):1-5.

［50］汪榕培,王宏.中国典籍英译［M］.上海:上海外语教育出版社,2009:前言Ⅵ.

［51］罗选民.跨界的旅行:语言.翻译·符号［EB/OL］.(2022-01-22)［2023-02-22］.https://www.sohu.com/a/518109785_121124338?qq-pf-to=pcqq.c2c

［52］王秉钦.中国翻译思想史［M］.天津:南开大学出版社,2004:自序3.

［53］王宝童.走民族化的译诗之路［J］.河南大学学报(社会科学版),1996(3):91-95.

［54］张西平.编后记:突破西方翻译理论,探索中译外的实践与理论［J］.国际汉学,2016,(2):198-199.

［55］方梦之,庄智象.中国翻译家研究［M］.上海:上海外语教育出版社,2017:前言Ⅰ.

［56］余光中.余光中谈翻译［M］.北京:中国对外翻译出版公司,2002:总序Ⅰ-Ⅱ.

［57］ 许钧.翻译论[M].武汉:湖北教育出版社,2003.
［58］ 汪榕培.古典名著汉译外是我国文学翻译领域的短线[J].外语与外语教学,1995,(1):9-10.
［59］ 方梦之.翻译家研究的"宽度"和"厚度"[J].英语研究,2021(1):11-20.
［60］ 王东风.中国译学研究:世纪末的思考[J].中国翻译,1999(1):7-11.

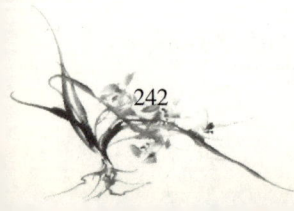

薪尽火传
——怀念汪榕培教授

汪榕培一生以英语为重、为业，以英译为介、为桥，活成了自己想活的样子："榕树向地可生根，培华昂天当无恨。"蓦然回首，汪榕培潜心学问，纵情中国典籍英译事业的音容笑貌历历在目。

乐教

30多年前我进入大连外国语学院（大连外国语大学更名前的旧称）英语学院读硕士研究生，读硕中途因导师宋贵庆教授工作调动，我变更为汪榕培教授的研究生。第一次去办公室见汪老师时，从他的大办公桌望过去，坐在那里的他一派儒雅的学者气质，讲起话来三言两语间就流露出一种智者风范，而他浅色的镜片后面深邃的双眸不经意间闪烁着一种明察秋毫的力道。当时我就想，汪老师身上带着一种光。多年后，这光仍牵引着我考入苏州大学外国语学院，又一次做起了汪老师的学生。那时，汪老师已经从大连外国语大学退休，作为柔性引进专家受聘为苏州大学等高校的博士研究生导师，带起了一只跨学科兼本学科的博士队伍。还记得写好博士论文前两章交给老师时，觉得在框架与方法上下的功夫够让老师肯定的了。不久稿子返回时，汪老师仍是平常样子地一团和气，语调也和缓，但言简意赅的两点意见本身那种不苟学术的严肃性让我坐立不安，跃跃欲试。当年博士答辩结束后，和汪老师一起离开了答辩楼。他一边推自行车，一边掏出手机递给我说："给你的父母讲一声！"之后，望着骑上单车的汪老师一点点淡出视线，他那消失在苏大春意正浓的甬道拐弯处的单薄的背影，还有他的那句话，至今仍令我感念如初。师恩泽被桃李的这般师生缘在汪老师与学生们的相处中已经是一种日常，而朱源师兄已经循着汪老师的教导，率先从众多研究生中脱颖而出，成长为中国人民大学的博士研究生导师。

乐业

汪榕培爱英语爱得专业，语言、文学双管齐下；汪老师用英语用得纯粹，地道与自主两全其美。汪老师硕士研究生时师从复旦大学葛传槼教授主修词典编撰，从此他过硬的英语词汇学造诣与时俱进。汪榕培率先书写了中国首例专业学术化的英语词汇学专著，即1983年出版的《实用英语词汇学》教材。从1997到2011年，上海外语教育出版社对汪榕培英语词汇学成果进行统筹，其结果就是12本专门书籍推出，一一为英语专业学生的英语语言词汇能力培养创造了一体化的教与学资讯平台。于此，汪榕培的词汇学成就从文献与教学两个向度、理论与实践两个层面上更加系统性地、系列化地展示出来。其中，汪榕培教授师承葛传槼教授"中国英语"（China English，1980年）的倡导，发扬"中国英语"的语言学逻辑与词汇学思维，集中收集现实中的中国英语语汇，为"标准英语"本身的拓展提供了丰富的中国式"外来语"语料。1991年，汪老师就撰写了《中国英语是客观存在》专文，指出中国特色的英语现象，即在英语民族的习惯用法框架内，我们讲或写英语时都有些我国所特有的东西要表达的现象。汪榕培此举明显具有来自英语作为第二语言认知世界第一大国"中国制造"的本土化语言标识的研究意识，既让中国英语习得者有意识地超越洋泾浜英语，规避"中国式英语"，又可视为本土为当代英语的"世界语"（lingua franca）国际化演绎趋势、形态、性质的学者反应与本土化贡献，对于"中国英语"合理进入"规范英语"词典、工具书，对于本土学者可持续地将其发展成"显学"，对于"中国英语"创造、使用者，都具有现实的意义。一次，汪老师到宁波大学讲座，题目就是《中国英语与中国式英语》，听讲者纷纷探讨，诸如今后中国媒体英文报道适度启用"本土定制"的可行性等问题热议不止。学术诚可贵，争鸣价更高。

学而不思则罔，思而不学则殆。乐业的汪榕培在学术上有创想，更尊重学界思维。2005年5月，汪老师倡导的全国典籍英译研讨会第三次会议在大连理工大学召开。他特邀翻译家许渊冲与江枫先生与会。两位专家当会指导古诗翻译的路径与范式问题。他们高屋建瓴的言论纷呈，会场上辩论声、鼓掌声声声入耳。两位实务派翻译专家还为本次会议论文集撰写了专文——《中国学派的古典诗词翻译理论》与《以有尽之言传无穷诗意——浅谈汉诗外译》，使本次研讨会空前的互动交流的氛围余音绕梁。迄今，该会务已经扩大为全国典籍翻译研讨会，并已经走过了十届的历程，学术融会贯通的传统一直延续着。

乐译

汪榕培身上的复旦精神——"自由而无用的灵魂"——在他退休后从容且忙碌的日子里酣畅淋漓地散发出来。此时汪老师全身心地专注于退休前开始的英译中国典籍个人爱好，日子在他不定时采风、随机式上网、不计时爬爬梳等日常中度过，逍遥又忙碌，汪老师原本不插电就异常缜密的大脑更加活跃。据不完全统计，汪老师的研究资料计数千兆，中外相关藏书阅无数。一次去汪老师在大连大学的办公室时，他正埋头阅读。只见他左右两手还接二连三地挑出打印机正输出的一页页文字跟读到打印结束。在汪老师最后摞起桌上的资料时，我看到刚打印的这本首页上是 *Shun the Pun, Rescue the Rhyme*? 的原版书名。智能时代，信息的便捷也让汪老师这位淘书高手、电脑快手按捺不住地一遍遍地重启大脑，一次次地挑战自我，久而久之，汪老师这惯习所沉潜的博雅心境润泽出种种典籍英译成果，给予了典籍译界一束束普罗米修斯火种般的光亮，这光明通过《大中华文库》映射出愈发璀璨的光彩。无论是汪老师最感兴趣的道家《庄子》，还是他最喜欢的中国诗人陶渊明，抑或他历尽二十载钩稽的汤显祖戏剧英译实践，于2001—2009年悉数入选《大中华文库》，用汪老师自己的话来说"总共100本的《大中华文库》收录了我8部译本，我已颇为知足。"[1] 汪老师所说的"满足"归结于在有生之年里，他始终坚持不懈地在"古典名著汉译外是我国文学翻译领域的短线"（汪老师文章题目原文）上践行着马拉松长跑宿将的担当。

正是在汪榕培致力于中华文学典籍英译的历程中，渗透着译者之志的"传神达意"之"传"、之"神"、之"达"、之"意"与中国本土翻译实践以及译学传统话语体系中"传真"（余光中）、"神似"（陈西滢、傅雷）、练"达"（严复）、去"讹"趋"化"（钱钟书）的经典译论息息相关。鉴于此，汪榕培的翻译人生已非他自谦的"平淡无奇"所能隐含，"自娱自乐"所能局限。

乐友

为师、为业、为译的人生历程中，汪老师曾感慨地说过，"这种自讨苦吃的、舍本的事儿总得有人做啊！"说这话儿时，舍得下功夫、舍下本钱的他脸上却是那种丝毫不以为苦的神情，语调里不曾有过片刻的迟疑与失落，因为他懂得他不是一个人在"隔水呼渡"。在白云观与老子、在九江与陶渊明、在福州与严复等先人结缘的际遇不少，但汪老师生前与当下中外学者结下的情谊更多，有古稀的"70后"，耳顺的"60后"，还有半百的"50后"。如他英译《道德经》时的美籍外教普芬伯格（Puffenburger）教授，如他建设全国典籍英译研究会的挚友、南开大学王宏印教授，如他交往多年的挚友、上海外语教育出版社庄智象教授，等等。王宏印生前参加第三届汪榕培"传神达意"学术会上讲到，汪老师翻译格局得益于他具有政治家的智慧。汪老师卧病时，庄智象倡导出版《汪榕培学术论文文集》并将其如期推出。汪老师病逝后不久，其汤显祖英译集荣获第十四届上海图书奖一等奖。还是在庄智象主持下，汪榕培汤显祖英译全集版权为享誉全球的布鲁姆斯伯里出版集团购买，率先进入这个以"激情与才华"传统著称的世界权威出版机构名录，这不得不说是中国本土戏剧典籍英译中国梦圆梦的一个时刻。

汪榕培在中国典籍译界的影响不一而论，呈现的方式之一是他受邀为其他学术著述作序，代表作序言包括他为登特-杨父子《水浒传》英译本写的序言，这是汪老师写序篇幅最长的一篇，对于可读性耿耿于怀的他热切地昭告英语读者，登特-杨译本可读价值极其高。在汪老师所有的作序中，他为王宝童英译的《三字经·千字文》译本所作的序言言简意赅，字里行间对王宝童韵体译诗的翻译成果与译者自身采撷中英的素养的刻录，显示着汪老师的欣赏与赞叹。凡此种种，对于翻译，汪老师在数篇书序中的散论式的笔墨各有所思所论，不仅肯定了相关著作者，也启发着翻译实践与译介批评中人。汪老师写序的形式中蕴含着特殊的翻译叙事饶有道义与禅味，尤其反映在汪老师为蔡新乐《文学翻译的艺术哲学》一书所写的"代序"——《文学翻译呼唤哲学的思考》中，如"任何译本都是对原文文本有意无意的曲解"[2]，因为"理解是人的精神的需要及含意的使然。"[2] 由此可见，汪老师与志同道合者的交往充满了学理发轫的魅力。他这样的翻译人文思考不由得让人感念英译中国典籍的艰辛，毕竟经典的意义就在于阅读的困难与还原的自由双重性，这应该就是萨义德《论晚期风格》专论暮年文人墨客写作的"复杂性"所在吧。

乐活

退休后定居苏州，汪老师和师母有空就去听苏州评弹，他们心里多年的别绪是不是在吴侬软语中完美地融化，不问也看得到。一次，他们带我去体验本地这种民粹时，我看到古色古香的亭子间里，四下里几张红漆八仙桌旁，零星地坐着的票友都是悠哉淡然的样子。有的眯缝着眼睛，有的俯下头盯着面前茶碗里漂浮的茶片。最有意思的是堂前端坐着的两位男女演员那种不聚焦的目光，漂浮在室内的某个空间，虽然这丝毫也不影响他们的魔指慢条斯理地拨弄着琴弦，他们的巧嘴有板有眼地吟唱着我听不懂的戏词。演员、观众共处一室，却貌似"物我两忘"的互动状态想必是听戏的"极致"境界吧，难怪汪老师和师母有此雅兴呢！间或听到他们操着家乡话低语一句半声时，我稍偏过头，瞧见同过学、共过事的老两口乐陶陶的默契劲儿，我心里也怦然一乐。

听戏时"坐忘"，治学中"守一"，汪老师身心体认和谐而统一。"少小离家老大回"的汪老师虽已是有大担当的译介大家，也是有小情怀的翻译小资。常常笑说自己是半拉子东北人的汪老师回到南方后，与本地文化界、学术界广泛交流，很快6本关于苏州民俗艺术的英译本陆续由苏州大学出版社付梓刊出，如英译吴歌、昆曲等"回乡偶书"连同汪老师一起成为苏州特色的文化名片。情归故乡小家与心系民族大家完整地记录下了汪老师的家国情怀。 时值2008年，当中国清明、端午与中秋3大民俗节庆首次进入中国法定假日系统时，汪老师主持了它们汉英双语版丛书的译介工作，分别在3个节日首次庆典日之前，交付上海外语教育出版社刊发入世。我也参与英译了《话说清明》的部分章节。师母顾老师买给我们吃的苏州青团的清香回甘中，汪老师全文审阅统稿的泽被下，译本读来自然流畅，民俗纯正。从读研中途调入汪老师门下，到苏州求学3载，再到听从汪老师建议到大连大学工作的三个阶段的十几年中，我耳濡目染学者、师者与译者汪老师身上北方洒脱与南方细腻刚柔相济的风格，此情可待成追忆，时至当下不惘然。

汪老师大半辈子在东北工作，他大连家里入室门侧面的小书房一直居无名；后来汪老师入住苏州寓所，里间的那间书屋即刻就得了名，曰"幽兰斋"，且汪老师还选用了隽永的书法，将"情系幽兰"几个字印在了他的名片上。每逢拿到他别致名片的人低头细嗅"休恋逝水，情系幽兰"墨香时，人们常会目睹到汪老师脸上掠过与中国传统文化神交的种种符号般的情愫。而今让人伤逝的是幽兰斋里背窗伏案的人去了，只有窗下那条长长窄窄的幽兰巷空守着那扇临街的飘窗。

常言道，人过半百知天命。的确，汪老师英译《道德经》（辽宁大学出版社，1991）并随后写出中国知网收录的第一篇老子英译研究文章（《译可译，非常译——英译〈老子〉纵横谈》，1992）时正年近五十，他的学术人生从此多了一个博古通今的译视界。俗话说，人生七十古来稀。然而，始为70后的汪老师好像一点都不服老。2012年那一年，年届七旬的汪老师在大连大学主办的首届"传神达意"翻译理论研讨会上充满激情，却又从容自如地畅谈了"人生七十始"的寄语。显然，在一再出发并数年如一日地奔走于"摆渡"中国古代经典的"非常译"旅程中，酷爱生活、偏爱专业、热爱作为的个性使然下，汪老师的个体生命已俨然成为弘扬民族生命力的一处锚地，于此，他一次又一次地以其任真而通脱的乐观态度影响着更多的人一起开放性地守望中国传统文化这株空谷"幽兰"，更让他的老伴儿顾亚云教授唏嘘往复。见证了这些译作从缘起到付印的诸多投入，师母有多懂，就有多不舍！2022年4月清明是汪榕培离开的第五个抚忆日了。因为疫情状况，顾老师回南方为汪老师扫墓的心事总压在心头，直到十月中旬才终于转回老家，我也请师母捎上怀念汪老师的心情：

幽兰君子别传

先生本吴地人士,荣归故里,幽兰自比,退而不休。宅前小巷,闹中取静,不亦乐乎。好译典,更求甚解!屡屡会意,便欣然啜啤。亦性烟,日日习以为常。友亲知其如此,或和言游说,或厉言劝谏,期颐养生有别,奈何无意理会。纵情劝学,不避苦旅;鹤发机几,存储频盈,佳话乎!常著文章自娱亦育人,颇示己志人愿,忘怀得失,以此终老。

常有问津者,欲编其笔墨,望录其口述,先生每每摆头婉辞,曰:不足以论。有道是:非常道至简,臧否任自然。闻其者感言:不戚戚于语言教学,不汲汲于跨语传译。知其者立言:衔觞事译,以乐其志,盛世之学者在场,本土之译者有为。

参考文献

[1] 汪榕培.我和中国典籍英译[J].当代外语研究,2012(5):1-4.
[2] 蔡新乐.文学翻译的艺术哲学[M].开封:河南大学出版社,2001:代序2.

后 记

循着汪榕培老师"告诸往而知来者"的方向

2017年9月11日,汪榕培老师走了,刚过去的第33个教师节即定格为他人生的写照。

难忘半个世纪前,汪榕培老师作别故乡,来到东北,在时间的年轮中,写意满园桃李。自师从汪榕培老师学习以来,耳濡目染着汪老师投身于讲堂、伏案于译学、忙碌于学术活动的治学日常,朝花夕拾于汪老师英译先秦道家著作、中国古典诗歌、中国古典戏剧翻译成就的人文情怀中,耳目所及心总在。特别是在做《陶渊明集》《诗经》英译课题的过程中,我还可以时常请教汪老师,也就在2010那年将那时的所见所思写进了《译逝水而任幽兰——汪榕培诗歌翻译纵横谈》。

当年也曾跟着汪老师译《话说清明》,也曾编著汪老师《庄子》英译本双语译注。就在这样一点一滴研习的过程中,我继续揣摩着汪老师治学理译的精妙境界。虽没有至,但我本着汪老师专题持续地思考的做法却没有怠慢,王宏印教授关于师学体系的论述总在耳畔:

言传身教只是就导师一面而言,从学习者方面来说,学生自己要注意观察和领悟做人和为学的关系,特别是要有人生经验的悟性。(王宏印,2012:序《"传神达意"翻译理论研究》:Ⅴ)

谨记王宏印教授"开物成务"的"师承"教诲,反复思忖汪老师典籍英译成果的心事就有了下文。岁月流转，思绪磨砺。在前期专研汪榕培典籍诗歌英译的基础上，我开始摸索汪老师典籍散文与戏剧的英译成果，同时也在早期主要运用中外经典文论义理考辨汪老师典籍英译内部译文的前提下，进一步顺应翻译研究的新思维，尝试开展汪老师典籍英译译文的外部研究，也开始探寻汪老师"传神达意"翻译宗旨的翻译赋能因素，以此融入汪榕培典籍英译研究的开放性视域与动态性场域。

近五年来，置身于译界追思汪榕培教授典籍英译的氛围中，学人惯习不仅仅是一种个人修为。感慨着大连大学英语学院已毕业的硕士研究生胡娅琼（2017级）、姚昱冰（2018级）埋头做数据表的时光，感受着已毕业和在读的硕士研究生仇轶凡（2019级）、舒成昱（2020级）、范祎蕾（2021级）、陈兴（2022级）做导师汪榕培专题研究的朝夕，感念师母顾亚云教授长期以来对我的关心与鼓励，感恩译界前辈学者的传授与引导，也由衷地感谢潘文国教授、庄智象教授拨冗指导与肯定。在初冬的这个时刻，因为记忆如初，所以感念如初！

著 者
2022年冬